DIREITO ADMINISTRATIVO SANCIONADOR TRIBUTÁRIO

MARÍLIA BARROS XAVIER

Prefácio
Fábio Medina Osório

Apresentação
Edilson Pereira Nobre Júnior

DIREITO ADMINISTRATIVO SANCIONADOR TRIBUTÁRIO

Belo Horizonte

2021

© 2021 Editora Fórum Ltda.

É proibida a reprodução total ou parcial desta obra, por qualquer meio eletrônico, inclusive por processos xerográficos, sem autorização expressa do Editor.

Conselho Editorial

Adilson Abreu Dallari
Alécia Paolucci Nogueira Bicalho
Alexandre Coutinho Pagliarini
André Ramos Tavares
Carlos Ayres Britto
Carlos Mário da Silva Velloso
Cármen Lúcia Antunes Rocha
Cesar Augusto Guimarães Pereira
Clovis Beznos
Cristiana Fortini
Dinorá Adelaide Musetti Grotti
Diogo de Figueiredo Moreira Neto (*in memoriam*)
Egon Bockmann Moreira
Emerson Gabardo
Fabrício Motta
Fernando Rossi
Flávio Henrique Unes Pereira

Floriano de Azevedo Marques Neto
Gustavo Justino de Oliveira
Inês Virgínia Prado Soares
Jorge Ulisses Jacoby Fernandes
Juarez Freitas
Luciano Ferraz
Lúcio Delfino
Marcia Carla Pereira Ribeiro
Márcio Cammarosano
Marcos Ehrhardt Jr.
Maria Sylvia Zanella Di Pietro
Ney José de Freitas
Oswaldo Othon de Pontes Saraiva Filho
Paulo Modesto
Romeu Felipe Bacellar Filho
Sérgio Guerra
Walber de Moura Agra

CONHECIMENTO JURÍDICO

Luís Cláudio Rodrigues Ferreira
Presidente e Editor

Coordenação editorial: Leonardo Eustáquio Siqueira Araújo
Aline Sobreira de Oliveira

Av. Afonso Pena, 2770 – 15º andar – Savassi – CEP 30130-012
Belo Horizonte – Minas Gerais – Tel.: (31) 2121.4900 / 2121.4949
www.editoraforum.com.br – editoraforum@editoraforum.com.br

Técnica. Empenho. Zelo. Esses foram alguns dos cuidados aplicados na edição desta obra. No entanto, podem ocorrer erros de impressão, digitação ou mesmo restar alguma dúvida conceitual. Caso se constate algo assim, solicitamos a gentileza de nos comunicar através do *e-mail* editorial@editoraforum.com.br para que possamos esclarecer, no que couber. A sua contribuição é muito importante para mantermos a excelência editorial. A Editora Fórum agradece a sua contribuição.

Dados Internacionais de Catalogação na Publicação (CIP) de acordo com a AACR2

X3d	Xavier, Marília Barros Direito Administrativo Sancionador Tributário/ Marília Barros Xavier.– Belo Horizonte : Fórum, 2021. 219 p.; 14,5x21,5 cm ISBN: 978-65-5518-197-5 1. Direito Tributário. 2. Direito Administrativo. 3. Direito Administrativo Sancionador. I. Título. CDD 341.39 CDU 336.2

Elaborado por Daniela Lopes Duarte - CRB-6/3500

Informação bibliográfica deste livro, conforme a NBR 6023:2018 da Associação Brasileira de Normas Técnicas (ABNT):

XAVIER, Marília Barros. *Direito Administrativo Sancionador Tributário*. Belo Horizonte: Fórum, 2021. 219 p. ISBN 978-65-5518-197-5.

À Professora Thereza Alvim e ao Professor Arruda Alvim.

*Em homenagem à observação do
Professor Fábio Medina Osório,
eis o título do livro:
"Direito Administrativo Sancionador Tributário"
– mais conciso que o pensado antes,
além de claro e harmônico com minhas posições.*

Agradeço ao nosso José, à Rose Aimée e Maíra, tesouros sem fim.

*Porque aos seus anjos dará ordem
a teu respeito, para te guardarem
em todos os teus caminhos.*

SUMÁRIO

PREFÁCIO
Fábio Medina Osório 17

APRESENTAÇÃO
Edilson Pereira Nobre Júnior 21

INTRODUÇÃO 25

PARTE I
DIREITO ADMINISTRATIVO SANCIONADOR

CAPÍTULO 1
POTESTADE SANCIONATÓRIA DA ADMINISTRAÇÃO PÚBLICA 33
1.1   O poder do Estado 33
1.2   O poder punitivo único do Estado 44
1.3   *Ius puniendi* como "potestade administrativa de punir" 51

CAPÍTULO 2
NOTAS DE PARTIDA 59
2.1   Brevemente: sobre direito e linguagem 59
2.2   Unidade do direito sancionador 63

CAPÍTULO 3
PRINCÍPIOS APLICÁVEIS AO DIREITO ADMINISTRATIVO SANCIONADOR: O QUE NÓS DESTACAMOS 69
3.1   Noções sobre princípios 69
3.2   O que nós destacamos 72
3.3   Legalidade e tipicidade 73
3.4   Culpabilidade 75

PARTE II
DIREITO TRIBUTÁRIO SANCIONADOR

CAPÍTULO 1
POTESTADE TRIBUTÁRIA SANCIONATÓRIA 83
1.1   Poder, potestade e função tributária 83
1.2   *Ius tributandi* e a potestade de punir 87
1.3   Jurisprudência no Supremo Tribunal Federal: limites à potestade tributária sancionatória 88

CAPÍTULO 2
NOTAS DE PARTIDA 93
2.1   Normas sancionatórias (primárias e secundárias): *reparação* e *punição* do injusto 93
2.2   Direito penal tributário e direito tributário sancionador 98
2.3   Independência de instâncias punitivas 108

CAPÍTULO 3
PRINCÍPIOS APLICÁVEIS AO DIREITO TRIBUTÁRIO SANCIONADOR: O QUE NÓS DESTACAMOS 113
3.1   Corte epistemológico 113
3.2   Legalidade e tipicidade 113
3.3   Culpabilidade 119
3.4   Também sobre a culpabilidade: o que a semiótica e o pragmatismo podem nos dizer sobre interpretação de condutas? 123

CAPÍTULO 4
APLICANDO CONCEITOS 131
4.1   Tipificação indireta 131
4.2   Breve panorama da responsabilidade sancionatória no Código Tributário Nacional 136
4.3   Ainda alguns conceitos: infração, conduta, culpa e dolo ... 139
4.4   Culpabilidade e responsabilidade 144
4.4.1 "Responsabilidade tributária" 145
4.4.2 Culpabilidade 151
4.4.3 Paralelos dogmáticos 153
4.4.4 Imputação de responsabilidade realizada *ex lege* 155
4.5   Efeitos do ato ilícito 161

CAPÍTULO 5
NOSSAS PROPOSTAS DE INTERPRETAÇÕES 171
5.1   Tipificação indireta 171
5.2   Responsabilidade tributária sancionatória 177
5.2.1   O tema no Superior Tribunal de Justiça 179
5.3   A culpabilidade na responsabilidade tributária
        sancionatória 186
5.4   Giro administrativo da sanção tributária 191
5.5   Fecho: a praticabilidade e o conceito de risco em atos
        perigosos por acumulação 197
6   Conclusões 201

QUADROS COMPARATIVOS 209

REFERÊNCIAS 215

PREFÁCIO

Uma honra prefaciar o trabalho de Marília Barros Xavier, pois, sem dúvida, abre novos horizontes no campo do direito público punitivo, marcadamente no direito administrativo sancionador tributário. A autora explora uma possível unitária pretensão punitiva estatal para construir um regime jurídico aplicável ao direito tributário. No entanto, não se atrela com rigidez a essa unidade, na medida em que reconhece distinções entre os ramos jurídicos de direito público que gravitam em torno à Constituição Federal.

É certo que inexistem distinções ontológicas entre infrações penais e administrativas, prevalecendo o critério puramente formal, conforme a doutrina preconiza desde longa data. O debate sobre a existência desse unitário direito público punitivo, todavia, é ainda pujante, na medida em que apenas a Constituição poderia reunir regras e princípios comuns aplicáveis à matéria. A autora reconhece, isso é importante, as diferenças e matizes de uma e outra esfera de incidência das normas.

Como referi na obra *Direito administrativo sancionador*, de minha autoria, "o conceito de unidade do Direito Público Punitivo há de ser compreendido, também dentro dos Estados, a partir da constitucionalização de direitos fundamentais relacionados aos acusados em geral, mais acentuadamente aqueles submetidos ao império do Direito Administrativo Sancionador. A Constituição, seja ela estatal ou supranacional, tende a revigorar a ideia de unidade, desempenhando um papel que, historicamente, foi conferido aos Códigos na tradição continental-europeia e à rigidez jurisprudencial dos modelos de *common law*. Falar em unidade, do ponto de vista da superioridade do Direito Público Punitivo, equivale a falar em constitucionalização, eis que uma das mais importantes e vitais funcionalidades das Cartas Constitucionais é, precisamente, a de ofertar um centro ao redor do qual o ordenamento jurídico poderia gravitar, ou uma pirâmide na qual haveria hierarquização de normas, submetidas a controles verticais".

Tive oportunidade de assinalar também, na mesma obra citada, que "uma profunda incoerência, a nosso ver, na tese da suposta unidade absoluta de pretensão punitiva estatal, reside, basicamente, na ausência de unidade de princípios jurídicos de um direito público estatal ou constitucional na regulação das mais diversas formas de expressão do *ius puniendi*, e aqui não se refere obviamente apenas os Direitos Penal e Administrativo, os quais apresentam oscilações gritantes, tanto entre si, quanto em seu próprio âmbito interno. Fala-se também do Direito Processual Civil, ou Direito Processual Público, como alguns autores preferem, o qual utiliza, comumente, o termo 'penas', para designar a atividade sancionadora que se desenvolve no âmbito da garantia de institutos processuais. Não se trata de um sancionamento geral ou global, nem de um poder punitivo derivado de um regime jurídico estatal unitário. Sem embargo, é uma manifestação do *ius puniendi* do Estado, e suas regras e princípios não são os mesmos que vigoram para o Direito Administrativo Sancionador, menos ainda para o Direito Penal. De modo que as contradições e lacunas da teoria da unidade do poder punitivo não são poucas, nem de pequeno porte".

Entendo que a atividade da administração pública, no exercício do poder tributário sancionatório, é eminentemente administrativa e, por consequência, o direito estatutário que regula sua incidência é o direito administrativo sancionador. As penas aplicáveis são, a um só tempo, administrativas e tributárias. Nesse sentido, são estatutariamente administrativas, por conta da natureza da atividade processual da administração pública, e materialmente tributárias. Por isso, ouso chamar direito administrativo sancionador tributário. No entanto, a opção da autora pela terminologia do direito tributário sancionador é perfeitamente aceitável e denota preferência pela dimensão material da atividade administrativa. O conceito que adoto de sanção administrativa tem a dúplice dimensão: formal e material. É verdade que o ilícito tributário assume essa natureza em função da violação a normas de direito tributário, e não a normas de direito administrativo.

O título da obra ora prefaciada está, pois, bem ajustado ao seu objeto e tem um conteúdo brilhantemente desenvolvido por sua autora.

Com efeito, Marília Barros Xavier trabalha com maestria os princípios aplicáveis ao direito sancionador tributário, destacando-se legalidade, tipicidade e culpabilidade, os quais permitem a chamada tipificação indireta das condutas proibidas, técnica usual nesse ramo do direito. Diz a autora: "O tipo nas infrações administrativas e, no nosso caso, nas infrações tributárias, constrói-se por *tipificação indireta*: *Los tipos sancionadores administrativos no son autónomos, sino que se remiten a otra norma en la que se formula una orden o una prohibición, cuyo incumplimiento supone cabalmente la infracción*". É que, como explica Ruy Barbosa Nogueira, "as chamadas infrações fiscais estão espalhadas por campo muito mais amplo e as suas configurações decorrem mais frequentemente da conjugação de vários dispositivos". Ela citou Alejandro Nieto ao tecer sua afirmação e o fez de modo correto.

Não é dever do autor de um prefácio aderir a todos os pontos de vista sustentados na obra prefaciada, mas, sim, verificar a qualidade do produto e a consistência das pesquisas. De pronto, cumpre registrar as preciosas fontes jurisprudenciais, doutrinárias, especialmente na área do direito tributário, manejadas pela autora, no tocante a lições envolvendo penas administrativas/tributárias e criminais. Demonstra pesquisa segura e firme sobre o assunto, solidificada com consultas certeiras também na área da teoria geral do direito, direito administrativo sancionador, direito administrativo, direito penal, filosofia e filosofia do direito. Trata-se, pois, de obra imprescindível na academia e no universo forense para os estudiosos do direito administrativo sancionador, nomeadamente no campo tributário.

Brasília/DF, 4 de dezembro de 2020.

Fábio Medina Osório
Doutor em Direito Administrativo pela *Universidade Complutense* de Madri. Mestre em Direito Público pela Universidade Federal do Rio Grande do Sul. Ex-Ministro da Advocacia-Geral da União.

APRESENTAÇÃO

A Constituição de 1988 trouxe intermináveis modificações à aplicação das normas jurídicas entre nós. Isso por razões simples. Uma primeira consistiu na circunstância de que, sobrevindo a lume ao depois de um período político autoritário, criou mecanismos, principalmente no que concerne à tutela dos direitos fundamentais e à limitação do poder, para que a sociedade brasileira ingressasse, de fato, nos quadrantes do Estado constitucional, nos moldes que este passou a ser desenvolvido, com destaque ao cenário europeu, a partir da segunda metade do século que há pouco se findou.

Outra, a de que o momento de sua promulgação também coincidiu com a mudança que vinha se esboçando no perfil do Estado, decorrente do fenômeno denominado por globalização, a implicar, a reboque do movimento das relações econômicas, impulsionadas pela velocidade das novas tecnologias, em importantes modificações nos componentes político, jurídico e cultural daquele.

Com isso, a administração pública, nos seus diversos segmentos, incluindo o destinado à fiscalização e à arrecadação de tributos, passou a exercitar, numa escala mais intensa e ampla, a regulação das atividades dos particulares, o que logrou incremento com a instituição, expansiva e paulatina, das agências reguladoras ditas independentes.

Uma das consequências dessa competência extrovertida foi a da aplicação das sanções administrativas, a qual se apresentou como um relevante fator de restrição de posições jurídicas, seja pela dimensão do aspecto quantitativo das multas, como, da mesma forma, pelas fortes limitações que vêm acarretando às liberdades e atividades dos cidadãos.

O cenário – que, naturalmente, contou com um agravante, decorrente do perfil cultural autoritário que permeia, desde longo tempo, a nossa função administrativa, a visualizar o administrado como um adversário natural – ensejou a necessidade de se moldarem parâmetros jurídicos para o exercício da competência sancionadora derivada de uma relação jurídico-administrativa, tendente à sua conformação com a Constituição e, especialmente, com os direitos fundamentais.

Cônscia da problemática, de indiscutível importância prática, Marília Barros Xavier resolveu enfrentar a questão, com o propósito salutar de examinar, para fins de questionamento, a competência punitiva a cargo da administração, no sentido de verificar a sua compatibilidade com o sistema jurídico pátrio, o qual não mais pode ser interpretado de acordo com os parâmetros então vigorantes até o constitucionalismo de 1967-1969. Daí ter surgido "Giro Administrativo da Sanção Tributária".

Elegeu-se, para fins de enfrentamento do tema, a seara das relações jurídicas entre o contribuinte e a administração tributária, mas sem esquecer de principiar sua análise diante da competência punitiva estatal em sua inteireza.

Na obra, a qual decorre da transformação em livro de dissertação de mestrado brilhantemente defendida perante a Pontifícia Universidade Católica de São Paulo, vê-se uma vasta e percuciente pesquisa, doutrinária e jurisprudencial, cujos fundamentos foram descritos com uma linguagem clara e objetiva, capaz de fascinar o leitor sem que, para tanto, fosse esmaecida a erudição necessária a um texto científico.

O desenvolvimento do assunto, feito com notável articulação, perpassa pelo exame dos princípios informadores do direito administrativo sancionador, bem como sobre os contornos da competência impositiva de tributos. Descortina, assim, como inevitável, que, guardando essa submissão ao direito, o direito administrativo tributário não fica ao largo dos limites que lhe são impostos pela Constituição, mas antes a estes se tem inelutavelmente vinculado.

Do enfoque da natureza das normas sancionatórias, a autora conduz à ribalta a preocupação – que tem relevos práticos incontáveis – com a aplicação dos princípios da legalidade – e especialmente ao seu desdobramento na tipificação das infrações – e da culpabilidade.

Com a inquietação ínsita aos trabalhos científicos, desperta o texto forte atenção para a tipificação indireta, praxe no campo da tributação, a qual propõe que gravite em torno da segurança jurídica, e à culpabilidade, cuja assimilação nestas plagas constitui ponto não suficientemente explorado, para concluir que se tratam da chave de inteligência do direito sancionador e que, igualmente *et pour cause*, não podem ser desconhecidos na província das sanções tributárias.

O texto, por essas razões e muitas outras aqui não enunciadas, representa uma contribuição – sólida, indiscutivelmente – para o estudo da competência punitiva emergente dos vínculos entre o contribuinte e o Estado, enriquecendo o acervo da nossa doutrina.

O mais importante é que, numa linguagem acessível e cativante, permite ao leitor agradáveis descobertas.

Recife/PE, 10 de novembro de 2020.

Edilson Pereira Nobre Júnior
Professor Titular da Faculdade de Direito do Recife (UFPE).

INTRODUÇÃO

Esta pesquisa teve início em uma discussão em sala de aula, no mestrado da Pontifícia Universidade Católica de São Paulo, sobre o artigo 136 do Código Tributário Nacional. Quais são os contornos daquela norma? Melhor: qual a norma expressa ali? Ou seriam normas, no plural: quais normas estão expressas naquele texto legal? De pronto, diante de sua natureza de punição, pensamos: é signo que representa um *regime jurídico punitivo*. Se essa é a sua natureza – no contexto do Estado Democrático de Direito, com as garantias históricas por ele impressas –, não há como escapar dos contornos desse regime.

Das maneiras de conhecer a substância de um objeto cultural como o direito, está também a intuição.[1] Por ela, despertamos para o tema de nossa pesquisa – que, apesar de polêmico, não é muito ambicionado entre os estudiosos do direito tributário. Pura intuição. Como na brincadeira de Machado de Assis com Quincas Borba: "Que sabe a aranha a respeito de Mozart? Nada. Entretanto, ouve com prazer uma sonata do mestre. O gato, que nunca leu Kant, é talvez um animal metafísico".[2]

A intuição virou curiosidade quando constatamos o quão pouco se falava do *antecedente da norma sancionatória*, conceito e critérios da *infração*. Fala-se da *sanção* – os limites desta, a constitucionalidade (ou não) de atos conformadores das chamadas sanções políticas, a proporcionalidade das medidas na aplicação etc. –, do consequente da norma sancionatória. É que – numa ideia geral, sabemos –, na norma jurídica, deve ser que uma infração (antecedente) implique uma sanção (consequente).

---

[1] "O encontro com o direito é diversificado, às vezes conflitivo e incoerente, às vezes linear e consequente. Estudar o direito é, assim, uma atividade difícil, que exige não só acuidade, inteligência, preparo, mas também encantamento, intuição, espontaneidade" (FERRAZ JÚNIOR, Tercio Sampaio. *Introdução ao estudo do direito: técnica, decisão, dominação*. 8. ed. São Paulo: Atlas, 2015. Introdução).

[2] ASSIS, Machado de. *Quincas Borba*. São Paulo: Peguin Classics Companhia das Letras, 2012. p. 171.

Os critérios que conceituam a infração podem ser observados no artigo 136 do Código Tributário Nacional, de seguinte expressão: "Salvo disposição de lei em contrário, a responsabilidade por infrações da legislação tributária independe da intenção do agente ou do responsável e da efetividade, natureza e extensão dos efeitos do ato". Esse dispositivo é, como disse Geraldo Ataliba, "uma regrinha de fundo"[3] da responsabilidade por infrações no sistema tributário brasileiro. Para compreender essa regrinha, entretanto, era preciso dar um passo atrás e observar o fundamento jurídico das normas administrativas sancionatórias.

Descortinou-se a imperiosa necessidade de incluir o direito sancionador como disciplina única em nossa pesquisa e, a partir dele, estudar os fundamentos, que delimitaríamos no direito administrativo sancionador, para aplicar no direito tributário sancionador. Eis a estrutura da nossa pesquisa: (a) uma primeira parte que se dedica ao estudo do direito administrativo sancionador, com a tomada de posição quanto aos fundamentos deste e primeiras considerações sobre princípios que destacamos – essa eleição explicaremos adiante – para a construção das normas sancionatórias no ambiente da administração pública (ou melhor, na função administrativa); (b) uma segunda parte em que se pretende aplicar os fundamentos antes fixados para a compreensão do direito tributário sancionador, passando pelos mesmos princípios já enfrentados, para, enfim, propor como as interpretações que percebemos no direito sancionador estão presentes no sistema tributário brasileiro.

Então, nomeamos a primeira parte da pesquisa de *Direito administrativo sancionador*, cujo capítulo 1 trata da *potestade sancionatória da administração pública*, com os primeiros conceitos e definições com os quais trabalharemos a contextualização histórica do tema e já a defesa do fundamento que permeia todo o nosso estudo em favor de uma construção dogmática – ainda bastante rudimentar – de direito sancionador: o fundamento na *tese do poder punitivo único do Estado*. Explicando essa tese, há um ponto dentro do primeiro capítulo dedicado ao *ius puniendi* como "potestade

---

[3] ATALIBA, Geraldo. Penalidades tributárias. *In*: ATALIBA, Geraldo; CARVALHO, Paulo de Barros (Coords.). *VI Curso de especialização em direito tributário (aulas e debates)*. v. II. São Paulo: Resenha Tributária, 1978. p. 732.

administrativa de punir". Trata-se de referência de grande valor à nossa tomada de posição, também localizando este trabalho no cenário acadêmico já existente na Pontifícia Universidade Católica de São Paulo.

No capítulo 2, fixamos premissas que também permeiam todo o trabalho e demandavam vir pontuadas como notas (*notas de partida*), porque, não sendo o argumento fundante da pesquisa, eram raciocínios indispensáveis e preliminares ao desenvolvimento do tema. Falamos sobre o direito enquanto linguagem, introduzindo noções e conceitos da semiótica norte-americana – filosofia que influenciou nosso trabalho – e uma segunda nota para a defesa da unidade do direito sancionador. Como falamos acima, este é um ponto caro na compreensão e sistematização do tema, porque, pensamos, não há dúvida de que a potestade punitiva da administração pública atende a uma só e única racionalidade – seja na punição que integra o direito tributário, o direito ambiental, a regulação sanitária ou de saúde, por exemplo.

O capítulo 3 encerra essa primeira parte referente ao *direito administrativo sancionador* tratando dos princípios aplicáveis ao tema, no que nós destacamos: são os princípios da legalidade – e, seu corolário, tipicidade – e da culpabilidade.

Veja-se: outros poderiam ser levantados, é claro. Devemos dizer mesmo que todos os princípios do direito punitivo merecem ser cotejados com o nosso tema, em razão do fundamento que defendemos, do poder punitivo único do Estado. Acontece que elegemos esses apenas porque são o núcleo do direito sancionador. E há uma justificativa para essa afirmação. É que, na legalidade e na culpabilidade, estão os dois blocos de maior afastamento em relação ao direito penal. Então, ao mesmo tempo em que tomamos por referências construções dogmáticas e técnicas deste, *os dois princípios que ganham uma conformação quase que completamente distinta de sua origem penal tornam-se os mais relevantes na compreensão do direito sancionador.*

Ainda, antes das primeiras palavras sobre a legalidade – e tipicidade – e culpabilidade, fizemos uma introdução sobre noções de princípios, fixando não uma posição dogmática sobre teoria dos princípios, mas realmente as noções mais cristalizadas ao conceito de princípio, aquelas sobre as quais já quase não há controvérsia e que nos dariam o norte para avançar no desenvolvimento da pesquisa.

Pois bem, daqui passamos à segunda parte do trabalho, denominada *Direito tributário sancionador*. Os capítulos reiniciam a numeração. No capítulo 1, *Potestade sancionatória tributária*, voltamos a observar a cena acadêmica na Pontifícia Universidade Católica de São Paulo, trazendo para o nosso estudo a aula do professor espanhol José Luis Perez de Ayala, no tema *poder, potestade e função tributária*. As colocações feitas por ele foram primorosas na estruturação do nosso raciocínio e confirmam a conclusão fixada no ponto denominado *Ius tributandi e a potestade de punir*, o que, por sua vez, ficou exemplificado com a jurisprudência do STF quanto aos limites à potestade tributária sancionatória, ao final do capítulo.

O capítulo 2 dessa segunda parte também denomina-se *Notas de partida* – necessárias mais algumas anotações antes de avançar. Nele está a explicação da estrutura das normas sancionatórias primárias e secundárias para isolar aquelas que compõem o nosso objeto de estudo – as primárias –, usando dos conceitos desenvolvidos por Kelsen, em seu *Teoria pura do direito*, e incluindo a formalização lógica dessas normas – o que pode ajudar a visualizar tais estruturas. A segunda nota dedica-se à distinção entre *direito penal tributário e direito tributário sancionador*, apontando o que são *penas* em um e outro, a justificativa da nomenclatura que usualmente se vê designando tais ramos jurídicos e, sem esgotar, as possíveis diferenças entre os dois. Ainda, há uma terceira nota que registra a *independência de instâncias punitivas* – judicial e administrativa – no sistema jurídico brasileiro.

O capítulo 3 dessa segunda parte retoma os *princípios aplicáveis*, no que destacamos, agora, no *direito tributário sancionador*. Novamente, os princípios da legalidade e tipicidade e o princípio da culpabilidade, sendo que, nas *normas sancionatórias tributárias*, incluímos o ponto *também sobre a culpabilidade: o que a semiótica e o pragmatismo podem nos dizer sobre interpretação de condutas?* Percebemos a conduta como uma representação e apontamos, como alerta a esse respeito, a falibilidade dos atos em si e da interpretação que se pode fazer destes – isso porque signos (leiam-se normas e condutas) são sempre *potencialmente enganadores*, e os homens (leiam-se intérpretes) são *invencivelmente falíveis*. E nada poderia ser mais pertinente ao estudo do direito e das condutas ilícitas.

Pois bem, o capítulo 4, *Aplicando conceitos*, é onde começa a construção de conclusões do que viemos elaborando ao longo do trabalho e que, a esse ponto, volta a parecer intuitivo – como nas primeiras reflexões que fizemos em sala de aula. Os fundamentos defendidos em nossa pesquisa remetem à função administrativa, à fibra de direito do Estado que é a razão do direito sancionador. Essa perspectiva permite racionalizar o sistema tributário sancionador como uma construção dogmática própria – que não observa as construções de direito penal e tampouco deve ser colhida do direito civil (como erroneamente vemos ser feito). O direito tributário sancionador tem por objeto um sistema peculiar, um pouco desconhecido de todos nós, como ainda é também o direito sancionador.

Começamos pela exposição do que chamamos de *tipificação indireta*, na mesma nomenclatura usada por Alejandro Nieto (*"tipificación indirecta"*) – professor espanhol que enfrentou o tema do *derecho administrativo sancionador* com coragem admirável e de quem aproveitamos preciosas construções teóricas, centrais na nossa apresentação. Na sequência, antes de passar às conclusões nos temas da culpabilidade e efeitos do ato ilícito, expusemos um *breve panorama da responsabilidade sancionatória no Código Tributário Nacional* e alguns conceitos – *infração, conduta, culpa e dolo* – ainda preliminares às demonstrações que pretendíamos fazer. Pois bem, daí seguem, no capítulo 4, os dois pontos parcialmente conclusivos: primeiro, *culpabilidade e responsabilidade*; depois, *efeitos do ato ilícito*.

Tais estudos – quanto à *tipificação indireta, culpabilidade* e *efeitos do ato ilícito* – são ainda enfrentados enquanto interpretações no direito tributário, que, por sua vez, descortinam novas conclusões. É o conteúdo do capítulo 5, *Nossas propostas de interpretações*, com os pontos *tipificação indireta* – repetimos o título porque queríamos exatamente uma referência explícita ao item anterior –, *responsabilidade tributária sancionatória, a culpabilidade na responsabilidade tributária sancionatória*. Por fim, nossa conclusão final e tese, enunciada com o nome de *Giro administrativo da sanção tributária*, título do último ponto.

Esta a pesquisa que agora expomos – eis nosso objeto e (na conclusão está) o resultado que encontramos: olhando da perspectiva da *infração*, nos debruçamos sobre o *direito sancionador* para, investigando seus *fundamentos*, perceber possíveis *sistematizações no direito tributário*.

PARTE I

DIREITO ADMINISTRATIVO SANCIONADOR

O homem foge, em geral, quando pode, da dor e do sofrimento. A pena busca intimidar. O efeito intimidatório da pena, por seu turno, passa pela ideia de evitabilidade do fato. Essa evitabilidade residiria no interior do ser humano, em sua capacidade de prever os acontecimentos, de não querer ou de querer esses acontecimentos, e, portanto, de evitá-los, de provocá-los em determinadas circunstâncias, de manipulá-los.

(OSÓRIO, Fábio Medina. *Direito administrativo sancionador*. 7. ed. São Paulo: Thomson Reuters Brasil, 2020, p. 386)

CAPÍTULO 1

POTESTADE SANCIONATÓRIA DA ADMINISTRAÇÃO PÚBLICA

1.1 O poder do Estado

> *Em tom de brincadeira, porém a sério, certo pirata preso respondeu a Alexandre Magno, que lhe perguntou que lhe parecia o sobressalto em que mantinha o mar. Com arrogante liberdade, respondeu-lhe: "O mesmo que te parece o manteres perturbada a Terra toda, com a diferença apenas de que a mim, por fazê-lo com navio de pequeno porte, me chamam ladrão e a ti, que o fazes com enorme esquadra, imperador".*
>
> (Santo Agostinho, *De civitade Dei*)[4]

Comecemos por aqui: *o poder do Estado*.[5] [6] "Aquilo que 'Estado' e 'política' têm em comum (e é inclusive a razão da sua

---

[4] Santo Agostinho. *A cidade de Deus*: contra os pagões. Parte I. 2. ed. Petrópolis: Editora Universitária São Francisco – Vozes de Bolso, 2014. p. 200.

[5] "O que há de significativo no Estado é o fato de ele reservar para si, com exclusividade, o uso da força. O Estado nega, a quem por ele não autorizado, o direito de usar a força contra os outros indivíduos. (...) Então, a peculiaridade do poder do Estado (poder político) é, de um lado, o basear-se no uso da força física e, de outro, o reservar-se, com exclusividade, o uso dela" (SUNDFELD, Carlos Ari. *Fundamentos de direito público*. 5. ed. São Paulo: Malheiros, 2017. p. 21).

[6] "Certo, com o autor do *Príncipe* o termo 'Estado' vai pouco a pouco substituindo, embora através de um longo percurso, os termos tradicionais com que fora designada até então a máxima organização de um grupo de indivíduos sobre um território em virtude de um

intercambialidade) é a referência ao fenômeno do poder. Do grego Kratos, 'força', 'potência', arché e 'autoridade' nascem os normes das antigas formas de governo, 'aristocracia', 'democracia', oclocracia', 'monarquia', 'oligarquia' e todas as palavras gradativamente foram sendo forjadas para indicar formas de poder: 'fisiocracia', 'burocracia', 'partidocracia', 'poliarquia', 'exarquia' etc. Não há teoria política que não parta, de alguma maneira, direta ou indiretamente, de uma definição de 'poder' e de uma análise do fenômeno do poder. *Por longa tradição o Estado é definido como o portador da* summa potestas; *e a análise do Estado se resolve quase totalmente no estudo dos diversos poderes que competem ao soberano"*. É a fala de Norberto Bobbio.[7] Diz, na parte final, que destacamos, aquilo que queremos explicar: o Estado, por tradição, é definido como o portador da *summa potestas*.

Genaro Carrió[8] explica que "poder" é palavra a qual, por vezes, "quiere decir 'potestad' (atribución, competencia, facultad, capacidad, jurisdicción, autorización, etc) y, otras veces, según al contexto, quiere decir 'fuerza' (potencia, poderío, dominio, dominación, etcétera)".[9] Se bem que os dois sentidos se implicam no aspecto de que um sujeito tem determinada faculdade porque dispõe de força.[10]

Antes: quanto à expressão que usamos para falar da *potestas* (em Bobbio) e *potestad* (em Carrió) e que remete à ideia da escola

---

poder de comando: *civitas*, que traduzia o grego pólis, e *res publica* com o qual os escritores romanos designavam o conjunto das instituições políticas de Roma, justamente da *civitas*" (BOBBIO, Norberto. *Estado, governo e sociedade*: por uma teoria geral da política. Rio de Janeiro: Paz e Terra, 1987. p. 66).

[7] BOBBIO, Norberto. *Estado, governo e sociedade*: por uma teoria geral da política, *op. cit.*, p. 76-77.

[8] CARRIÓ, Genaro. *Sobre los límites del lenguaje normativo*. Buenos Aires: Editorial Astrea de Rodolfo Depalma y Hnos, 1973. p. 51.

[9] CARRIÓ, Genaro. *Sobre los límites del lenguaje normativo, op. cit.*, p. 50.

[10] "Quem tem o direito exclusivo de usar a força sobre um determinado território é o soberano. Desde que a força é o meio mais resolutivo para exercer o domínio do homem sobre o homem, quem detém o uso deste meio com a exclusão de todos os demais dentro de certas fronteiras é quem tem, dentro dessas fronteiras, a soberania entendida como *summa potestas*, como poder supremo: *summa* no sentido de *superiorem non recognoscnes*, suprema no sentido de que não tem nenhum outro poder acima de si. Se o uso da força é a condição necessária do poder político, apenas o uso exclusivo deste poder lhe é também a condição suficiente" (BOBBIO, Norberto. *Estado, governo e sociedade*: por uma teoria geral da política. Rio de Janeiro: Paz e Terra, 1987. p. 81).

francesa da *puissance publique*,[11] [12] poderíamos traduzi-las, de maneira aproximada, como ensina Maria Sylva Zanella Di Pietro, em *potestade pública*[13] ou *prerrogativa pública*.[14] Aqui faremos farto uso da doutrina de língua espanhola – em especial, propriamente da Espanha: é que o tema do direito sancionador é novo para todos, mas já se veem estudos de grande força nesse país, o que não deve ser desconsiderado para o desenvolvimento da pesquisa no Brasil –; daí o registro, desde logo, que a autoridade da administração pública

---

[11] "(...) a idéia base inicialmente considerada como o fator de desencadeamento do Direito Administrativo e polo aglutinador de seus vários institutos foi a idéia de *puissance publique*, isto é, da existência de poderes de autoridade detidos pelo Estado e exercitáveis em relação aos administrados" (MELLO, Celso Antônio Bandeira de. *Curso de Direito Administrativo*. 33. ed. São Paulo: Malheiros, 2016. p. 44).

[12] "Para compreender a *puissance publique*, necessário atentar à centralização administrativa do poder de coação (*'centralisation de la contrainte'*). Trata-se da faceta da centralização administrativa mais relevante na formulação teórica de Hauriou [Maurice Hauriou], pois compreendida como fonte da *puissance publique*. Conceituada como o movimento de concentração estatal das forças civis de polícia, a centralização administrativa do poder de coação superaria o cenário de fragmentação do poder e reuniria no aparelho do Estado o monopólio da força pública. A *puissance publique* consistiria, na leitura de Hauriou, no resultado da concentração administrativa do poder de coação" (PALMA, Juliana Bonacorsi de. *Sanção e acordo na administração pública*. São Paulo: Malheiros, 2015. p. 42).

[13] DI PIETRO, Maria Sylva Zanella. *Direito Administrativo*. 30 ed. Rio de Janeiro: Forense, 2017. p. 73.

[14] A professora explica, na verdade, que talvez se pudesse traduzir a expressão da escola francesa como *"escola das prerrogativas públicas*, já que ela sustenta, como critério identificador do Direito Administrativo, o fato de ser o poder público dotado de prerrogativas próprias de autoridade, exorbitantes das que exerce o particular", mas que a dificuldade da tradução leva a se utilizar a expressão original *puissance publique* (DI PIETRO, Maria Sylva Zanella. *Direito Administrativo, op. cit.*, p. 73). O mesmo afirma Celso Antônio Bandeira de Mello: "Esta expressão não tem em Português um correspondente exato que reflita com fidelidade o seu sentido; traduzida literalmente significaria Poder Público. Esta é a razão pela qual (...) insistimos em usar o vocábulo francês" (MELLO, Celso Antônio Bandeira de. *Curso de Direito Administrativo, op. cit.*, p. 58).
Aproveitamos a lição de Celso Antônio Bandeira de Mello para registrar o seguinte aspecto: "Ultimamente vem sendo renovado o critério de *puissance publique*, trazendo, agora, um conteúdo de certa forma modificado. Não se refere mais específica e exclusivamente a 'atos de autoridade' e 'poderes comandantes' como em seu sentido primitivo, mas indica a situação da atividade desempenhada em condições exorbitantes do Direito Privado, de acordo com *prerrogativas e limitações* inexistentes neste. Daí a introdução da expressão *'gestão pública'*, por alguns preferida. Rivero, discípulo de Berthélemy, propugna a conjugação das noções de *puissance publique*, em sua forma primitiva, e de restrições especiais em razão da legalidade e obrigatoriedade dos atos administrativos. Daí afirmar que 'as regras de Direito Administrativo se caracterizam em relação às de Direito Comum seja pela circunstância de conferirem à administração prerrogativas sem equivalentes nas relações privadas, seja porque impõem à sua liberdade de ação sujeições mais estritas que as que submetem os particulares em suas relações entre si' (Rivero, Droit Administratif, 2ª ed., Dalloz, p. 32)" (MELLO, Celso Antônio Bandeira de. *Curso de Direito Administrativo, op. cit.*).

referida na doutrina espanhola como *potestad* denominaremos *potestade* ou *prerrogativa*.[15] É possível dizer que a *potestade sancionatória* é a expressão do poder estatal representativo do *ius puniendi* na função administrativa. Esse conceito será ainda mais bem explorado no ponto seguinte. Porém, adiantamos: (i) *expressão do poder estatal* simboliza, na definição, a presença da qualidade *potestade pública*; (ii) *representativo do ius puniendi* simboliza a presença da qualidade *poder punitivo do Estado*; (iii) *na função administrativa*, simboliza a *titularidade da administração pública*. É a *faculdade punitiva de titularidade da administração pública*.[16]

---

[15] Com uso de ambas as expressões, apontamos: "Para alguns, é a presença da *potestade pública* que caracteriza o ato administrativo; seriam dessa natureza apenas os atos que a Administração Pública pratica com prerrogativas próprias do Poder Público". E, "na realidade, essa prerrogativa, como todas as demais dos órgãos estatais, são inerentes à idéia de 'poder' como um dos elementos integrantes do conceito de Estado, e sem o qual este não assumiria a sua posição de supremacia sobre o particular" (DI PIETRO, Maria Silva Zanella. *Direito Administrativo*. 30. ed. Rio de Janeiro: Forense, 2017. p. 235-239).
A expressão "faculdade" também assume o mesmo sentido, como em Marçal Justen Filho, que conceitua "poder", em sentido subjetivo, como "uma situação jurídica que investe o titular da *faculdade* de exercer ações ou omissões, inclusive para criar deveres e limitações para terceiro" (grifo nosso); e, em acepção objetiva, "o poder é uma estrutura organizacional do Estado, composta por bens e sujeitos, investida de certas competências e dotada de um grau intenso de autonomia em face de outras estruturas organizacionais estatais (poderes)" (JUSTEN FILHO, Marçal. *Curso de direito administrativo*. 4. ed. São Paulo: Editora Revista dos Tribunais, 2016. p. 32-33).

[16] Firmemos também, desde agora, a nossa concordância com o conceito defendido por Fábio Medina Osório para dizer que o que tratamos aqui é de uma definição *stricto sensu* da sanção administrativa, como ele explica, em seu *Direito administrativo sancionador* – obra pioneira e definitiva no estudo do tema no Brasil: "A sanção administrativa há de ser conceituada a partir do campo de incidência do Direito Administrativo, formal e material, circunstância que permite um claro alargamento do campo de incidência dessas sanções, na perspectiva de tutela dos mais variados bens jurídicos, inclusive no plano judicial, como ocorre em diversas searas, mais acentuadamente no tratamento legal conferido ao problema da improbidade administrativa. (...) Em tal situação, vale frisar que o Estado-Administrador ainda recebe a tutela do Direito Administrativo, embora sua operacionalização possa ocorrer através do Poder Judiciário e de instituições como o Ministério Público. Esta será uma deliberação do legislador, que ostenta competências soberanas para tanto. Segundo se percebe, em realidade, cabe ao legislador outorgar a juízes e tribunais poderes sancionadores de Direito Administrativo, tendo em conta o princípio da livre configuração legislativa de ilícitos e sanções. (...) Com razão Georges Dellis ao afirmar que a sanção administrativa possui uma definição *stricto sensu*, quando ligada à presença de uma autoridade administrativa. Seriam, por essa perspectiva estrita, sanções administrativas aquelas medidas repressivas, sem natureza necessariamente disciplinar, impostas por organismos da administração ativa, comportando grande variedade de espécies, v.g., ligadas ao setor econômico, da saúde, do desenvolvimento, circulação, transportes e muitos outros. Reconhece a doutrina, destarte, que existem 'sanções administrativas jurisdicionais', como ocorre, por exemplo, com algumas infrações cuja repressão compete diretamente aos Tribunais Administrativos franceses. Essas sanções administrativas jurisdicionalizadas encontram respaldo no Direito Administrativo francês, berço da jurisdição dúplice, onde se assentam as raízes

Uma observação: o conceito poderia ficar ainda mais preciso se nomeado de *potestade administrativa sancionatória*. Convencionamos chamar *potestade sancionatória* porque paralela à potestade que se poderia nomear de *penal* (e assim o faremos). Na *potestade penal*, presente a qualidade de *poder punitivo*, poder-se-ia reclamar também ser possível somente o adjetivo "sancionatória", mas, chamando assim – uma e outra –, fixamos melhor as duas manifestações do *ius puniendi* do Estado (guardemos isso para mais adiante).

Para entender a potestade sancionatória e o sistema jurídico que a disciplina, vamos antes contextualizá-la historicamente, percebendo seu surgimento e evolução. Foi com o Estado Moderno que o poder ficou centralizado em torno de um soberano. Era o Absolutismo da Idade Moderna, e a ideia de soberania representava, de um lado, a unificação do poder dentro de certo território, com submissão de todos àquela ordem jurídica, além do não reconhecimento das normas vigentes em outros territórios; e, de outro, justificava o poder soberano não encontrar limitação, interna ou externa.[17] Carlos Ari Sundfeld didaticamente explica: "Parecia, ao espírito da época, que quem detinha o poder – de impor normas, de julgar, de administrar – não poderia ser pessoalmente sujeito a ele: ninguém pode estar obrigado a obedecer a si próprio".[18]

Essa concepção é denominada de Estado de polícia. "En él, al reconocerse al soberano un poder ilimitado en cuanto a los fines que podía perseguir y los medios que podía emplear, mal podía desarrollarse un análisis metodológico de ese poder".[19] Certo é que, no chamado Estado de polícia, impunham-se, de modo ilimitado, quaisquer obrigações ou restrições às atividades dos particulares e inexistiam direitos individuais contra o Estado. Existia somente o

---

mais profundas do tradicional conceito sanção associada às funções administrativas. Daí a importância de se perceber, numa linha histórica e de Direito comparado, aberturas eloquentes às sanções de Direito Administrativo, com seus consectários lógicos e sistêmicos" (OSÓRIO, Fábio Medina. *Direito administrativo sancionador*. 7. ed. São Paulo: Thomson Reuters Brasil, 2020. p. 96-99).

[17] SUNDFELD, Carlos Ari. *Fundamentos de direito público*. São Paulo: Editora Malheiros, 2017. p. 34.

[18] SUNDFELD, Carlos Ari. *Fundamentos de direito público*, op. cit.

[19] GORDILLO, Agustín. *Tratado de Derecho Administrativo*. 1. tomo: Parte general. 7. ed. Belo Horizonte: Del Rey e Fundación de Derecho Administrativo, 2003. p. II-2.

direito dos indivíduos nas suas relações recíprocas.[20] O Estado não tinha responsabilidade jurídica, o que era reconhecido por princípios semelhantes em distintos países: *quod regis placuit legis est, the King can do no wrong* e *le Roi ne peut mal faire*.[21]

Com o nascimento do constitucionalismo nos Estados Unidos da América, a Revolução Francesa e a Declaração dos Direitos do Homem, no final do século XVIII, precedidos da Carta Magna da Inglaterra,[22] acelera-se, como explica Agustín Gordillo, um processo de mudança no contexto político até então prevalente.[23]

Pedimos licença para reproduzir a lição do professor: "Por lo que respecta al proceso que se acostumbra mostrar como nacido, impulsado o con un fuerte punto de inflexión en el

---

[20] "Sobrevindo a Revolução Francesa, como o período histórico precedente era o da Monarquia Absoluta, inexistiam disposições que subjugassem ao Direito a conduta soberana do Estado em suas relações com os administrados. Daí que era preciso aplicar um Direito 'novo', ainda não legislado (ou que mal iniciava a sê-lo). É que as normas do Direito até então existentes disciplinavam as relações entre particulares, inadaptadas, pois, para reger vínculos de outra índole, ou seja: os intercorrentes entre o Poder Público e os administrados, já agora submissos todos a uma ordem jurídica. Tais vínculos, consoante se entendia, demandavam uma disciplina específica, animada por outros princípios, que teriam que se traduzir em normas que viriam a ser qualificadas como 'exorbitantes' – porque exorbitavam dos quadros do Direito até então conhecido, o 'Direito comum'" (MELLO, Celso Antônio Bandeira de. *Curso de Direito Administrativo*. 33. ed. São Paulo: Malheiros, 2016. p. 39).

[21] GORDILLO, Agustín. *Tratado de Derecho Administrativo*. 1. tomo: Parte general, *op. cit.*, p. II-2.

[22] "A última luta pela limitação do poder político foi a que se combateu sobre o terreno dos direitos fundamentais do homem e do cidadão, a começar dos direitos pessoais, já enunciados *Magna Charta* de Henrique III [1225] até os vários direitos de liberdade, de religião, de opinião política, de imprensa, de reunião e de associação, que constituem a matéria do *Bill of Rights* dos Estados americanos e das Declarações dos direitos do homem e do cidadão emanadas durante a revolução francesa. Seja qual for os fundamentos dos direitos do homem – Deus, a natureza, a história, o consenso das pessoas –, são eles considerados como direitos que o homem tem enquanto tal, independentemente de serem postos pelo poder político e que portanto o poder político deve não só respeitar mas também proteger. Segundo a terminologia kelseniana, eles constituem limites à validade material do Estado. Enquanto tais, são diferentes dos limites anteriormente considerados, pois não dizem respeito tanto à quantidade do poder mas à sua extensão. Apenas o seu pleno reconhecimento dá origem àquela forma de Estado limitado por excelência que é o Estado liberal e a todas as formas sucessivas que, embora reconhecendo outros direitos fundamentais, como os direitos políticos e os direitos sociais, não diminuíram o respeito aos direitos de liberdade. Costuma-se chamar de 'constitucionalismo' à teoria e à prática dos limites do poder: pois bem, o constitucionalismo encontra a sua plena expressão nas constituições que estabelecem limites não só formais mas também materiais ao poder político, bem representados pela barreira que os direitos fundamentais, uma vez reconhecidos e juridicamente protegidos, erguem contra a pretensão e a presunção do detentor do poder soberano submeter à regulamentação todas as ações dos indivíduos ou dos grupos" (BOBBIO, Norberto. *Estado, governo e sociedade*: por uma teoria geral da política. Rio de Janeiro: Paz e Terra, 1987. p. 101).

[23] GORDILLO, Agustín. *Tratado de Derecho Administrativo*. 1. tomo: Parte general, *op. cit.*, p. II-2.

constitucionalismo, ya no se podrá decir que el Estado o el soberano puede hacer lo que le plazca, que ninguna ley lo obliga, que nunca comete daños, sino por el contrario podrá postularse la conjetura de que existen una serie de derechos inalienables que debe respetar, que no puede desconocer, porque son superiores y preexistentes a él. Comienza o se acentúa una nueva etapa de la larga y difícil lucha contra las inmunidades del poder. En este momento se da el germen del moderno derecho administrativo, pues al tomarse conciencia de que existen derechos del individuo frente ao Estado y que el primero es un sujeto que está frente a él, no un objeto que éste pueda simplemente mandar, surge automáticamente la necesidad de analizar el contenido de esa relación entre sujetos y de construir los principios con los cuales ella se rige".[24]

Ainda: "No fue ni es fácil, sin embargo, la evolución desde el 'Estado de policía' al 'Estado de Derecho', en lo que respecta al derecho administrativo. El cambio institucional no se produjo de un día para otro y en todos los aspectos, ni está todavia terminado: no solamente quedan etapas por cumplir en el lento abandono de los principios de las monarquias absolutas u otros autoritarismos, sino que existen frecuentes retrocesos en el mundo (…). El reconocimiento formal y universal de los derechos del hombre frente ao Estado no hace más que marcar uno de los grandes jalones allí y ni siquiera ha terminado ahora, sea por cuestiones imputables al legislador, a la jurisprudencia, la doctrina, a ambas, etc.".[25] [26]

No Estado de polícia, falava-se de um "poder de polícia" como poder estatal juridicamente ilimitado para coagir e realizar o que o soberano entendesse conveniente.[27] Veja-se, entretanto, que essa

---

[24] GORDILLO, Agustín. *Tratado de Derecho Administrativo*. 1. tomo: Parte general, *op. cit.*, p. II-3.
[25] GORDILLO, Agustín. *Tratado de Derecho Administrativo*. 1. tomo: Parte general, *op. cit.*, p. II-4.
[26] Um panorama sobre as "transformações do estado contemporâneo" encontra-se na obra *Direito Econômico: do direito nacional ao direito supranacional*, de Fernando Herren Aguillar (2016).
[27] "No século XIV, na literatura jurídica francesa, a palavra aparece no sentido de atividade do Estado referente à boa ordem dos *negócios públicos* (sinônimo de 'administração'). No Renascimento, o termo é recebido por juristas germânicos no sentido da *boa ordem da coisa comum*.
A partir do século XVI e início do século XVII a ciência política alemã recebe a palavra 'polícia' num significado diferente: *uis politiae*. Devido à extensão das funções estatais, o

expressão não se confunde com o "poder de polícia" como hoje se aplica: a expressão, na forma como a usamos hoje, foi positivada no Código Tributário Nacional, considerando que as taxas têm como fato gerador o *exercício regular do poder de polícia* (art. 77 do Código Tributário Nacional). Ficou, então, definido como "atividade da administração pública que, limitando ou disciplinando direito, interêsse ou liberdade, regula a prática de ato ou abstenção de fato, em razão de intêresse público concernente à segurança, à higiene, à ordem, aos costumes, à disciplina da produção e do mercado, ao exercício de atividades econômicas dependentes de concessão ou autorização do Poder Público, à tranqüilidade pública ou ao respeito à propriedade e aos direitos individuais ou coletivos" (art. 78 do Código Tributário Nacional).[28]

---

príncipe, *com a ajuda da coerção*, atua para manter o bem-estar comum. Surge a *teoria do ius politiae*, que permite justificar a 'competência extensiva' do Poder Público.
Porém, o *ius politiae*, acrescentado à soberania dos príncipes da época, *não tinha limitações jurídicas*. 'Os monarcas têm o direito e o dever de assegurar o bem estar da comunidade de acordo com o absoluto arbítrio'; nenhum súdito poderia contradizê-los. De efeito, enfatizam-se as palavras de Otto Mayer: 'A la cabeza de este movimiento de avance hallamos el *jus politiae*, el elemento más reciente y más fecundo de la supremacía territorial. El príncipe tiene el deber de procurar el orden público y el bienestar general; por consiguiente, posee el derecho de ejercer sobre los súbditos el poder necesario para este fin: el derecho de 'policía'. Es decir, que no debe circunscribirse a aquello que es habitual; hace falta proveer a nuevas necesidades; la policía llega a ser así una fuente perenne de nuevas pretensiones que el príncipe está autorizado para hacer valer y cuyo objeto lo determina él mismo en virtud de su *jus politiae*. Para este derecho no es posible, en definitiva, fijar límites'" (VITTA, Heraldo Garcia. *Soberania do estado e poder de polícia*. São Paulo: Malheiros, 2011. p. 53-54).

[28] Para melhor elucidar o "poder de polícia" que queremos por à parte do nosso objeto de pesquisa, a explicação de Oswaldo Aranha Bandeira de Mello de que, pelo poder de polícia, o Estado "efetiva as medidas legais e as pertinentes, de condicionamento da liberdade e da propriedade de cada indivíduo em função do bem-estar coletivo, corresponde à polícia administrativa propriamente dita. Além dela, há a polícia judiciária, com atuação material na descoberta de crimes e jurídica na elaboração dos inquéritos policiais, para instruir os processos criminais e contravencionais, como início de procedimento da responsabilidade judiciária. A polícia administrativa enfeixa a *polícia de segurança*, que visa à garantia da ordem pública, ao expedir cartas de habilitação de motorista, de identificação pessoal; a *polícia sanitária*, que se preocupa com a proteção à saúde, em face da obrigatoriedade da vacina, do isolamento dos atacados de certas moléstias, das construções de prédios segundo certas exigências de higiene; *polícia educacional*, que resguarda a educação relativa à fiscalização do ensino privado, quanto à habilitação dos professores, à matéria lecionada, à seriedade das provas de habilitação dos alunos; a *polícia econômica*, na tutela da economia, ante a fiscalização bancária, quanto ao crédito dos negócios, e, no comércio, quanto ao preço, à medida e autenticidade das mercadorias (...). Tudo isso através de repartições criadas com ditos objetivos e mediante agentes nelas investidos, para consecução de seus desideratos" (MELLO, Oswaldo Aranha Bandeira de. *Princípios Gerais de Direito Administrativo*. v. 1: Introdução. 3. ed. São Paulo: Editora Malheiros, 2007. p. 36-37).

Na definição de Maria Sylvia Zanella Di Pietro, poder de polícia é *a atividade do Estado consistente em limitar o exercício dos direitos individuais em benefício do interesse público*,[29] que – dizemos nós – pode envolver o exercício de potestade sancionatória quando haja punição a fato ilícito, como na aplicação de multas punitivas,[30] [31] casos esses em que fica afastada a configuração de hipótese de incidência tributária, já que tributo "é toda prestação pecuniária compulsória, em moeda ou cujo valor nela se possa exprimir, *que não constitua sanção de ato ilícito*, instituída em lei e cobrada mediante atividade administrativa plenamente vinculada" (art. 3º do Código Tributário Nacional, grifo nosso).

Lembremos: o poder estatal é um só, e a forma de divisão de poderes como a conhecemos atualmente consiste, na realidade, em uma divisão de funções e de órgãos. O poder de polícia de nossos dias é manifestação de função pública e, sob o ponto de vista político, integra o poder do Estado sobre os indivíduos,[32] poder que, por vezes, realiza-se no uso da potestade sancionatória, já que, como veremos, esta *integra a função pública em cada uma de suas materialidades* (sendo essa observação de grande valor para várias das nossas conclusões).

---

[29] DI PIETRO, Maria Silva Zanella. *Direito Administrativo*. 30 ed. Rio de Janeiro: Forense, 2017. p. 155.

[30] No mesmo sentido, Fábio Medina Osório arremata: "Assim sendo, quando o Estado veda ao indivíduo um exercício de um direito para o qual não estava habilitado, não há falar-se propriamente em sanção administrativa. Nessa linha de raciocínio, o fechamento ou a interdição de uma atividade iniciada pelo particular sem a necessária autorização do Poder Público não constitui sanção administrativa, pois em realidade se trata de uma medida adotada para o restabelecimento da legalidade, como poder legítimo da Administração. (...) Pensamos que o poder de polícia guarda íntimas conexões com o poder de fiscalização, que de fato antecede o exercício do poder sancionador, mas com ele não se confunde" (OSÓRIO, Fábio Medina. *Direito administrativo sancionador*. 7. ed. São Paulo: Thomson Reuters Brasil, 2020. p. 114-116).

[31] Quanto às sanções no poder de polícia: "Consoante a especificidade do *poder de polícia* varia a natureza de suas sanções. Assim, v.g., no caso da potestade fiscalizadora do trânsito de pessoas e veículos nas vias urbanas, as penas impostas apresentam espécies diferentes daquelas empregadas no *poder de polícia* na área de saúde pública. O mesmo se dá com relação à proteção do meio-ambiente, às atividades de polícia de defesa do consumidor (controle de preços, qualidades, etc.) e assim por diante" (SÁ, Petrônio Maranhão Gomes de. *A potestade administrativa de punir* (ius puniendi): natureza, limites e controles. Tese de Doutoramento em Direito Tributário, pela Pontifícia Universidade Católica de São Paulo, 1995. p. 131).

[32] GORDILLO, Agustín. *Tratado de Derecho Administrativo*. 2. tomo: La defensa del usuario y del administrado. 5. ed. Belo Horizonte: Del Rey e Fundación de Derecho Administrativo, 2003. p. V-2.

No Estado de Direito (superado o *ius politiae*), no sentido literal da expressão, o Estado que se subordina ao direito,[33] o poder de punir pela administração pública é exercido de maneira limitada pelos direitos constitucionais.[34] O Estado de Direito,[35] inaugurado na doutrina liberal, acrescenta a constitucionalização dos direitos individuais, a transformação desses direitos em direitos juridicamente protegidos, portanto, em direitos positivos. Estado de Direito, na doutrina liberal, representa a subordinação dos poderes públicos às leis gerais do país – um limite formal – e também a subordinação

---

[33] SUNDFELD, Carlos Ari. *Fundamentos de direito público*, op. cit., p. 34-37.

[34] A constituição, a partir do início do século XIX, passa a ser tida como a "lei do Estado", por três razões fundamentais: "A primeira razão – de cariz histórico-genético – reporta-se à evolução semântica do conceito. Quando, nos processos constituintes americano e francês, se criou a constituição como lei conformadora do corpo político passou a entender-se que ela 'constituía' os 'Estado Unidos' dos americanos ou o 'Estado-Nação' dos franceses. A segunda razão – de natureza político-sociológica – relaciona-se com a progressiva estruturação do *Estado Liberal* cada vez mais assente na *separação Estado-Sociedade*. Os códigos políticos – as constituições e os códigos administrativos – diziam respeito à organização dos poderes do Estado; os códigos civis e comerciais respondiam às necessidades jurídicas da sociedade civil. Em terceiro lugar, pode apontar-se uma justificação filosófico-política. Sob a influência da filosofia hegeliana e da juspublicística germânica, a constituição designa uma ordem – a *ordem do Estado*. Ergue-se, assim, o Estado a conceito ordenador da comunidade política, reduzindo-se a constituição a simples *lei do Estado e do seu poder*. A constituição só se compreende através do Estado. O conceito de *Estado Constitucional* servirá para resolver este impasse: a constituição é uma lei proeminente que conforma o Estado" (CANOTILHO, José Joaquim Gomes. *Direito constitucional e teoria da constituição*. 7. ed. Coimbra: Edições Almedina, 2003. p. 89).

[35] Para Norberto Bobbio: "Por Estado de direito entende-se um Estado em que os poderes públicos são regulados por normas gerais (as leis fundamentais ou constitucionais) e devem ser exercidos no âmbito das leis que os regulam, salvo o direito do cidadão de recorrer a um juiz independente para fazer com que seja reconhecido e refutado o abuso ou excesso de poder". Mais precisamente, ele explica que "o Estado de direito reflete a velha doutrina – associada aos clássicos e transmitida através das doutrinas políticas medievais – da superioridade do governo das leis sobre o governo dos homens, segundo a fórmula *lex facit regem*, doutrina essa sobrevivente inclusive na idade do absolutismo, quando a máxima *princeps legibus solutus* é entendida no sentido de que o soberano não estava sujeito às leis positivas que ele próprio emanava, mas estava sujeito às leis divinas ou naturais e às leis fundamentais do reino" (BOBBIO, Norberto. *Liberalismo e democracia*. São Paulo: Editora Brasiliense, 1993. p. 18-19).
E para Miguel Reale: "No fundo, a idéia de Estado de Direito, que é uma categoria histórico burguesa, já era considerada identificável com o *Estado de Justiça Social*, em virtude da crença de que a livre e espontânea concorrência das iniciativas individuais era de per si bastante para realizar a *justiça possível*. (...) A bem ver, essa confiança na automática composição dos interesses privados e coletivos, graças a mecanismos sociais de ajuste e correção, lateja em toda concepção da justiça de tipo positivista, ou mesmo utilitarista, reduzindo-a, em última análise, a uma pauta de realização harmônica de interesses, implicando uma série de *critérios de proporcionalidade* elaborados com base nas antigas categorias aristotélicas sobre a igualdade corretiva ou distributiva" (REALE, Miguel. *Nova fase do direito moderno*. São Paulo: Saraiva, 1990. p. 23).

das leis ao limite material do reconhecimento de alguns direitos fundamentais constitucionalmente considerados, portanto, em *linha de princípio, invioláveis*.[36] [37]

Assim, no Estado de Direito próprio da doutrina liberal – considerado por Norberto Bobbio como Estado de Direito em sentido forte[38] – estão presentes mecanismos constitucionais que impedem ou obstaculizam o exercício arbitrário e ilegítimo do poder e impedem ou desencorajam o abuso ou exercício ilegal do poder. Nele, a liberdade é a antítese do poder, pois os "mecanismos constitucionais que caracterizam o Estado de direito têm o objetivo de defender o indivíduo dos abusos do poder. Em outras palavras, são garantias de liberdade, da assim chamada liberdade negativa, entendida como esfera de ação em que o indivíduo não está obrigado por quem detém o poder coativo a fazer aquilo que não deseja ou não está impedido de fazer aquilo que deseja".[39]

Pois bem, o direito administrativo nasceu no Estado liberal – explica Maria Sylva Zanella Di Pietro[40] –, em que se desenvolveram

---

[36] BOBBIO, Norberto; *Liberalismo e democracia, op. cit.*, p. 19.

[37] E lembrando o conceito de que Estado Constitucional é ainda "mais" do que Estado de Direito, como descreve José Joaquim Gomes Canotilho, quando examina que o elemento democrático não foi somente introduzido para travar o poder – "*to check the power*" –, mas também pela necessidade de legitimação do mesmo poder – "*to legitimize State power*". Então, Estado Constitucional responde ao aspecto da legitimidade de uma ordem de domínio ou legitimação do exercício do poder político – responde à questão "donde vem o poder" – através do princípio da soberania popular, "todo o poder vem do povo". Por ele, resta seguro o direito a procedimentos juridicamente regulados, conforme a ideia de democracia como valor e como processo (CANOTILHO, José Joaquim Gomes. *Direito constitucional e teoria da constituição, op. cit.*, p. 100). No mesmo sentido, Arruda Alvim registra a caracterização do Estado moderno pela *racionalização do poder*, diga-se, pela "submissão da soberania a uma disciplina jurídica oriunda do corpo social, através de uma vontade idoneamente manifestada" (ALVIM, Arruda. *Da jurisdição*: Estado-de-direito e função jurisdicional. Doutrinas Essenciais de Processo Civil. São Paulo: Ed. RT, 2011, p. 332-333).

[38] Distinto do "Estado não-despótico, isto é, dirigido não pelos homens, mas pelas leis" – em sentido fraco – e do "Estado Kelseniano segundo o qual, uma vez resolvido o Estado no seu ordenamento jurídico, todo Estado é Estado de direito (e a própria noção de Estado de direito perde toda força qualificadora)" – em sentido fraquíssimo (BOBBIO, Noberto. *Liberalismo e democracia, op. cit.*, p. 19). No Estado Kelseniano: "Na rigorosa redução que Kelsen faz do Estado a ordenamento jurídico, o poder soberano torna-se o poder de criar e aplicar direito (ou seja, normas vinculatórias) num território e para um povo, poder que recebe sua validade da norma fundamental e da capacidade de se fazer valer recorrendo inclusive, em última instância, à força, e portanto do fato de ser não apenas legítimo mas também eficaz (legitimidade e eficácia referenciam-se uma à outra)" (BOBBIO, Noberto. *Estado, governo e sociedade*: por uma teoria geral da política, p. 94).

[39] BOBBIO, Noberto. *Liberalismo e democracia, op. cit.*, p. 20.

[40] DI PIETRO, Maria Silva Zanella. *Direito Administrativo, op. cit.*, p. 93.

os princípios do individualismo, inclusive do individualismo jurídico.[41] Paradoxalmente, entretanto, *o regime administrativo traz em si traços de autoridade*, de supremacia sobre o indivíduo, para consecução de fins de interesse geral. O paradoxo é que o direito administrativo surgiu e permanece baseado em duas ideias opostas: *de um lado, a proteção aos interesses individuais frente ao Estado, que serve de fundamento ao princípio da legalidade, um dos esteios do Estado de Direito; e, de outro, a de necessidade de satisfação dos interesses coletivos, que conduz à outorga de prerrogativas e privilégios para a administração pública, tanto para limitar o exercício dos direitos individuais em benefício do bem-estar coletivo como para a prestação de serviços públicos.*[42]

É a chamada "bipolaridade do direito administrativo" o conflito entre liberdade do indivíduo e autoridade da administração ou o conflito entre *restrições* e *prerrogativas*. Assegura-se a liberdade com a observância do direito, normas de limites e valores, princípios constitucionais, expressos ou implícitos; pela submissão do direito público ao princípio da legalidade. E assegura-se a autoridade da administração pública pela outorga de privilégios – como a presunção de veracidade de seus atos – e prerrogativas – como a autoexecutoriedade de atos, a autotutela, a imposição de medidas de polícia, a aplicação de sanções administrativas, entre outras.[43] [44]

1.2 O poder punitivo único do Estado

A potestade sancionatória do Estado é tão antiga quanto ele mesmo e, até o constitucionalismo, era considerada, como dissemos,

---

[41] "Nesse sentido, podemos afirmar que o Direito Administrativo corresponde a uma – se não a mais importante – face do arcabouço legal-racional que vai dar sustentação ao Estado Moderno que sucede ao período absolutista" (MARQUES NETO, Floriano Peixoto de Azevedo. *Regulação estatal e interesses públicos*. São Paulo: Malheiros, 2002. p. 58-59).

[42] DI PIETRO, Maria Silva Zanella. *Direito Administrativo, op. cit.*, p. 93.

[43] DI PIETRO, Maria Silva Zanella. *Direito Administrativo, op. cit.*, p. 93.

[44] "*A exclusividade da consecução dos interesses coletivos* obriga, a um só tempo, (a) que a ação do Estado seja restrita e limitada (visto que só pode ter lugar onde houver interesse – ou benefício – geral a ser perseguido) e (b) que ela possa ser aceita pelos particulares (pois sempre implicará sacrifício de interesses de indivíduos) na medida em que se justifique em nome de valores mais elevados, porquanto pertencentes a todos, quer como soma das unidades (Rousseau), quer como uma totalidade superior (Hegel)" (MARQUES NETO, Floriano Peixoto de Azevedo. *Regulação estatal e interesses públicos, op. cit.*, p. 42).

elemento essencial do Estado de polícia. Hoje o fundamento da prerrogativa sancionatória pode ser compreendido a partir da *tese do poder punitivo único do Estado*, segundo a qual "la potestad sancionadora de la Administración forma parte, junto con la potestad penal de los Tribunales, de un *ius puniendi* superior de Estado, que además es único, de tal manera que aquéllas no son sino simple manifestaciones concretas de éste".[45]

A definição acima é de Alejandro Nieto, professor espanhol – catedrático de direito administrativo nas Universidades La Laguna, Autónoma de Barcelona, Alcalá de Henares e Complutense de Madrid – autor da (parece-nos) decisiva obra *Derecho administrativo sancionador*. Dele, tomaremos fortes referências. Isso será notado daqui em diante, em especial, como dissemos, por estarmos testemunhando os primeiros passos de uma doutrina de direito sancionador. O tema que enfrentamos ainda é pouco explorado, seja no direito administrativo, seja no direito tributário, e essa é uma constatação também na doutrina espanhola, mas, mesmo assim, vale conhecer os avanços de lá na tentativa de maturar o que desenvolvemos aqui.

A potestade sancionatória da administração pública, bem como a potestade penal do Poder Judiciário, forma parte de um único *ius puniendi* do Estado, que se subdivide nessas duas formas de manifestações.

A tese do poder punitivo único do Estado "es sumamente ingeniosa, resuelve con suavidad los rechazos ideológicos que inevitablemente provoca la mera potestad sancionadora de la Administración y, sobre todo, resulta de gran utilidad en cuanto que sirve para proporcionar al Derecho Administrativo Sancionador un aparato conceptual y prático del que hasta ahora carecía".[46]

Não é o caso de uma subordinação, por natureza, do direito administrativo sancionador ao direito penal. Existe uma referência, conjuntural e técnica, daquele junto a este. Em verdade, veremos que a potestade sancionatória decorre da competência material da

---

[45] NIETO, Alejandro. *Derecho Administrativo Sancionador*. Madri: Editorial Tecnos, 2012. p. 24.
[46] NIETO, Alejandro. *Derecho Administrativo Sancionador*, op. cit., p. 46.

administração pública (tanto que, no direito tributário, adiantamos, o *ius tributandi* é fundamento das sanções alí aplicadas) – eis a substancial distinção entre as duas formas de sancionar – e, por isso, nas normas que estabelecem infrações administrativas, o bem jurídico protegido coincide sempre com o mesmo interesse público que persegue a administração na matéria. Por essa construção teórica, que sistematiza a faculdade punitiva estatal, o direito sancionador toma emprestado instrumentos do direito penal, "útiles por causa de su maduración más avanzada y de su superioridad teórica"[47] –, *não por ter fundamento neste, mas por abrigarem-se (ambos) sob um mesmo regime jurídico punitivo.*

Vistas assim, a potestade sancionatória na administração pública e a potestade penal no Poder Judiciário, como ramos de uma unidade superior, o *ius puniendi* do Estado ou o poder punitivo do Estado, ou como *manifestações paralelas*, deduz-se a necessidade de contemplar a potestade sancionatória a partir da atividade administrativa material concreta e dos princípios desta. A potestade sancionatória tem a mesma finalidade e os mesmos limites da atuação da administração pública, e os princípios punitivos que nela incidem ficam impregnados com as características próprias do setor em que se aplique, assim como ocorre nas sanções administrativas fiscais.[48]

O elemento genuíno caracterizador da potestade sancionatória, aquilo que a distingue substancialmente da potestade penal, está, portanto, em tratar-se, aquela, de um *complemento da prerrogativa material de gestão* – cujo serviço está para reforçar seu cumprimento eficaz com medidas repressoras em caso de desobediência.[49]

Veja-se, o direito administrativo sancionador tem por primeiro termo – de identificação material de "direito" – "administrativo" e, assim, também no direito tributário sancionador, o "tributário" precede o "sancionador". O último termo adjetiva seu anterior. São regimes jurídicos de prerrogativas da administração pública e assim

---

[47] NIETO, Alejandro. *Derecho Administrativo Sancionador*, op. cit., p. 47.
[48] NIETO, Alejandro. *Derecho Administrativo Sancionador*, op. cit., p. 53.
[49] NIETO, Alejandro. *Derecho Administrativo Sancionador*, op. cit., p. 53.

devem ser considerados. A referência ao direito penal é oportuna e benéfica, considerada a maturidade desse direito, especialmente quanto à influência de mecanismos de proteção e garantias ao administrado, ainda mais quando a punição pelo Estado tem um caráter histórico de autoritarismo. A natureza do tema, porém, é administrativista, e isso, por sua vez, também não afasta que se trate do exercício de faculdade punitiva pelo Estado. São critérios presentes no conceito de "potestade sancionatória": (i) função administrativa e (ii) natureza punitiva.

A intenção de recuperar a *fibra administrativa* no tema, como apontada por Alejandro Nieto,[50] também parece-nos ser o único caminho para a formulação de um sistema idôneo próprio para o estudo do direito administrativo sancionador – e do direito tributário sancionador.

Se o objeto de estudo do direito sancionador é parte do direito administrativo, é, sobretudo, deste que se devem extrair seus conceitos, e essa compreensão não está em choque com a tese do *ius puniendi* único do Estado. É precisamente o contrário. O *ius puniendi* estatal, sendo único, estará representado em todo signo punitivo do Estado – seja na função jurisdicional, seja na função administrativa.

Nessa construção doutrinária, *a tese do ius puniendi único do Estado confirma o fundamento do direito sancionador na gestão do interesse público*. É o mesmo que reconhecer, por exemplo, o fundamento da potestade sancionatória tributária no *ius tributandi*. A faculdade punitiva do Estado integra a gestão pública. É inerente à função administrativa. Porque, nas funções do Estado,[51] o direito de punir se manifesta na função jurisdicional, com exclusividade para a aplicação do direito penal, e também na função administrativa,

---

[50] NIETO, Alejandro. *Derecho Administrativo Sancionador*, op. cit., p. 32-34.
[51] Voltaremos a falar de funções do Estado, no início da segunda parte do nosso trabalho, no ponto *Poder, potestade e função tributária*. Por ora, a breve explicação na consagrada expressão de Seabra Fagundes: "*Legislar* (editar o direito positivo), *administrar* (aplicar a lei de ofício) e *julgar* (aplicar a lei contenciosamente) são três fases da atividade estatal, que se completam e que a esgotam em extensão" (FAGUNDES, Miguel Seabra. *O Contrôle dos Atos Administrativos pelo Poder Judiciário*. 4. ed. Rio de janeiro: Editora Forense, 1967. p. 16-17).

através da aplicação do que tem se convencionado chamar de direito sancionador ou direito sancionatório.[52] [53]

---

[52] Vejamos, distinto de como aplicamos, o sentido de *ius puniendi* que vem sendo afastado por estudiosos do tema, como nos seguintes exemplos:
Para Luís Eduardo Shoueri, "o Direito Tributário Penal decorre do poder de tributar, não do poder de punir" e "não se pode deixar de reconhecer a diferença no fundamento constitucional do ilícito administrativo e do crime: o primeiro, decorrente do ius tributandi, tem sua competência decorrente da própria competência tributária: a pessoa jurídica à qual é conferida a competência para instituir tributos pode, igualmente, prever sanções para o caso de seu descumprimento; já os crimes tributários, fruto do *ius puniendi* estatal, é matéria de competência exclusiva da União" (SHOUERI, Luís Eduardo. *Direito tributário*. 6. ed. São Paulo: Saraiva, 2016. p. 827). A aparente divergência não passa de uma tomada de posição em relação à expressão *ius puniendi*, aplicada pelo professor em referência ao direito criminal, enquanto nós, incluindo o adjetivo "único", tomamo-na em sentido *lato* de poder punitivo estatal.
Paulo Roberto Coimbra Silva afirma que: "A tese da unicidade do poder punitivo do Estado, principal fundamento teórico da conclusão de terem as sanções tributárias natureza penal, não foi albergada pelo Direito brasileiro. Com efeito, os doutrinadores pátrios, ressalvadas as exceções, não reconhecem a natureza penal de uma sanção desprovida de características próprias de seu peculiar regime jurídico e indesviáveis à sua aplicação, como reserva jurisdicional, responsabilidade necessariamente subjetiva, incomunicabilidade da pena, e ação penal, além da competência legislativa privativa da União, dentre outros fatores de distinção entre estas e aquel'outras de natureza estrita ou exclusivamente tributária" (SILVA, Paulo Roberto Coimbra. *Direito Tributário Sancionador*. São Paulo: Quartier Latin, 2007. p. 112-113).
Juliana de Palma, também negando o fundamento do *ius puniendi*, diz que: "Para Alejandro Nieto a tese do *ius puniendi*, hoje prevalecente na doutrina, fortificou-se e foi erigida à categoria de 'dogma do direito administrativo sancionador' diante da ausência no regime jurídico-administrativo de ferramental hábil a disciplinar a atividade sancionatória do Estado e, ainda, garantir os direitos detidos pelos particulares. No entanto o direito administrativo conta com normas que conformam o exercício da prerrogativa sancionatória pelo Poder Público, conferindo-lhe peculiaridade em relação ao sistema de direito penal, de forma que o transplante de princípios e preceitos próprios desse regime mostra-se inapropriado para lidar com a atuação administrativa sancionatória" (PALMA, Juliana Bonacorsi de. *Sanção e acordo na Administração Pública*, op. cit., p. 87-89). Parece-nos, aqui, que houve um equívoco de interpretação do autor espanhol, porque a tese defendida por este é (precisamente inversa): "En definitiva, contra vento y marea hay que afirmar que el Derecho Administrativo Sancionador es, como su mismo nombre indica, Derecho Administrativo engarzado directamente en el Derecho público estatal y no un Derecho Penal vergonzante" (NIETO, Alejandro. *Derecho Administrativo Sancionador, op. cit.*, p. 25).

[53] No mesmo sentido que nós, em resumo de variados autores, por Edilson Pereira Nobre Junior: "Exemplo é Massimo Severo Gianinni, que atribui essa inclinação ao argumento consoante o qual 'a raiz da atividade da administração aplicativa de sanções é a mesma daquela do magistério penal, ou seja, é o poder punitivo, da qual o Estado é titular porque deriva diretamente do poder soberano'. Esse entendimento conta com outras adesões, dentre as quais as provenientes das penas de José Maria Quirós Lobo, Ángeles de Palma del Teso e Luciano Amaro, este direcionando sua investigação às sanções administrativas decorrentes da atividade de arrecadação de tributos. Assim também entendíamos – e continuamos a entender – em trabalho escrito sobre a matéria. Isso se impõe até mesmo por irrecusável imperativo de ordem prática, porquanto seria inadmissível que fosse ignorado todo o desenvolvimento doutrinário e legal adquirido pelo Direito Criminal antes do surgimento da competência sancionadora da Administração. No estrangeiro, pode-se encontrar a assimilação desse ponto de vista na jurisprudência do Tribunal Constitucional

Ángeles de Palma del Teso,[54] professora de Direito Administrativo da Universidade de Barcelona, foi muito feliz em explicar em seu livro, *El principio de culpabilidad en el derecho administrativo sancionador*, assim: "En definitiva, la potestad sancionadora, anejo de outras potestades, es una de las manifestaciones del poder punitivo del Estado. El *ius puniendi* del Estado se subdivide en: Derecho Penal y Derecho Sancionador Administrativo; ambos comparten una sustancia común, pero son ámbitos distintos, y entre ellos no existe relación de jerarquia o subordinación" – isso, esperamos, ficará mais bem explicado no ponto seguinte, o Ius puniendi *como "potestade administrativa de punir"*. Então: "Es necesario transponer al Derecho punitivo del Estado los principio que, aun teniendo su asiento en el Derecho Penal, pues han sido los inspiradores de éste, son aplicables a todo el Ordenamiento punitivo, para una vez situados en este nível superior descenderlos al Derecho Sancionador Administrativo".

Porém, é Geraldo Ataliba, fruto de nossa casa acadêmica, a Pontifícia Universidade Católica de São Paulo, em defesa de um

---

(*Sentencias* de 19 de dezembro de 1991 e de 12 de maio de 1994) e do Tribunal Supremo (*Sentencias* de 8 de março de 1993, de 8 de fevereiro de 1994 e de 23 de abril de 1994) da Espanha. Em diversos julgados, tais órgãos compreendem como inegável a transposição, respeitadas algumas especificidades, dos princípios do Direito Penal para a apuração das infrações administrativas, ao argumento decisivo de que ambos são manifestações do ordenamento punitivo estatal. Entre nós, não se encontram nos pretórios reiteradas manifestações, afirmando, em caráter genérico, essa inter-relação. Não obstante, em vários julgados são encontradiças referências em favor da aplicação, no âmbito administrativo sancionador, de determinados princípios do Direito Penal, conforme se observará mais adiante. Isso não impede que se visualize no julgamento do RE 154.134-2 um esforço da conexão entre o Direito Penal e o Administrativo sancionador. Tratava-se de mandado de segurança impetrado contra ato administrativo imputado ao então Presidente do Conselho Monetário Nacional, o qual indeferiu pedido de revisão de pena de inabilitação permanente para o exercício de cargos ou gerência de instituições financeiras, por ausência de previsão na Lei 4.595/1964. O voto do relator, mantendo acórdão concessivo de segurança pelo Superior Tribunal de Justiça, entendeu que a vedação da pena de prisão perpétua, por força do art. 5º, XLVII, *b*, da Lei Maior vigente, deveria ser aplicável também às penas de suspensão e interdição de direitos, fazendo-o com amparo no parágrafo 2º do dispositivo citado, ao consagrar direitos e garantias fundamentais implícitos. Na assentada de julgamento, registrou-se manifestação do Ministro Sepúlveda Pertence, ao sustentar que as vedações constitucionais para sanções criminais devem incidir igualmente para as sanções administrativas. Embora recôndita nos anais da jurisprudência pátria, de tal pronunciamento já se pode inferir a abertura de uma tendência, capaz de convencer os operadores jurídicos" (NOBRE JÚNIOR, Edilson Pereira. As sanções tributárias numa perspectiva jurisprudencial. *Revista Dialética de Direito Tributário*, São Paulo: Dialética, 2013, p. 43-44).

[54] TESO, Ángeles de Palma del. *El principio de culpabilidad en el derecho administrativo sancionador*. Madrid: Tecnos, 1996. p. 38-39.

"regime jurídico punitivo", que, por derradeiro, não nos deixa duvidar dessa construção científica. Ele compreende assim a presença de um poder punitivo único do Estado: "Constitui exigência constitucional que, toda vez que se configure situação em que o particular esteja diante do Estado no exercício do seu direito de punir (castigar), incide automática e imediatamente o chamado *regime jurídico punitivo*, assim designado o conjunto de preceitos constitucionais e legais que estabelecem limites procedimentais, processuais e substanciais à ação do Estado nessa matéria (exercício do *ius puniendi*)".[55] O regime jurídico punitivo "consiste essencialmente num conjunto de normas jurídicas de categoria superior" e "densidade de conteúdo que justifica um tratado de direito constitucional penal".[56]

Também Gonzalo Rodriguez Mourullo, professor de Direito Penal da Universidade Autônoma de Madri, com seu *Presente y futuro del delito fiscal*, explica nesse sentido: "No debe olvidarse, por lo demás, que muchos de los que se estiman con frecuencia erróneamente como principios específicos del Derecho Penal, por ser en este ámbito donde su vigencia se hace más imprescindible, son en realidad inherentes ao Estado de Derecho, que deben regir también en ramas distintas a la penal".[57]

E reiteramos: não há, até agora, um sistema científico maduro que abrigue o estudo do Direito Sancionador – Administrativo ou Tributário. Para remediar essa ausência, socorre-se, de maneira provisória e urgente, ao Direito Penal,[58] como faremos ao longo de toda a nossa pesquisa. Impõe-se, entretanto, perceber matizes que se mostrem necessárias no estudo das sanções administrativas e, no nosso contexto, das sanções tributárias. Ao analisar o Direito Tributário Sancionador, na segunda parte de nossa pesquisa,

---

[55] ATALIBA, Geraldo. *Imposto de renda*: multa punitiva. Estudos e pareceres de direito tributário. v. 2. São Paulo: Ed. Revista dos Tribunais, 1978. p. 262.

[56] Esse trecho foi citado na íntegra no final do ponto *Culpabilidade*, desta primeira parte do trabalho, com o registro da posição de Geraldo Ataliba, principal referência no Brasil para a nossa tomada de posição quanto ao *ius puniendi* no direito sancionador (ATALIBA, Geraldo. Penalidades tributárias. *In*: ATALIBA, Geraldo; CARVALHO, Paulo de Barros (Coords.). *VI Curso de especialização em direito tributário (aulas e debates)*. v. II. São Paulo: Editora Resenha Tributária, 1978. p. 733).

[57] MOURULLO, Gonzalo Rodríguez. *Presente y futuro del delito fiscal*. Madrid: Ediciones Civitas en Revista de Occidente, 1974. p. 12.

[58] NIETO, Alejandro. *Derecho Administrativo Sancionador*, *op. cit.*, p. 25.

partiremos de conceitos do Direto Penal, como suporte para a reflexão do sistema que se pode criar para a aplicação de sanções na função tributária. Tentaremos apontar sempre os critérios que permitam perceber as distintas qualidades do nosso objeto de estudo.

1.3 Ius puniendi como "potestade administrativa de punir"

> *Então o dilema em que ficamos todos nós é o seguinte: ou (...) o* jus puniendi, *isto é o direito que o Estado tem de punir alguém, em toda a amplitude dessa expressão, desde a mera punição administrativa até a punição penal e que é a posição que eu adoto, ou aqui só se estabelece proteção das pessoas contra o* jus puniendi *no seu grau mais exacerbado que é o penal. E, para o resto, não há proteção nenhuma. É um dilema trágico!*
>
> (Geraldo Ataliba)[59]
>
> *A questão do relacionamento entre o homem e o poder, melhor dizendo entre o indivíduo e o Estado, é apaixonante e tormentosa. Apaixonante, porque mostra a evolução da própria idéia de liberdade, com seus altos e baixos, com seus heróis e anti-heróis. E tormentosa, porque de difícil solução. Inclusive na medida em que se agiganta o* aparatto ammnistrativo *e se multiplicam as intervenções do poder público na vida social, novas áreas de atrito se formam, fazendo com que mesmo em Estados de Direito, de sólida tradição democrática, se torne necessário refrear o uso do poder. (...) Mas uma das áreas mais sensíveis nessa dicotomia Estado versus indivíduo é a que diz respeito ao poder de punir. Este, o* poder/direito de punir, *que*

---

[59] Penalidades tributárias. *In*: ATALIBA, Geraldo; CARVALHO, Paulo de Barros (Coords.). *VI Curso de especialização em direito tributário (aulas e debates).* v. II. São Paulo: Editora Resenha Tributária, 1978. p. 735.

corresponde ao tradicional ius puniendi, *é usado pelo homem desde os primórdios da humanidade.*

(Petrônio Maranhão Gomes de Sá)[60]

Dedicamos o presente tópico ao enfrentamento dado à expressão *"ius puniendi"*, como já foi feito por Petrônio Maranhão Gomes de Sá em sua tese de doutoramento em direito tributário, *A potestade administrativa de punir (*ius puniendi*): natureza, limites e controles*, apresentada na Pontifícia Universidade Católica de São Paulo, sob orientação do professor Geraldo Ataliba, no ano de 1995. O estudo debruçou-se sobre a potestade de punir da administração pública a partir do *ius puniendi*. Nosso desejo aqui é retomar essa rica contribuição científica,[61] grandemente orientada[62] e oferecida à mesma casa acadêmica que recebeu nosso trabalho, resultante neste livro.

Petrônio Maranhão Gomes de Sá conceitua potestades como "manifestações específicas do poder político juridicizado", explicando que as potestades públicas se situam em dois patamares diferentes: (i) existem as potestades constitucionais superiores, que harmonizam a tradicional divisão de poderes de Montesquier – aí ficam a Legislativa, a Executiva (em parte) e a Judiciária, sendo poderes com assento na Constituição –; (ii) e existem as demais potestades, ou potestades simples, "cujo implemento, em regra, depende sempre de norma infraconstitucional". As "potestades administrativas", em parte, encontram-se entre as constitucionais superiores e, em parte, entre estas segundas, as "potestades comuns".[63]

---

[60] SÁ, Petrônio Maranhão Gomes de. *A potestade administrativa de punir (ius puniendi)*: natureza, limites e controles. Tese de Doutorado em Direito Tributário. Pontifícia Universidade Católica de São Paulo, 1995, p. 15.

[61] O estudo, condensado em singelas 144 páginas, propõe conceitos bem elaborados, com suporte em destacada bibliografia estrangeira.

[62] O orientando Petrônio Maranhão Gomes de Sá assume a defesa da mesma posição que seu orientador Geraldo Ataliba. A íntegra da explicação deste ficou transcrita em nota de rodapé ao final do ponto *Culpabilidade*, desta primeira parte de nossa pesquisa. É que a interpretação que o professor Geraldo Ataliba dá ao *ius puniendi* é feita no contexto da discussão da culpabilidade no art. 136 do Código Tributário Nacional; então, evitamos repetir a transcrição e achamos coerente deixá-la naquele contexto. Remetemos o leitor a ela, caso queira antecipar-se.

[63] SÁ, Petrônio Maranhão Gomes de. *A potestade administrativa de punir (ius puniendi)*: natureza, limites e controles, *op. cit.*, p. 15.

Ainda: "Ontologicamente poder e potestade possuem a mesma raiz comum (potestas-tatis). E isso é válido também para o francês *pouvoir/puissance*, para o italiano *potere/podestà* e para o espanhol *poder/potestad*".[64] É vocábulo polissêmico que abarca a ideia jurídica ligada ao poder.

Santi Romano, em *Fragmentos de um dicionário jurídico*, explica que poder em sentido estrito e direito subjetivo fazem parte do *commune genus* dos poderes em sentido amplo,[65] sendo que, no poder em sentido estrito – identificado com potestade –, há destinatários, mas não sujeitos passivos.

Também Francesco Carnelutti distinguiu potestade como *"possibilitá di comandare per la tutela di un interesse altrui"* de direito subjetivo como *"possibilità di comandare per la tutela del proprio interesse"*. Então, afirma: "O titular da potestade age sempre '*super partes*'".[66]

Pois bem, sobre a *potestade de punir* – aonde queremos chegar –, Petrônio Maranhão afirma: "O *ius puniendi* decorre do próprio conceito do Direito, como ordem normativa coativa do Estado. É, em termos simples, o poder de sancionar o infrator das normas jurídicas".[67] E explica que o *ius puniendi* (i) projeta-se sobre todos no

---

[64] SÁ, Petrônio Maranhão Gomes de. *A potestade administrativa de punir (ius puniendi)*: natureza, limites e controles, *op. cit.*, p. 17.

[65] "Segundo tal definião, poder em sentido estrito (ou potestade: na terminologia preferida, v. adiante) e direito subjetivo cairia no *commune genus* dos poderes em sentido amplo, atribuídos pelo ordenamento jurídico sobre bens ou interesses por este protegidos, ambos seiram manifestações de capacidade; porém, o primeiro se desenvolveria numa direção ou aspecto genérico, não teria objetos singularmente determinados, não se resolveria como reivindicações sobre outros sujeitos e, por isto, não seria correlata às obrigações, enquanto o direito subjetivo se desenvolveria sempre numa concreta e particular relação jurídica com uma determinada coisa ou sobre pessoas determinadas que, vice-versa, teriam obrigações correspondentes" (tradução livre). No texto original: "Secondo tale definizione, potere in senso stretto (o potestà: sulla terminologia da preferirsi v. avanti) e diritto soggettivo rientrerebbero nel commune genus dei poteri in senso largo, attribuiti dall'ordinamento giuridico in ordine a beni o interessi da questo protetti, e sarebbero, quindi, entrambi, manifestazioni ed esplicazioni di capacità; però il primo si svolgerebbe in una direzione o aspetto generico, non avrebbe oggetti singolarmente determinati, non si risolverebbe in pretese verso altri soggetti e perciò non sarebbe correlativo ad obblighi, mentre il diritto soggettivo si svolgerebbe sempre in un concreto e particolare rapporto giuridico o con una data cosa o verso date persone che viceversa avrebbero obblighi corrispondenti" (ROMANO, Santi. *Frammenti di un Dizionarios Giuridico*. Dott. A. Giuffrè Editore: Milão, 1983. p. 173-174).

[66] SÁ, Petrônio Maranhão Gomes de. *A potestade administrativa de punir (ius puniendi)*: natureza, limites e controles, *op. cit.*, p. 23.

[67] "GIUGLIO BATTAGLINI sustenta que '*O direito de punir é manifestação do poder de império que cabe ao Estado: insere-se na categoria dos direitos de supremacia que se fundam no status*

Estado Democrático de Direito, pois é da essência da democracia a igualdade de todos na submissão a esse poder; (ii) possui o caráter de *função pública*, é poder-dever de seu titular exercê-lo, porque constitui um *officium*, um *munus*, exercitado obrigatoriamente em razão de um interesse público; (iii) além de indisponível, é irrenunciável; (iv) e a potestade de punir, como tal, é imprescritível, pois, ainda que não exercida, permanece em estado latente, pronta para manifestar-se, desde que ocorram os pressupostos fáticos para sua incidência.[68]

Apresentadas as qualidades acima, define-se o *ius puniendi* como "a potestade pública que se caracteriza pela punibilidade dos infratores da ordem jurídica. Como toda potestade pública deriva diretamente do ordenamento, manifesta-se genericamente, projeta seus efeitos sobre terceiros que a ela ficam sujeitos e deve ser obrigatoriamente exercida em proveito do interesse público".[69]

Nós definimos a potestade pública sancionatória como a expressão do poder estatal representativo do *ius puniendi* na função administrativa.

Melhor explicando: (i) *expressão do poder estatal* simboliza, na definição, a presença da qualidade *potestade pública*; (ii) *representativo do ius puniendi* simboliza a presença da qualidade *poder punitivo do Estado*; (iii) *na função administrativa*, simboliza a qualidade – que a distingue da potestade judiciária, dentre aquelas "potestades constitucionais superiores" – de *titularidade da administração pública* (é "potestade administrativa"). *É faculdade punitiva de titularidade da administração pública*.

Em Petrônio Maranhão Gomes de Sá, *ius puniendi* é potestade pública, o que afirma também a tese do poder punitivo único do Estado: *ius puniendi* tem sempre uma e somente uma natureza jurídica, é potestade pública.

---

subjetionis, ou seja, naquela condição jurídica em razão da qual o indivíduo deve obediência exclusivamente à vontade do Estado. O direito de punir não é único e constante na sua qualidade: há tantos direitos de punir, quantos são os delitos'. E ZANOBINI observa com propriedade: 'o exercício da punição não é um direito público, mas uma função pública'" (SÁ, Petrônio Maranhão Gomes de. *A potestade administrativa de punir (ius puniendi): natureza, limites e controles, op. cit.*, p. 81).

[68] SÁ, Petrônio Maranhão Gomes de. *A potestade administrativa de punir (ius puniendi): natureza, limites e controles, op. cit.*, p. 83-87.

[69] SÁ, Petrônio Maranhão Gomes de. *A potestade administrativa de punir (ius puniendi): natureza, limites e controles, op. cit.*, p. 87.

Em nossa definição: potestade pública sancionatória é *ius puniendi*. Há uma conexão lógica entre as duas definições, ou melhor, os dois conceitos se implicam reciprocamente e, se quisermos dizer conforme a lógica, estamos diante do que se chama de uma relação *bicondicional*,[70] precedida de uma relação *condicional*,[71] i.e., da condição de que a potestade pública seja *sancionatória*.

Em termos lógicos, poderíamos dizer: se uma potestade pública for de natureza sancionatória, então, o *ius puniendi* é condição suficiente e necessária para identificar aquela potestade.[72]

Observe que o contrário também é verdadeiro. O segundo conectivo se chama "bicondicional", porque não importa a ordem em que os componentes aparecem na fórmula.[73] Então, é possível dizer também (veja-se, a primeira parte não muda): se uma potestade pública for de natureza sancionatória, então, aquela potestade é condição suficiente e necessária para o *ius puniendi*.[74]

Para que não reste dúvida do sentido que tomamos para *ius puniendi* – na explicação de Petrônio Maranhão Gomes de Sá: "Como *potestade pública que se caracteriza pela punibilidade dos*

---

[70] "Com esse nome e com a expressão 'equivalência material', em geral pretende-se designar, em lógica clássica, o *conectivo* (v.) binário que, aplicado a dois enunciados quaisquer p e q, cria um enunciado verdadeiro só no caso em que p e q tenham o mesmo valor de verdade (sejam ambos verdadeiros ou ambos falsos). (...) É assim chamado porque, por exemplo, quando liga os dois enunciados p e q, é logicamente equivalente à conjunção das duas condicionais: 'se p, então q' e 'se q, então p'" (ABBAGNANO, Nicola. *Dicionário de Filosofia*. 6. ed. São Paulo: Editora Martins Fontes, 2012. p. 125).

[71] "Um enunciado da forma 'Se p, então q' – com 'p' e 'q' enunciados quaisquer. (...) Os enunciados que compõem o C. são chamados, respectivamente, 'antecedente' (v.) ('p' no nosso exemplo) e 'consequente' (v.) ('q' no nosso exemplo)" (ABBAGNANO, Nicola. *Dicionário de Filosofia, op. cit.*, p. 202).

[72] Ps ⊃ (ip ≡ P), em que, simbolizam:
(Ps) potestade sancionatória
⊃ conectivo condicional
(que pode ser lido como "se, então")
(ip) ius puniendi
≡ conectivo bicondicional
(que pode ser lido como "condição suficiente e necessária")
(P) potestade pública.

[73] É um condicional comutativo, em que cada termo é antecedente e consequente do outro (ECHAVE, Delia Teresa; GUIBOURG, Ricardo A.; URQUIJO, Maria Eugenia. *Lógica, proposición y norma*. Buenos Aires: Editorial Astrea, 2008. p. 62).

[74] Em lógica, ficaria: Ps → (P ≡ ip).

infratores da ordem jurídica" (é conceito que não se confunde com *ius penale).*[75]

Então, adotamos o mesmo conceito já defendido na PUC-SP e que também é empregado por Alejandro Nieto, para quem (lembramos) "la potestad sancionadora de la Administración forma parte, junto con la potestad penal de los Tribunales, de un *ius puniendi* superior del Estado, que además es único, de tal manera que aquéllas no son sino simples manifestaciones concretas de éste".[76]

Agora, uma coisa que precisa ficar clara é: "La constatación de la existencia de estas dos potestades paralelas ha admitido *dos interpretaciones muy diferentes: o bien se trata de dos potestades independientes y con igualdad de rango o bien la judicial es originaria y de ella se deriva la administrativa con rango complementario y hasta auxiliar".*[77]

A primeira interpretação é considerada como a tradicional, enquanto a segunda ganhou força com os estudos de García de Enterría – e foi acolhida, por exemplo, pelo Tribunal Constitucional da Espanha. Essa segunda interpretação (da potestade administrativa derivada da judicial), entretanto, ficou superada por um retorno da construção dogmática tradicional, esta, agora, *rigorosamente atual*:

---

[75] *Ius penale* equivale a direito penal objetivo, no sentido de "corpo de normas jurídicas destinado ao combate à criminalidade", em contraponto ao que se chama de direito penal subjetivo, como direito de punir *(ius puniendi)* do Estado (NUCCI, Guilherme de Souza. *Curso de direito penal*: parte geral: arts 1º a 120 do Código Penal. Rio de Janeiro: Forense, 2017. p. 3).
A crítica que se faz é: "Essa concepção relaciona-se, de um lado, com a doutrina dos direitos públicos subjetivos, tendo o Estado como titular, e do outro, com a tendência nos dogmáticos excessivos a construir o Direito Penal sobre o modelo da estrutura do Direito privado. Daí pretender-se aplicar àquele ramo do Direito a fórmula exata quanto à este de que 'toda norma de Direito objetivo dá vida a um direito subjetivo'. Nessa tendência se esquece a distinção que separa os dois grupos de normas jurídicas – no Direito privado, em geral, a disciplina de relações jurídicas entre partes juridicamente iguais; no Direito Penal, o Estado, com seu poder soberano, submetendo o culpado à sanção, segundo regras por ele mesmo prescritas, para que mantenham invioláveis os valores elementares da vida em comunidade. O que se manifesta no exercício da Justiça penal é esse poder soberano do Estado, um poder jurídico que se faz efetivo pela lei penal, para que o Estado cumpra a sua função originária, que é assegurar as condições de existência e continuidade da organização social. Reduzi-lo a um direito subjetivo falsifica a natureza real dessa função e diminui a sua força e eficácia, porque resolve o episódio do crime apenas em um conflito entre os direitos do indivíduo e direitos do Estado" (BRUNO, Aníbal. *Direito penal*: parte geral. Tomo I. Rio de Janeiro: Forense, 2005. p. 34-35).

[76] NIETO, Alejandro. *Derecho Administrativo Sancionador, op. cit.*, p. 24.

[77] NIETO, Alejandro. *Derecho Administrativo Sancionador, op. cit.*, p. 51.

"Con esta reconocida dependencia se hacía, además, tolerable la existencia de una potestad administrativa que repugnaba casi temperamentalmente a tantos y, además, se facilitaba la aplicación a ella de los principios del Derecho Penal. Dogmáticamente podía considerarse incluso como una solución plausible y ponderada. Pero este equilibrio se ha roto con una última construcción dogmática, rigurosamente actual, conforme a la cual y superando la fase teórica anterior, *ambas potestades se configuran como ramas o «manifestaciones» de una unidad superior: el* ius puniendi *del Estado o, como también se dice, el ordenamiento punitivo del Estado"*.[78]

Isto deve ser fixado: a construção dogmática que fundamenta nosso estudo é a *tese da unidade superior do poder punitivo*, que compreende a potestade sancionatória da administração pública como *manifestação direta do ordenamento punitivo do Estado*.

Uma observação (quase uma nota à parte): argumento que poderia pôr em dúvida a lógica da *tese do poder punitivo único do Estado* seria, por exemplo, de uma suposta contrariedade com o *princípio da inafastabilidade do Poder Judiciário*. Nos termos do art. 5º, inciso XXXV, da Constituição Federal, "a lei não excluirá da apreciação do Poder Judiciário lesão ou ameaça a direito". O que pode fazer crer que ficariam submetidos, por assim dizer, os atos sancionatórios da administração pública à apreciação de uma potestade que dizemos ser paralela, e não superior àquela exercida pela administração pública. Isso seria uma contrariedade se as sanções impostas pela administração fossem revistas pelo Poder Judiciário na aplicação do *ius penale*. Não é o caso. Como veremos mais à frente, há independência na aplicação de sanções penais e administrativas que tenham por objeto o mesmo fato jurídico – *independência de instâncias*, como denomina a doutrina –, ao contrário do direito espanhol, por exemplo.

A discussão que se coloca aqui, na verdade, é esta: haveria *bis in idem* na aplicação de tais sanções? No exercício (em paralelo) de potestades punitivas (i) administrativas e (ii) judiciárias? Ponto que não enfrentaremos neste trabalho.

---

[78] NIETO, Alejandro. *Derecho Administrativo Sancionador, op. cit.*, p. 52.

Registramos somente sobre a inafastabilidade do Poder Judiciário, que não entra em choque com a unidade do ordenamento punitivo, porque pensar assim equivaleria a dizer que a mesma atuação judiciária feriria a separação de poderes. Não se pasma do controle dos atos de função administrativa pelo Poder Judiciário.

Lembremos com Ruy Barbosa Nogueira que: "Estas penalidades são impostas e julgadas pelas autoridades fiscais administrativas por meio do procedimento de lançamento. O Poder Judiciário poderá ser chamado a interferir no controle de legalidade do procedimento de lançamento ou da lesão de direito, podendo anular no todo ou em parte o lançamento, mas na verdade ele não opera o lançamento que é ato privativo da administração".[79] [80]

Então, outra questão se coloca sobre o controle judicial dos atos administrativos: considerada a titularidade da administração pública na potestade sancionatória, de que forma pode o juiz atuar na apreciação de sanções administrativas? Pode ele mesmo aplicar, abrandar ou aumentar, por exemplo, multas fiscais? Ou pode somente, por hipótese, declarar a nulidade da aplicação de uma sanção? Esse ponto também não será enfrentado aqui, falamos deles somente para contextualizar a compatibilidade da aplicação da tese do poder punitivo único do estado no Brasil.

---

[79] NOGUEIRA, Ruy Barbosa. *Curso de direito tributário*. 13. ed. São Paulo: Saraiva, 1994. p. 193.

[80] E com Celso Antônio Bandeira de Mello: "No Brasil, ao contrário do que ocorre em inúmeros países europeus, vigora o sistema de jurisdição única, de sorte que assiste exclusivamente ao Poder Judiciário decidir, com força de definitividade, toda e qualquer contenda sobre a adequada aplicação do Direito a um caso concreto, sejam quais forem os litigantes ou a índole da relação jurídica controvertida. Assim, o Poder Judiciário, a instâncias da parte interessada, controla, *in concreto*, a legitimidade dos comportamentos da Administração Pública, anulando suas condutas ilegítimas, compelindo-a àquelas que seriam obrigatórias e condenando-a a indenizar os lesados, quando for o caso. Diz o art. 5º, XXXV, da Constituição brasileira que 'a lei não excluirá da apreciação do Poder Judiciário lesão ou *ameaça* a direito'" (MELLO, Celso Antônio Bandeira de. *Curso de Direito Administrativo, op. cit.*, p. 978).

CAPÍTULO 2

NOTAS DE PARTIDA

2.1 Brevemente: sobre direito e linguagem

> *O mundo jurídico é um mundo mesquinho. Ele substitui o mundo dos fatos reais por um universo de palavras. Onde há uma floresta amazônica, o legislador determina que deva existir uma flor de papel. Tudo se converte em papel e em signos gráficos no papel: as palavras. Os próprios juristas passam a vida a investigar palavras, a escrever palavras a propósito de palavras.*
>
> (Alfredo Augusto Becker)[81]

Abrimos aqui uma nota para explicitar alguns elementos que serão – ou já estão sendo –, por vezes, utilizados em nosso texto e achamos por bem fixar agora. São conceitos com os quais trabalharemos: "signo" como *algo que aponta para algo distinto de si mesmo*; "significar" ou "representar" como *apontar para algo ou estar em lugar de algo*.[82] "Costuma-se fazer uma diferença entre signos naturais e artificiais. Exemplo do primeiro: a umidade da terra é signo de que choveu. Os signos artificiais são elaborados por seres humanos: por exemplo, a própria palavra *umidade*. Os signos

---

[81] BECKER, Alfredo Augusto. *Carnaval Tributário*. 2. ed. São Paulo: Editora Lejus, 2004. p. 51.
[82] FERRAZ JUNIOR, Tercio Sampaio. *Introdução ao estudo do direito*: técnica, decisão, dominação. 8. ed. São Paulo: Atlas, 2015. p. 212.

artificiais são chamados de símbolos. Os signos linguísticos, com base fonética, são *símbolos*."[83] Daí usaremos "normas jurídicas" como *signos simbólicos (ou símbolos) criados pelos homens e que apontam para algo distinto de si mesmos* – algo que pode ser condutas, eventos, fatos, relações etc., mas que empiricamente componha o universo jurídico.

Essas referências dizem respeito à *teoria dos signos* ou *semiótica* – olharemos com mais minúcia para ela no ponto *também sobre a culpabilidade: o que a semiótica e o pragmatismo podem nos dizer sobre interpretação de condutas?*

A semiótica teve origem quase que simultaneamente no tempo na Europa Ocidental com o filósofo por Ludwig Wittgenstein e, nos Estados Unidos da América, com o filósofo Charles Sanders Peirce.[84]

No direito, esse cenário diz respeito ao realismo jurídico, que, como explica Mauro Cappelletti, "conduziu àquilo que se denominou 'cepticismo normativo', com a consciência de que as próprias normas, quer derivadas de textos escritos, quer da jurisprudência, são expressas por meio da linguagem – palavras e símbolos – e, portanto, requerem uma interpretação criativa da parte de seus destinatários, pela simples razão já em 1899 apontada por Oliver Wendell Holmes: 'Não é verdade que na prática... uma dada... palavra tenha um só significado e nenhum outro. Uma palavra tem diversos significados, até no dicionário'".[85]

Não se dedicando propriamente ao tema, Teresa Arruda Alvim, com seu característico pragmatismo, e José Miguel Garcia Medina observavam já que "o juiz exerce função, até certo ponto e em certa medida, 'criativa' em relação à lei", em razão do "abandono de uma visão simplista do fenômeno decisório judicial para uma visão realista, e a relação entre a sentença e o texto da lei, não sendo tão obvia como antigamente, tem gerado polêmicas e profundas discordâncias em todo o mundo ocidental. Parece, todavia, que

---

[83] FERRAZ JUNIOR, Tercio Sampaio. *Introdução ao estudo do direito*: técnica, decisão, dominação, *op. cit.*, p. 213.

[84] Na realidade, teve "três origens ou sementes lançadas quase simultaneamente no tempo, mas distintas no espaço e na paternidade: uma nos Estados Unidos, outra na antiga União Soviética e a terceira na Europa Ocidental" (SANTAELLA, Lúcia. *O que é semiótica*. São Paulo: Brasiliense, 2012. p. 22. Coleção primeiros passos (103)).

[85] CAPPELLETTI, Mauro. *Os métodos alternativos de solução de conflitos no quadro do movimento universal de acesso à justiça* (traduzido do inglês por J. C. Barbosa Moreira). *Doutrinas essenciais: Arbitragem e mediação*. WALD, Arnold (organizador). São Paulo: RT, 2014, v. I, p. 1.104.

existe uma tendência no sentido de que o princípio da legalidade seja entendido como a necessidade da *vinculação* do juiz *ao sistema*, englobando o texto da lei, doutrina e jurisprudência. Os objetivos da aplicação do princípio da legalidade, inerente ao Estado de Direito, são os de gerar uma jurisprudêcia iterativa e uniforme e certa margem de *previsibilidade*, que gera *segurança*. E esses objetivos, hoje se entende, são alcançados tanto com a vinculação à lei de forma absoluta, à lei e só à lei, quanto com a vinculação à lei no sentido de vinculação ao sistema. Explicando melhor: a vinculação é à lei, mas a lei vista sob esse enfoque, que abrange também a doutrina e a jurisprudência. Assim, diríamos que a vinculação do juiz à lei se amolda por meio da doutrina e da jurisprudência como se estes dois elementos desempenhassem uma função de 'engate lógico' entre a lei e os fatos".[86]

Com base na filosofia de Wittgenstein, por exemplo, Paulo de Barros Carvalho parte da ideia de *sistema de referência* – é dizer, se se afirma algo, é necessário que se indique o modelo dentro do qual essa proposição se encontra, no caso, como em uma *gramaticalidade* própria ao sistema jurídico – para identificar o direito como um bem cultural que se manifesta em *linguagem*.[87]

Também Humberto Ávila toma por referência os *jogos de linguagem* de Wittgenstein[88] para dizer do *processo particular de*

---

[86] WAMBIER, Teresa Arruda Alvim; MEDINA, José Miguel Garcia. *O dogma da coisa julgada*. São Paulo: RT, 2003. p. 62.

[87] Posição que nomeia de constructivismo lógico semântico (CARVALHO, Paulo de Barros. *Direito Tributário*: fundamentos jurídicos da incidência. 10. ed. São Paulo: Saraiva, 2015. p. 26).

[88] "Em suas primeiras obras, Wittgenstein (1921) acreditava que a função das palavras consistia em aludir a alguma coisa, servir de ponto de referência de coisas reais do mundo. Quando empregávamos uma palavra como *faca*, por exemplo, tínhamos em mente uma imagem intuitiva de uma faca essencial, e aplicávamos a palavra *faca* a objetos dependendo do fato de eles se aproximarem ou não dessa noção de uma faca ideal. Em suas discussões e em seus ensinamentos posteriores, Wittgenstein (publicações de 1958, 1969) alterou radicalmente sua concepção de linguagem – em vez de ser controlada pela realidade, Wittgenstein passou a crer que, na verdade, a linguagem construía a realidade social. Portanto, era importante examinar o significado-em-uso das palavras. Como poderemos fazer isso? Precisamos investigar as práticas sociais verdadeiras, e estas nos mostram que as palavras só têm os significados que exibem porque estão inseridas nessas práticas sociais. Ele usou a expressão *jogos de linguagem* para descrever isso. (...) Uma faca de plástico ou uma faca muito velha, que já não corta, continuará sendo uma faca? Em alguns contextos, para certos usos, podemos dizer uma coisa e, em outros, outra, e as respostas vão depender da importância que a capacidade de cortar tem naquela situação. Todavia, normalmente admitiríamos que a capacidade de cortar faz parte do devido reconhecimento de uma faca. As facas são artefatos que servem a

interpretação: que é distinto do conteúdo já existente na comunicação linguística geral. Compreende que *normas não são o texto nem o conjunto deles, mas o sentido construído*,[89] e acrescenta que, entretanto, o intérprete não é livre para essa construção, pois o ordenamento jurídico estabelece fins e valores que não podem ser desprezados na interpretação dos textos normativos; o intérprete *constrói* e *reconstrói* sentido, partindo da existência de significados incorporados ao uso linguístico.[90]

Tal interpretação parece distinta da que faz, por sua vez, Tercio Sampaio Ferraz Junior, para quem *os símbolos, tomados isoladamente, nada significam; para que um símbolo se torne tal, ele tem de aparecer num ato humano de fala: falar é atribuir símbolos a algo.*[91]

O que queremos pontuar, entretanto, é que a *linguagem é capaz de ditar os limites da construção do direito e da interpretação jurídica.*

É que, como conclui Genaro Carrió, a aqui mencionada filosofia de Wittgenstein, *em todas as doutrinas que a aplicam*, está relacionada com a ideia de que a linguagem tem limites impostos por sua *estrutura interna*.[92]

Ludwig Wittgenstein, no prefácio de seu *Tractatus Logico-Philosophicus*,[93] declara a pretensão do livro em "traçar um limite para o pensar, ou melhor – não para o pensar, mas para a expressão dos pensamentos: a fim de traçar um limite para o pensar, deveríamos poder pensar os dois lados desse limite (deveríamos, portanto, poder pensar o que não poder ser pensado). O limite só poderá,

---

determinados fins, razão pela qual cortar bem não é simplesmente um critério de uma faca em certas circunstâncias, mas das facas em geral" (WAYNE, Morrison. *Filosofia do direito*: dos gregos ao pós-modernismo. 2. ed. São Paulo: Editora WMF Martins Fontes, 2012. p. 429-430).

[89] ÁVILA, Humberto. *Teoria dos princípios*: da definição à aplicação dos princípios jurídicos. 17. ed. São Paulo: Malheiros, 2016. p. 50-52.

[90] ÁVILA, Humberto. *Teoria dos princípios*: da definição à aplicação dos princípios jurídicos, *op. cit.*, p. 52-55.

[91] FERRAZ JUNIOR, Tercio Sampaio. *Introdução ao estudo do direito*: técnica, decisão, dominação, *op. cit.*, p. 213.

[92] CARRIÓ, Genaro. *Sobre los límites del lenguaje normativo*, *op. cit.*, p. 63.

[93] Conforme Paulo de Barros Carvalho, "o *Tractatus logico-philosophicus* é marco decisivo na história do pensamento humano. Até Kant, a filosofia do ser; de Kant a Wittgenstein, a filosofia da consciência; e de Wittgenstein aos nossos dias, a filosofia da linguagem, com o advento do 'giro-linguístico' e de todas as implicações que se abriram para a teoria da comunicação" (CARVALHO, Paulo de Barros. *Direito tributário*: linguagem e método, *op. cit.*, p. 25).

pois, ser traçado na linguagem, e o que estiver além do limite será simplesmente um contrassenso".[94]

Por isso, a compreensão do direito enquanto linguagem está presente em nossa pesquisa.[95] O estudo da semiótica pode ser ferramenta útil – e até apaixonante, notadamente na perspectiva da semiótica e pragmatismo norte-americanos, desenvolvidos por Charles Sanders Peirce,[96] da qual falaremos adiante.

A partir da semiótica, há quem utilize também a lógica formal como recurso para representar a interpretação de normas jurídicas. São estruturas lógicas, representativas do direito enquanto linguagem, como, por exemplo, com *um antecedente que implica uma tese, ou consequente*. Raras vezes utilizaremos desse recurso; em o fazendo – se for para melhorar a comunicação, e não gerar enfado, espírito de exclusão, confusão ou firula – será com a explicação de cada (chamado) *termo* e *conectivo* lógicos.

2.2 Unidade do direito sancionador

A tese do *ius puniendi* único do Estado – conforme dissemos no capítulo 1 – e a identidade ontológica do ilícito e da sanção – essa última ideia será ainda enfrentada na sequência – garantem um regime jurídico de núcleo comum à potestade sancionatória da

---

[94] WITTGENSTEIN, Ludwig. *Tractatus Logico-Philosophicus*. São Paulo: Editora Universidade de São Paulo, 2017. p. 125.

[95] Pensamos também que "o Direito pode ser considerado como um código artificial, na medida em que comunica padrões de comportamento lhes atribuindo valores: os comportamentos desejados são qualificados pelo direito de obrigatórios ou permitidos – comportamentos legais. Os comportamentos indesejáveis são qualificados de proibidos – comportamentos ilegais – e a sua prática é passível de aplicação de alguma espécie de castigo ou punição (sanção). Esta valoração de um comportamento como legal ou ilegal se consubstancia no bit mais importante e também mais comum no direito: legalidade/ilegalidade, licitude/ilicitude" (ARAÚJO, Clarice von Oertzen de. *Semiótica do Direito*. São Paulo: Quartier Latin, 2005. p. 18-19).

[96] "A 'semiótica' foi proposta por Charles Sanders Peirce como outra denominação possível para a lógica da linguagem, e definida como 'a doutrina' quase-necessária ou formal dos signos. Descrevendo a doutrina como 'quase-necessária' ou formal, quero dizer que observamos os caracteres de tais signos e, a partir dessa observação, por um processo que não objetarei denominar Abstração, somos levados a afirmações, eminentemente falíveis e, por isso, num certo sentido, de modo algum necessárias, a respeito do que devem ser os caracteres de todos os signos utilizados por uma inteligência 'científica', isto é, por uma inteligência capaz de aprender através da experiência' (CP 2.227)" (ARAÚJO, Clarice von Oertzen de. *Semiótica do Direito, op. cit.*, p. 16).

administração pública e à potestade penal do Poder Judiciário. É possível falar, então, de um *direito punitivo único*, que se desdobra em direito penal e direito administrativo sancionador.[97]

À guisa de sistematização de nossa pesquisa, entretanto, falamos agora da existência de uma unidade sob outra perspectiva: é que os frutos do *direito sancionador* se desenvolvem em ramos de uma mesma raiz, "dentro de cada gajo van madurando las uvas aisladas de cada sector. Ahora bien, como cada legislación material no sólo se ordena dentro de su matriz territorial, he aquí que al final nos encontramos con un *sistema en red* en el que cada uno tiene várias conexiones en diferentes sentidos".[98]

Pois bem, fixamos agora a unidade do direito sancionador enquanto *sistema* numa perspectiva unitária *em relação às diversas potestades sancionatórias da administração pública*, por exemplo, em matéria tributária, em matéria ambiental, em matéria econômica, em temas de regulação, em matéria sanitária e de saúde, na atividade disciplinar de agentes públicos, nas regras de trânsito etc.

Assim, a potestade sancionatória fiscal, objeto de estudo do direito tributário sancionador, integra o sistema que analisamos desde aqui, nesta primeira parte de nosso estudo, posto que, em sua origem, pensamos que é único.[99]

Nesse sentido, a *unidade do direito sancionador* – que, obviamente, defendemos desde a maneira como partimos do direito administrativo, usando dos mesmos fundamentos para o direito tributário – é argumento em favor da racionalização de um sistema de princípios, fundamentos e limites para aplicação de sanções administrativas.

Lembremos que a estrutura geral do Estado,[100] também no que diz respeito ao poder de punir, está disposta, antes de tudo, na

---

[97] NIETO, Alejandro. *Derecho Administrativo Sancionador*, op. cit., p. 124.
[98] NIETO, Alejandro. *Derecho Administrativo Sancionador*, op. cit., p. 155.
[99] Aliás, lembremos que: "Cientificamente, não há distinção possível entre a matéria tributária e a administrativa, porque ontologicamente os respectivos sistemas de normas obedecem ao mesmo regime, informam-se pelos mesmos princípios gerais e adotam as mesmas categorias e institutos gerais. São relações entre parte e todo (...). Didática e praticamente, se convencionou discernir a parte (direito tributário) do todo (direito administrativo), pelo isolamento do instituto fundamental daquele (o tributo). Reconhece-se o subsistema direito tributário, dentro do sistema positivo de direito administrativo" (ATALIBA, Geraldo. *Hipótese de incidência tributária*. 6. ed. São Paulo: Malheiros, 2014. p. 41).
[100] Dessa estrutura, "advém todo um arcabouço de normas, princípios, métodos e pressupostos", e a "síntese de todos estes pressupostos teóricos irá conformar o que ousaríamos chamar de

Constituição da República; ela delimita a organização dos poderes públicos e define os direitos fundamentais do indivíduo.[101] [102]

É na Constituição que deve ter início a sistematização do direito sancionador; eis, sobretudo, na Carta Magna, a persperctiva unitária deste enquanto sistema jurídico.

A sistematização do direito sancionador enquanto unidade permite construir uma racionalidade quanto aos regimes jurídicos presentes nos variados ramos em que se manifesta, por exemplo, como dissemos, no direito da regulação, no tributário, ambiental ou econômico, promovendo, a partir da Constituição Federal, em especial, um controle quanto aos limites de cada uma das potestades sancionatórias.

É que a imposição de sanções sobre os administrados é daquelas atividades públicas em que "o direito depende apenas, para o seu exercício, de abstenções do Poder Executivo", explica Miguel Seabra Fagundes,[103] é quando "êste o pode violar por atos e fatos administrativos, cuja *prática importe exorbitância dos limites legalmente assinados à sua atividade*".

Por outro lado, o cenário em que vivemos é de intensificação de intervenções e regulação pelo Estado – sendo esse um aspecto muito caro ao tema – sobre uma sociedade massificada, quando "el Estado asume la garantía de la intangibilidad de determinados bienes sociales y colectivos –a los cuales de rango jurídico–, que

---

'paradigma prevalente do Direito Administrativo', diretamente dependente e relacionado ao modelo de Estado que constitui, em suas relações com os administrados, o objeto e o objetivo deste ramo jurídico" (MARQUES NETO, Floriano Peixoto de Azevedo. *Regulação estatal e interesses públicos, op. cit.*, p. 61).

[101] FAGUNDES, Miguel Seabra. *O Contrôle dos Atos Administrativos pelo Poder Judiciário, op. cit.*, p. 15.

[102] Fábio Medina Osório defende que "é necessário reconhecer, no campo constitucional, cláusulas comuns ao Direito Público Punitivo, não como ramo jurídico, mas como aquele conjunto de normas que disciplinam as várias manifestações punitivas do Estado" (OSÓRIO, Fábio Medina. *Direito Administrativo Sancionador, op. cit.*, p. 169). E Nelson Nery Junior lembra que a Constituição deve realizar três tarefas fundamentais: a de integração, a de organização e a de direção jurídica. Em referência à segunda: "A Constituição é que organiza os poderes do Estado, constituindo os órgãos a exercerem as diversas tarefas estatais, bem como suas competências correspondentes, necessárias para o cumprimento dessas tarefas" (NERY JUNIOR, Nelson. *Princípios do processo na Constituição Federal*. 13. ed. São Paulo: RT, 2017. p. 52).

[103] FAGUNDES, Miguel Seabra. *O Contrôle dos Atos Administrativos pelo Poder Judiciário, op. cit.*, p. 176 (grifo nosso).

pretende salvaguardar con medidas de prevención que cristalizan en la conminación e imposición de castigos a los infractores".

Aliás, esse é, atualmente, o dado mais comum a todo *ius publicum puniendi*, tendo o regime jurídico (administrativo) sancionador um importantíssimo *conceito distintivo*, qual seja: "Para el Derecho tradicional (Penal) la prevención se logra mediante la amenaza del castigo, que se supone ha de disuadir a quienes se sienten inclinados a delinquir. Para el emergente Derecho Administrativo Sancionador, en cambio, la prevención no se dirige directamente contra el resultado, sino contra la utilización de medios adecuados a la producción de tal resultado. Por decirlo de una manera muy simple: delito será el incendio de un inmueble; infracción administrativa, la edificación con materiales inflamables que pueden provocar fácilmente un incendio. La amenaza de la sanción administrativa es también disuasoria (y dejo aquí a un lado, deliberadamente, el componente retributivo que tiene todos los castigos), pero lo que se trata de evitar directamente no es el resultado lesivo concreto para el bien jurídico protegido, sino la utilización de medios idóneos para producirlo. *No se trata, en definitiva, de castigar la lesión, sino más bien de prevenir la posibilidad de que se produzca*".[104]

Enfim, temos de fixar que a ideia que conduz a essa compreensão e que justifica em parte a racionalidade (única) de todo o direito sancionador (seja em que ramo for) é que vivemos hoje em uma *sociedade de risco* – guardemos também esse aspecto, imprescindível para a compreensão de nossas conclusões.

Eis o cenário que devemos considerar: "Las aglomeraciones humanas y el desarrollo tecnológico han producido la «sociedad de riesgo» en que vivimos. Hoy no nos atemoriza tanto la naturaleza (el frío, los animales venenosos y depredadores, los terremotos) como las conductas de los demás hombres y más que por sus actos de violencia por sus riesgos que sin intención directa provocan (contaminación atmosférica y de alimentos, contagio de enfermedades, accidentes de tráfico)".[105]

---

[104] NIETO, Alejandro. *Derecho Administrativo Sancionador*, op. cit., p. 148.
[105] NIETO, Alejandro. *Derecho Administrativo Sancionador*, op. cit., p. 148.

E o impacto do tema em nossa matéria de estudo: "La situación ha llegado a un punto crítico que ya no permite que el Estado –y el Derecho– entren en acción únicamente para regular e imponer indemnizaciones por los daños –ni tampouco siquiera para su prevención–, sino que les obliga a intervir antes de que al daño se haya producido. De lo que se trata ahora fundamentalmente es de prevenir los daños mediante la eliminación, o al menos reducción, de los riesgos; a cuyo efecto se ha puesto en marcha una política pública preventivo-represiva, que se desarrolla en varias fases. La primera consiste en una regulación poco menos que global de las actividades de los particulares, que se complementa con inspecciones permanentes y culmina en unas sanciones cuando se constata la infracción de lo regulado. El Derecho Administrativo Sancionador es, por tanto, un elemento en la realización de tal política. De esta manera hemos llegado a un punto en el que el Estado ha asumido el papel de garante de un funcionamiento social inocuo y el Derecho –y en particular al Administrativo Sancionador– se ha convertido en un instrumento de prevención de riesgos. *Una sociedad de riesgos exige la presencia de un Estado gestor del riesgo y, eventualmente, de un Derecho redutor del mismo*".[106]

---

[106] NIETO, Alejandro. *Derecho Administrativo Sancionador, op. cit.*, p. 149.

CAPÍTULO 3

PRINCÍPIOS APLICÁVEIS AO DIREITO ADMINISTRATIVO SANCIONADOR: O QUE NÓS DESTACAMOS

3.1 Noções sobre princípios

Tratamos agora de *noções sobre princípios* – o alerta é que não há o enfrentamento de uma *teoria dos princípios*; sequer há, por nós, uma tomada de posição de uma construção dogmática. Importa-nos compreendê-los, em alguma medida, como passo indispensável para a sequência do nosso estudo. Não é a distinção entre categorias normativas à problematização que nos interessa, mas a maneira como alguns princípios constitucionais do Estado de Direito alcançam o poder de sancionar atribuído à administração pública (mais especificamente, à administração fiscal).

Os princípios gerais são – é possível dizer – *normas fundamentais ou generalíssimas do sistema, as normas mais gerais;*[107] sob esse ângulo, a definição não sofre grande divergência, no sentido de *influência dos princípios sobre o sistema jurídico.*

---

[107] A definição é de Norberto Bobbio, que registra também não mais caber falar da metodologia jurídica tradicional que distinguia *normas* e *princípios*. "Para mim não há dúvida: os princípios gerais são normas como todas as outras" (BOBBIO, Norberto. *Teoria do ordenamento jurídico*. 10. ed. Brasília: Editora Universidade de Brasília, 1999. p. 158). Nisso, José Joaquim Gomes Canotilho afirma que: "(1) as regras e princípios são duas espécies de normas; (2) a distinção entre regras e princípios é uma distinção entre duas espécies de normas" (CANOTILHO, José Joaquim Gomes. *Direito constitucional e teoria da constituição*, op. cit., p. 1.160).

Para Ronaldo Dworkin, a diferença entre princípios e regras é de natureza lógica: "As regras são aplicáveis à maneira do tudo-ou-nada. Dados os fatos que uma regra estipula, então ou a regra é válida, e nesse caso a resposta que ela fornece deve ser aceita, ou não é válida, e nesse caso em nada contribui para a decisão".[108] Enquanto os princípios devem ser levados em conta como uma razão que inclina numa ou noutra direção, eles "entram em conflito e interagem uns com os outros, de modo que cada princípio relevante para um problema jurídico particular fornece uma razão em favor de uma determinada solução, mas não a estipula", portanto, diante de uma questão, vê-se a "exigencia de avaliar todos esses princípios conflituantes e antagônicos que incidem sobre ela e chegar a uma veredicto a partir desses princípios, em vez de identificar um dentre eles como 'válido'".[109]

Robert Alexy partiu das considerações de Dworkin para defender que princípios são *mandamentos de otimização*, "caracterizados por poderem ser satisfeitos em graus variados e pelo fato de que a medida devida de sua satisfação não depende somente das possibilidades fáticas, mas também das possibilidades jurídicas", sendo estas determinadas pelos princípios e regras colidentes, enquanto as regras "são normas que são sempre ou satisfeitas ou não satisfeitas", contêm por isso *determinações*, o que significa dizer que "a distinção entre regras e princípios é uma distinção qualitativa, e não uma distinção de grau".[110]

Alexy propôs um modelo diferenciado do modelo de Dworkin ao expor que princípios são sempre razões *prima facie* e regras são razões definitivas – estas se não houver o estabelecimento de alguma exceção –, argumentando que "sempre que um princípio for, em última análise, uma razão decisiva para um juízo concreto de dever-ser, então, esse princípio é o fundamento de uma regra, que representa uma razão definitiva para esse juízo concreto", porque o caminho que vai do princípio, ou seja, do direito *prima facie*, ao

---

[108] DWORKIN, Ronaldo. *Levando os direitos a sério*. 3. ed. São Paulo: Editora WMF Martins Fontes, 2010. p. 39.
[109] DWORKIN, Ronaldo. *Levando os direitos a sério, op. cit.*, p. 114.
[110] ALEXY, Robert. *Teoria dos direitos fundamentais*. Tradução de Virgílio Afonso da Silva. São Paulo: Malheiros, 2017. p. 90-91.

direito definitivo passa sempre pela definição de uma preferência, o que, segundo a lei de colisão, é a definiçnao de uma regra.[111]

Humberto Ávila, por sua vez, defende a coexistência de espécies normativas em razão de um mesmo dispositivo, ou seja, um ou mais dispositivos (ou, ainda, a implicação lógica deles decorrente) podem funcionar como referência simultânea para a construção de (i) uma dimensão imediatamente comportamental, uma *regra*; (ii) finalística, um *princípio*; e/ou (iii) metódica, um *postulado*.[112] É o que ele denomina de caráter pluridimensional dos enunciados normativos, além de adotar um modelo tripartite de dissociação, que acrescenta a categoria normativa *postulado*, referindo-se a condições a serem observadas na aplicação das regras e princípios.[113]

Para ele, princípios são normas-do-que-deve-ser (*ought-to-be-norms*), pois tratam de um estado ideal de coisas (*state of affairs*); são normas cuja qualidade imediata é a realização de um fim juridicamente relevante.[114] Os princípios instituem deveres de certos comportamentos necessários para a realização de um dado estado de coisas ou, inversamente, instituem deveres de efetivação do estado

---

[111] ALEXY, Robert. *Teoria dos direitos fundamentais*, op. cit., p. 103-108.

[112] ÁVILA, Humberto. *Teoria dos princípios*: da definição à aplicação dos princípios jurídicos, op. cit., p. 92.

[113] A exemplo da *proibição de excesso*, que representa, nesse sentido, um postulado normativo que proíbe a restrição excessiva de qualquer direito fundamental. Além da proibição de excesso, aponta também como postulado a *proporcionalidade* e explica que os dois devem ser investigados separadamente, pois este pressupõe uma relação de causalidade entre um meio e um fim, enquanto aquele depende unicamente de haver um direito fundamental sendo excessivamente restringido. Na proibição de excesso, estão os limites ao poder de tributar, pois a competência estatal para instituir tributos não pode implicar na impossibilidade da proteção à propriedade privada (ÁVILA, Humberto. *Teoria dos princípios*: da definição à aplicação dos princípios jurídicos, op. cit., p. 94 e 188). O mesmo autor explica que "a relevância que o Direito moderno começou a atribuir ao dever de proporcionalidade se explica pelo estabelecimento de direitos e garantias individuais nas constituições modernas. A proporcionalidade com a função de estabelecer limites à atividade estatal e de garantir ao máximo a liberdade dos cidadãos pressupõe, de um lado, a existência mesma do Estado e, de outro, a garantia de direitos individuais. Superadas as questões ligadas à consolidação do regime democrático e as discussões sobre questões formais que dela surgiram, começou-se a analisar não apenas as questões ligadas à forma de limitação da *intervenção do Estado* (eficácia normativa negativa) mas também aquelas relacionadas à *proteção substancial do indivíduo* (eficácia normativa positiva)" (ÁVILA, Humberto. A distinção entre princípios e regras e a redefinição do dever de proporcionalidade. *Revista de Direito Administrativo*, Rio de Janeiro: Renovar, n. 215, jan./mar. 1999, p. 151-179).

[114] ÁVILA, Humberto. *Teoria dos princípios*: da definição à aplicação dos princípios jurídicos, op. cit., p. 95-96.

de coisas pela adoção de determinados comportamentos.[115] Além disso, princípios jurídicos funcionam como *direitos subjetivos* quando proíbem as intervenções do Estado em direitos de liberdade, o que foi chamado de *função de defesa ou de resistência*[116] – aspecto este que merece destaque em nosso tema.

3.2 O que nós destacamos

Antes de seguirmos: por que princípios aplicáveis ao tema, "o que nós destacamos"?

Elegemos para a nossa pesquisa somente os princípios da *legalidade* – e, seu corolário, *tipicidade* – e da *culpabilidade*. Veja-se: outros poderiam ser levantados, é claro. Devemos dizer mesmo que todos os princípios do direito punitivo – ou do direito penal – merecem ser cotejados com o nosso tema, em razão do fundamento que defendemos, do poder punitivo único do Estado. Acontece que elegemos esses apenas porque são o núcleo do direito sancionador. E há uma justificativa para essa afirmação. É que, na legalidade e na culpabilidade, estão os dois blocos de maior afastamento em relação ao direito penal. Então, ao mesmo tempo em que tomamos por referências construções dogmáticas e técnicas deste, *os dois princípios que ganham uma conformação quase que completamente distinta de sua origem penal tornam-se os mais relevantes na compreensão do direito sancionador.*

Sentimo-nos seguros em elegê-los diante da feliz coincidência de que – dentre tantos princípios que, como dissemos, mereceriam ser considerados aqui – estes somente são também os enfrentados por Alejandro Nieto – com a justificativa em *Otros bloques temáticos*,[117]

---

[115] ÁVILA, Humberto. *Teoria dos princípios*: da definição à aplicação dos princípios jurídicos, *op. cit.*, p. 103-104.

[116] ÁVILA, Humberto. *Teoria dos princípios*: da definição à aplicação dos princípios jurídicos, *op. cit.*, p. 128.

[117] Sendo mais precisos, o professor enfrenta ainda o *non bis in idem*: "*El bloque temático central del Derecho Administrativo Sancionador –y, por ende, del presente libro– se encuentra indubitavelmente en los principios de legalidad (con sus dos elementos o corolarios: la reserva legal y el mandato de tipificación), de culpabilidad y de* non bis in idem" (NIETO, Alejandro. *Derecho Administrativo Sancionador, op. cit.*, p. 25). Porém, optamos por não incluir este último princípio em nossa pesquisa porque, com ele, pelo detalhamento que imprimimos aos outros dois, o trabalho ganharia uma extensão que não desejávamos.

por exemplo, de que: "Guste o no guste, la tipificación de las infraccioes y sanciones administrativas cumple una función y presenta una estructura completamente distinta de la penal"[118] – e, mesmo antes de conhecermos sua obra, tais problematizações já eram as que vinham mais chamando a nossa atenção.

Esses *princípios que destacamos*, parece, firmam (e respondem) o dilema: "¿cuál es el camino correcto: aplicar al Derecho Administrativo Sancionador los principios del Derecho Penal debidamente adaptados a las peculiaridades de aquél, o construir un Derecho Administrativo Sancionador desde el Derecho Público estatal y, por supuesto y principalmente, desde el Derecho Administrativo, sin olvidar por elle, claro es, las garantías individuales del inculpado?".[119]

Passemos, agora, a eles.

3.3 Legalidade e tipicidade

Comecemos lembrando que Estado de Direito, como vimos, no sentido literal da expressão, é o Estado que se subordina à lei, ao Direito,[120] e que o poder de punir da administração pública é exercido de maneira limitada pelos direitos constitucionais.

José Joaquim Gomes Canotilho[121] usa a expressão "princípio da legalidade da administração" para dizer que, "erigido, muitas vezes, em «cerne essencial» do Estado do direito", ele "postula dois princípios fundamentais: o *princípio da supremacia* ou *prevalência da lei (Vorrang des Gesetze)* e o *princípio da reserva da lei (Vorbehalt des Gesetzes)*". Os dois, de forma genérica, "apontam para a *vinculação jurídico-constitucional do poder executivo*".

O princípio da legalidade está previsto na Constituição Federal de 1988, em seu artigo 5º, inciso II, onde se lê que "ninguém será obrigado a fazer ou deixar de fazer alguma coisa senão em virtude de lei" – esta é a cláusula geral; ainda no artigo 5º, em seu

---

[118] NIETO, Alejandro. *Derecho Administrativo Sancionador*, op. cit., p. 25.
[119] NIETO, Alejandro. *Derecho Administrativo Sancionador*, op. cit., p. 26.
[120] SUNDFELD, Carlos Ari. *Fundamentos de direito público*, op. cit., p. 34-37.
[121] CANOTILHO, José Joaquim Gomes. *Direito constitucional e teoria da constituição*, op. cit., p. 256.

inciso XXXIX, lê-se que "não há crime sem lei anterior que o defina, nem pena sem prévia cominação legal" – manifestação do princípio da legalidade penal. E, entre as limitações do poder de tributar, no artigo 150, inciso I, consta que, sem prejuízo de outras garantias asseguradas ao contribuinte, é vedado à União, aos estados, ao Distrito Federal e aos municípios "exigir ou aumentar tributo sem lei que o estabeleça".

No âmbito punitivo, o princípio da legalidade remonta à Magna Carta de 1215, na Inglaterra, segundo a qual nenhum homem poderia ser preso ou privado de sua propriedade a não ser pelo julgamento de seus pares ou pela lei da terra: "Nasce o direito humano fundamental de somente haver punição quando o Estado joga às claras, criando figuras delituosas *antes* de qualquer fato lesivo ocorrer, conferindo segurança a todos os membros da sociedade".[122]

Corolário da legalidade, o brocado latino *nullum crimen, nulla poena sine praevia lege* tem sentido, por sua vez, no cenário da tipicidade, que é a perfeita adequação do fato ao modelo abstrato de conduta, instrumentalizando o princípio da legalidade.[123]

Tratam-se – legalidade e tipicidade – de conceitos constitucionais que se aplicam às infrações e sanções administrativas – no nosso caso, tributárias – com as características próprias no regime do direito sancionador.

Sobre a legalidade e tipicidade no direito tributário, Alejandro Nieto faz uma afiada crítica: "El español juega cada día a la lotería – negativa– (...) de la legistación fiscal (entre otras) con la misma habitualidad y esperanza milagrosa que utiliza en los mil juegos de suerte, públicos y privados. En el subconsciente de los españoles está arraigada ya la idea de una lotería con bolas blancas y bolas negras, cuyos premios y sanciones hay que buscar (o esquivar) con tenacidad y aceptar con resignación".[124] O sarcasmo diz respeito à convivência de dois cenários no âmbito da legalidade e tipicidade das sanções

---

[122] NUCCI, Guilherme de Souza. *Curso de direito penal*: parte geral: arts 1º a 120 do Código Penal, *op. cit.*, p. 71.

[123] NUCCI, Guilherme de Souza. *Curso de direito penal*: parte geral: arts 1º a 120 do Código Penal, *op. cit.*, p. 71.

[124] NIETO, Alejandro. *Derecho Administrativo Sancionador*, *op. cit.*, p. 29.

administrativas conduzidos pela falta de segurança jurídica, que não é distinto no Brasil:
(i) a inevitabilidade de infrações;
(ii) a arbitrariedade na persecução pela administração pública fiscal.

Na tipicidade de infrações e sanções administrativas, o desejável seria o oposto: a segurança jurídica, com precisão dos tipos sancionatórios, de tal forma que estivessem perfeitamente descritos e compreensíveis.

O fenômeno, entretanto, tem a seguinte razão, "el repertorio de infracciones administrativas es literalmente interminable y, si pretendiera ser exhaustivo, comprendería bibliotecas enteras. (...) *las normas penales no prohíben ni ordenan nada sino que se limitan a advertir que determinadas conductas llevan aparejada una pena. Los tipos sancionadores administrativos, por el contrario, no son autónomos sino que se remiten a otra norma en la que se formula una orden o una prohibición, cuyo incumplimiento supone cabalmente la infracción.* Estas normas substantivas constituyen, por ende, un pre-tipo, que condiciona y predetermina el tipo de la infracción".[125]

É que o direito sancionador é normatizado por "tipificação indireta" – dela nos ocuparemos mais detidamente na sequência do estudo sobre legalidade e tipicidade; fiquemos, por ora, aqui: somente na apresentação do problema.

3.4 Culpabilidade

Na culpabilidade, chegamos mesmo ao *coração do direito sancionador*, como sucede em todos os direitos punitivos. É ela a pedra angular de todo o sistema punitivo moderno.[126] Aliás, dolo e culpa na conduta humana são conceitos que permeiam o ordenamento jurídico como um todo, não só o sistema punitivo, se bem que neste ganhem o protagonismo que aqui daremos, com a força das elaborações do direito penal.

---

[125] NIETO, Alejandro. *Derecho Administrativo Sancionador*, op. cit., p. 276.
[126] NIETO, Alejandro. *Derecho Administrativo Sancionador*, op. cit., p. 319-323.

Veja-se, ainda quando afastado, o conceito de culpa compõe, pela negativa do critério, a norma de regência da conduta ilícita, como no art. 927, parágrafo único, do Código Civil – de natureza reparatória e não punitiva, mas ainda assim excepcional –, que não dispensa dizer da "obrigação de reparar o dano, *independentemente de culpa*, nos casos especificados em lei, ou quando a atividade normalmente desenvolvida pelo autor do dano implicar, por sua natureza, risco para os direitos de outrem".

Para o direito penal, o princípio da culpabilidade significa que ninguém será punido se não houver agido com dolo ou culpa, firmando a responsabilização subjetiva, de acordo com o brocado latino, *nullum crimen sine culpa*. É conquista do direito penal moderno – como temos destacado, quanto aos aspectos históricos do exercício da força pelo Estado –, representando a ideia de que a liberdade é a regra, e a restrição de direitos, a exceção.[127] Para Guilherme de Souza Nucci, "a mera realização de uma conduta, geradora de certo evento no campo naturalístico ou de resultado no cenário jurídico, é insuficiente para detectar o intuito humano de delinquir, vale dizer, de contrariar as regras impostas em sociedade, conforme o princípio da legaldade".[128]

A questão parece ser: "De que adianta aplicar um castigo a quem nem mesmo teve a intenção de atingir o resultado? Nem de qualquer forma assumiu esse risco? E tampouco possui qualquer chance de antever o resultado? A resposta parece simples: absolutamente nada".[129] Para se declarar a existência de um ilícito e aplicar sua correspondente sanção, há um caminho a ser percorrido: primeiro a verificação de um fato antijurídico, seguida do exame dos elementos subjetivos da conduta – somente é sancionável "una acción antijurídica realizada por un autor culpable".[130]

A evolução da culpabilidade no direito administrativo sancionador é a história de sua progressiva aceitação em paralelo

---

[127] NUCCI, Guilherme de Souza. *Curso de direito penal: parte geral*: arts 1º a 120 do Código Penal, *op. cit.*, p. 116.

[128] NUCCI, Guilherme de Souza. *Curso de direito penal: parte geral*: arts 1º a 120 do Código Penal, *op. cit.*, p. 117.

[129] NUCCI, Guilherme de Souza. *Curso de direito penal: parte geral*: arts 1º a 120 do Código Penal, *op. cit.*, p. 117.

[130] NIETO, Alejandro. *Derecho Administrativo Sancionador*, *op. cit.*, p. 320.

à aproximação deste com o direito penal. O ponto de partida foi a negação da existência da culpabilidade nas infrações administrativas. Depois, contou com a doutrina da mera voluntariedade na conduta.

Assim: "La negación es resultado de la diferencia intrínseca que se percibe entre las infracciones administrativas y los delitos y, en consecuencia también, de la no aplicación de los princípios del Derecho Penal al Derecho Administrativo Sancionador".[131] Depois: *"La culpabilidad, en suma, no es necesaria y basta con la voluntariedad,* que –desde esta perspectiva– es único imprescindible. Es decir, que el sujeito tiene que querer el resultado (voluntariedad) aunque no sea preciso que sea consciente de la malicia del mismo y, aun así, lo desee (intencionalidad o culpabilidad)".[132]

Observemos: a tradução literal dessas últimas expressões entre parênteses seria "intencionalidade" ou "culpabilidade", tecnicamente, porém, elas parecem-nos mais bem traduzidas como "dolo ou culpa".

Celso Antônio Bandeira de Mello filia-se à doutrina da voluntariedade, nomeando o tema de *princípio da exigência de voluntariedade para incursão na infração*. Ele explica que é "muito discutido em doutrina se basta a mera voluntariedade para configurar a existência de um ilícito administrativo sancionável, ou se haveria necessidade ao menos de culpa". E posiciona-se: "Quando menos até o presente temos entendido que basta a voluntariedade, sem prejuízo como é claro, de a lei estabelecer exigência maior perante a figura tal ou qual"; que "pode – a um primeiro súbito de vista – parecer que a exigência de voluntariedade contrapor-se-ia ao fato de que há certas sanções que são transmissíveis e que, obviamente, não se pode fazer tal predicação (voluntariedade) em relação àquele a quem foi transmitida. Não há nisso contradição, pois o que está sendo afirmado não é que tenha de existir voluntariedade por parte de quem *responde* pela sanção, mas de quem *pratica* uma conduta qualificada como infração".[133]

Trata-se de uma postura mais conservadora, que encontra grandes nomes em sua defesa no Brasil e na Espanha, por exemplo, como temos consultado: "Para nuestro Derecho Administrativo

---

[131] NIETO, Alejandro. *Derecho Administrativo Sancionador, op. cit.,* p. 330.
[132] NIETO, Alejandro. *Derecho Administrativo Sancionador, op. cit.,* p. 330.
[133] MELLO, Celso Antônio Bandeira de. *Curso de Direito Administrativo, op. cit.,* p. 885.

Sancionador tradicional (que en este punto se niega a desparecer del todo) no es necesaria la culpabilidad en sentido técnico penal y basta con la voluntariedad de la acción para hacer responsable al sujeto; pero la culpabilidad no es, si embargo, irrelevante puesto que su concurrencia aumenta la gravedad de la infracción".[134]

A cena atual da doutrina espanhola, entretanto, é diversa. Pouco se questiona sobre a aplicação do princípio penal da culpabilidade no direito administrativo sancionador, com o precedente, nesse sentido, firmado pelo seu Tribunal Constitucional, precisamente nas sanções tributárias, quando discutida a *ausência de adjetivação* das ações e omissões constitutivas de infrações fiscais.[135]

Vemos aqui uma simetria entre o direito espanhol e o nosso direito tributário: *a ausência de adjetivação para as condutas previstas nas normas tributárias sancionatórias, como "culposas" ou "dolosas"*.

Parece que não estamos sozinhos nessa polêmica: no dispositivo do artigo 136 do Código Tributário Nacional, "a responsabilidade por infrações da legislação tributária independe da *intenção* do agente ou do responsável" (grifo nosso), a norma está longe da precisão que se almeja.

A palavra *intenção* usada pelo legislador é, por vezes, interpretada:

(i) como *culpa*, e a leitura do texto seria: "A responsabilidade por infrações independe de culpa do agente ou do responsável";[136]

---

[134] NIETO, Alejandro. *Derecho Administrativo Sancionador*, op. cit., p. 332.

[135] "La moderna postura del Tribunal Supremo (incansablemente predicada mucho antes por buena parte de la doctrina) está claramente influida por la doctrina del Tribunal Constitucional que en este punto es contundente (...) se examina la eventual inconstitucionalidad de la reforma introducida por la Ley 10/1985 en el artículo 77.1 da le General Tributaria y el Tribunal, comparando la evolución de la ley administrativa con la del artículo 1 de Código Penal en su reforma de 1983, indica que se 'es cierto que, a diferencia de lo que ha ocurrido con el Código Penal, en el que se ha sustituido aquel término [«voluntarias»] por la expresión «dolosas o culposas», en la Ley General Tributaria se ha excluido cualquier adjetivación de las acciones u omisiones constitutivas de infracción tributaria. Pero ello no puede llevar a la errónea conclusión de que se ha suprimido en la configuración del ilícito tributario el elemento subjetivo de la culpabilidad para sustituirlo por un sistema de responsabilidad objetiva o sin culpa. En la medida de que la sanción de las infracciones tributarias es uns de las manifestaciones del ius puniendi del Estado, tal resultado sería inadmisible en nuestro ordenamiento" (NIETO, Alejandro. *Derecho Administrativo Sancionador*, op. cit., p. 333).

[136] No sentido da responsabilidade por infrações tributárias independentemente da presença do elemento subjetivo *culpa*, como regra geral, se bem que, por vezes, com algumas nuances,

(ii) noutras vezes, como *dolo*, e a leitura do texto seria: "A responsabilidade por infrações independe de dolo do agente ou responsável".[137]
Então: o que representa o signo *intenção* usado pelo legislador? Não (ainda) em resposta para o nosso direito positivo, mas, desde já, fique registrada a seguinte interpretação: "La «intención» en el Derecho Administrativo Sancionador equivale, pues al dolo penal puesto que presupone el conocimiento de la antijuridicidad de la acción y, además, la voluntad de realizarla. En cambio esta voluntad integrante del dolo (intención) no debe confundirse con la *voluntariedad* que (...) era un concepto más lato: simplemente voluntad de producir el hecho independientemente del conocimiento de su antijuridicidad".[138]

A doutrina comparada relata em uma evolução da interpretação do elemento subjetivo no direito administrativo sancionador: (i) primeiro, com a rejeição absoluta da culpabilidade e a adesão à responsabilidade objetiva; (ii) depois, com o abandono dessa compreensão em decorrência da introdução de um elemento subjetivo que, entretanto, pode não ser a culpabilidade, mas a mera voluntariedade; e, (iii) então, com a exigência da culpabilidade entre

---

ver: BALEEIRO, Aliomar. *Direito tributário brasileiro*. 13. ed. Rio de Janeiro: Forense, 2015. p. 1163; MACHADO, Misabel Derzi de Abreu (atualizadora); BALEEIRO, Aliomar. *Direito tributário brasileiro*. 13. ed. Rio de Janeiro: Forense, 2015. p. 1.166; CARVALHO, Paulo de Barros. *Curso de direito tributário, op. cit.*, p. 504 e 538; Penalidades tributárias. *Curso de especialização em direito tributário (aulas e debates)*. v. II, *op. cit.* p. 732; COÊLHO, Sacha Calmon Navarro. Multas fiscais. O art. 136 do CTN, a responsabilidade objetiva e suas atenuações no sistema tributário pátrio. *Revista Dialética de Direito Tributário*, v. 138. São Paulo: Dialética, 2007, p. 126; MARTINS, Ives Gandra da Silva. Penalidades tributárias. *Curso de especialização em direito tributário (aulas e debates)*, v. II. ATALIBA, Geraldo; CARVALHO, Paulo de Barros (Coords.). São Paulo: Resenha Tributária, 1978. p. 727-728.

[137] No sentido da exigência do elemento subjetivo, *culpa* ou *dolo*, para a incidência da responsabilidade por infrações tributárias: ATALIBA, Geraldo. Penalidades tributárias. *Curso de especialização em direito tributário (aulas e debates)*, v. II, *op. cit.*, p. 732-734; NOGUEIRA, Ruy Barbosa. *Curso de direito tributário, op. cit.*, p. 195-196; FANUCCHI, Fábio. Penalidades tributárias. *Curso de especialização em direito tributário (aulas e debates)*, v. II, *op. cit.*, p. 728-729; XAVIER, Alberto Pinheiro. Penalidades tributárias. *Curso de especialização em direito tributário (aulas e debates)*, v. II, *op. cit.*, p. 729-730; VILLEGAS, Hector. Penalidades tributárias. *Curso de especialização em direito tributário (aulas e debates)*, v. II, *op. cit.*, p. 731; COSTA, Regina Helena. *Curso de direito tributário*. 7. ed. São Paulo: Saraiva, 2017. p. 318-319; AMARO, Luciano. *Direito tributário brasileiro*. 21. ed. São Paulo: Saraiva, 2016. p. 475-476; MACHADO, Hugo de Brito. *Curso de direito tributário*. 26. ed. São Paulo: Malheiros, 2005. p. 170; SCHOUERI, Luís Eduardo. *Direito Tributário, op. cit.*, p. 843; SILVA, Paulo Roberto Coimbra. *Direito Tributário Sancionador, op. cit.*, p. 321-322.

[138] NIETO, Alejandro. *Derecho Administrativo Sancionador, op. cit.*, p. 341.

os critérios que compõem a conduta: é necessário culpa ou dolo pelo infrator na aplicação de sanções administrativas.[139]

Ángeles de Palma del Teso – em seu *El principio de culpabilidad en el derecho administrativo sancionador* – trata da evolução do princípio da culpabilidade em sentido estrito, separando seu histórico nos pontos que ela assim (bem) nomeou: "1. El postulado teórico de la responsabilidad objetiva como punto de partida"; "2. Reconocimiento implícito de la exigencia de dolo o culpa a través del requisito de la voluntariedad de acción"; e "3. Reconocimiento expreso por el Tribunal Supremo de la exigencia de dolo o culpa en la configuración de la infracción administrativa".[140]

Pois bem, mas (também como no ponto *Legalidade e tipicidade*) fiquemos por aqui. É somente de uma apresentação do problema que iremos enfrentar no tema da *culpabilidade*. Na segunda parte de nossa pesquisa é onde tentaremos perceber como esses aspectos – comuns a toda potestade sancionatória da administração pública – podem ser compreendidos (ou ainda sistematizados) no direito tributário sancionador. E a sequência é já a (prometida) segunda parte do estudo.

---

[139] "En Italia y Alemania ha terminado ya consolidada la tesis de la exigencia de la culpabilidad, como se proclama de forma expresa en el artículo 3.1 de la ley italiana de 1981 («en las infracciones que lleven aparejada una infracción administrativa, cada uno es responsable de su propia acción u omisión, consciente o voluntaria, sea dolosa o culposa») y en el articulo 10 de la Ley alemana de contravenciones («sólo puede ser castigado como infracción administrativa un hecho doloso, a menos que una ley expresamente prevea una multa para hecho culposo»), que lleva aún lejos su rigor. Pero el más interesante es el caso francés en el que se ha producido una ruptura total con el pasado dado que, al igual que en Inglaterra, partía del punto de vista contrario, es decir, de la ilicitud sin culpa. No obstante lo cual, la Corte de Casación, ha empezado no ha mucho (SS de 5 de junio de 1979 y 12 de enero de 1981) a exigir la culpabilidad en el infractor, al menos y en todo caso cuando la infracción y el delito aparecen tipificados en la misma Ley, es decir, que en tales supuestos las normas penales se irradian a las infracciones administrativas. (…) *El punto de partida de esta evolución se encuentra en el rechazo absoluto de la culpabilidad, por ser ésta incompatible con la responsabilidad objetiva que preside originariamente el campo de las infracciones administrativas. En una segunda fase se abandona la dura responsabilidad objetiva y se introduce un elemento subjetivo, que todavía no es el de la culpabilidad sino el de la mera voluntariedad: el autor ha de querer el resultado. Lo que significa que se elimina ya la responsabilidad en los supuestos de fuerza mayor, caso fortuito y «vis compulsivas» y se abre las puertas a la aceptación del error y la ignorancia. Con lo cual se llega a la tercera fase en que hoy nos encontramos y que supone la existencia de la culpabilidad: no basta querer el resultado (que era lo que se llamaba voluntariedad psicológica) sino que es necesario querer el resultado ilícito (intencionalidad, culpabilidad)*" (NIETO, Alejandro. *Derecho Administrativo Sancionador*, op. cit., p. 335).

[140] DEL TESO, Ángeles de Palma. *El principio de culpabilidad en el derecho administrativo sancionador*. Madri: Editorial Tecnos, 1996. p. 109 e ss.

PARTE II

DIREITO TRIBUTÁRIO SANCIONADOR

As questões práticas que a chamada ciência do direito tributário material se propõe a resolver são: se se deve pagar tributo, a quem se deve pagar, quem deve pagar, quando nasce o dever de pagar e quanto deve ser pago. (...) A forma solene e legalmente regulada de se operar a aplicação concreta, mediante este trabalho exegético, da lei ao fato imponível (lançamento) é matéria de direito administrativo, que, por conveniência prática e didática, se expõe nos compêndios de direito tributário, na parte que cuida do chamado direito administrativo tributário.
(ATALIBA, Geraldo. *Hipótese de incidência tributária*. 6. ed. São Paulo: Malheiros, 2014. p. 118-119)

CAPÍTULO 1

POTESTADE TRIBUTÁRIA SANCIONATÓRIA

1.1 Poder, potestade e função tributária

> *Por que foi escolhido esse tema? Qual a utilidade de estudar a teoria da função impositiva ou tributária? Não é um tema demasiado teórico, próprio para estudiosos de laboratório, que tem muito pouca utilidade? Ou, pelo contrário, é um tema importante, útil, para toda a pessoa que queira especializar-se em direito tributário, seja com preocupações puramente teóricas, seja com preocupações mais práticas?*
>
> *Minha resposta é que estamos diante de um conceito fundamental, muito necessário e que é muito importante que venhamos estudá-lo.*
>
> *Por que? Qual a razão? A razão é simples, muito simples!*
>
> *Nós, juristas, estudiosos do direito, advogados, experts em direito, necessitamos de um idioma, de uma linguagem técnica, necessitamos de uns conceitos, como os necessita o matemático, o físico ou o filósofo, conceitos que nos permitam trabalhar com essa realidade que é o direito, da maneira mais clara e simples.*
>
> (José Luis Perez de Ayala)[141]

---

[141] AYALA, José Luis Perez de. Poder, Potestade e função tributária. *In*: ATALIBA, Geraldo; CARVALHO Paulo de Barros (Coords.). *VI Curso de Especialização em Direito Tributário (aulas e debates)*. v. I. São Paulo: Editora Resenha Tributária, 1978. p. 153-154.

Introduzimos esta segunda parte de nosso estudo lembrando, brevemente, a aula ministrada na Pontifícia Universidade Católica de São Paulo por José Luis Perez de Ayala, professor de Direito do Estado e Direito Financeiro da *Universidad San Pablo CEU* de Madrid, em 1975, no VI Curso de Especialização em Direito Tributário, sob coordenação dos professores Geraldo Ataliba e Paulo de Barros Carvalho. *Poder, potestade e função tributária* foi o tema da aula. Vejamos os conceitos oferecidos ali, porque têm grande proveito para agora.

O professor começou explicando que, tradicionalmente, o conceito fundamental da ciência do direito tributário é o de relação jurídica tributária – com tudo o que contém: direitos, obrigações principais e acessórias etc. Porém, na moderna doutrina europeia, em geral, já não se admite essa concepção ampla de relação jurídica, compreendendo essa expressão como referente aos direitos subjetivos do ente público que tenham um conteúdo pecuniário, um conteúdo econômico e, correlativamente, as obrigações pecuniárias de pagar e de dar. Então, "foram excluídas automaticamente da relação jurídica uma série de poderes que tem o Estado – melhor a palavra faculdade – faculdade que tem o Estado e uma série de deveres que tem o contribuinte, que não são faculdades ou deveres de conteúdo pecuniário".[142]

Pois bem, ele explica que o conceito de *função tributária* é precisamente o que pode e deve servir para estudar toda essa atividade administrativa em matéria fiscal – chamada de atividade de *gestão tributária*.[143] [144]

---

[142] "Não sei qual é a realidade do direito brasileiro, porém sei qual é no direito espanhol. Hoje o direito positivo da legislação está concedendo cada vez mais importância à atividade administrativa na cobrança dos tributos. Não se conforma com a legislação. Está hoje estabelecida de maneira que se concedem ao Estado, ao ente público umas faculdades amplíssimas para que comprove, investigue se o contribuinte cumpre ou não cumpre, para que o puna, para que o cobre, para que, em definitivo, dê o cumprimento perfeito das leis fiscais" (AYALA, José Luis Peres de. *Poder, Potestade e função tributária, op. cit.*, p. 155-156).

[143] "A atividade pública – cujo exercício é regulado pelo direito público – constitui função pública. Função, para o Direito, é o poder de agir, cujo exercício traduz verdadeiro *dever jurídico*, e que só se legitima quando dirigido ao atingimento da específica *finalidade* que gerou sua atribuição ao agente. O legislador, o administrador, o juiz, desempenham função: os poderes que receberam da ordem jurídica são de exercício obrigatório e devem necessariamente alcançar a finalidade por ela mirada" (SUNDFELD, Carlos Ari. *Fundamentos de direito público, op. cit.*, p. 163).

[144] "Foi outro autor italiano, Mássimo Severo Gianinni, quem deu um conceito mais completo de função e é o que melhor pode nos servir como ponto de partida. Este conceito que eu tenho

A função tributária implica ainda em outros conceitos inseparavelmente ligados; são eles, (i) *potestad* administrativa tributária e (ii) procedimento administrativo tributário: "Porque não pode haver função tributária, sem o exercício de umas potestades administrativas para que essa função se manifeste" e "se realize através de um procedimento".[145]

Então, o conteúdo da função tributária é o que José Luis Perez de Ayala chama de *atividade de gestão tributária*: "Uma atividade que, em primeiro lugar, levaria a administração a comprovar se é correto o que o contribuinte declarou naqueles casos em que está obrigado a declarar ou a comprovar se é correto o que o contribuinte pagou, naqueles casos em que o contribuinte não declarou, nem pagou nada – eu não sei no Brasil, mas na Espanha é muito frequente. A atividade de gestão compreenderia também um trabalho investigador de descoberta daquelas falhas no comportamento dos contribuintes. Compreenderia, também, uma atividade de liquidação, de quantificação da dívida a pagar, da quota a pagar, quando o contribuinte não quantificou adequadamente essa quota. Compreenderia também uma atividade que não está aqui recorrida, mas vamos ver em outro ponto do esquema de sanções, aqueles contribuintes que não cumpriram, de cobrança ou exigência por via coactiva do pagamento do imposto, se o contribuinte vier a pagar. É pois uma atividade gestão, entendendo-se o termo gestão no seu sentido mais amplo, gestão dos tributos que a administração pública tem a faculdade, porém, também o dever, porque algo como o interesse público assim o pede a realizar".[146]

Há uma colocação aqui sobre função tributária em seu aspecto subjetivo e em seu aspecto objetivo. Diz que o *conjunto da atividade*

---

adotado, confrontando-o com o elemento finalista, me parece preciso para que a teoria fique totalmente clara. Então, de acordo com esta colocação, penso que quanto à função tributária podemos defini-la de acordo com uma série de características. Em primeiro lugar, há o aspecto subjetivo. Seu sujeito é a administração pública. A função tributária faz referência a uma atividade da administração pública, cujo sujeito é a administração pública. A aspecto objetivo da função tributária nos definirá qual das múltiplas atividades que a administração pública realiza, analisa e estuda nesse conceito. Qual é essa atividade? A administração pública realiza muitas atividades (…). Qual dessas atividades nos interessa como conteúdo do objeto da função tributária? Eu a defini aqui com o nome de atividade de gestão tributária" (AYALA, José Luis Peres de. *Poder, Potestade e função tributária, op. cit.*, p. 158-161).

[145] AYALA, José Luis Peres de. *Poder, Potestade e função tributária, op. cit.*, p. 156-157.
[146] AYALA, José Luis Peres de. *Poder, Potestade e função tributária, op. cit.*, p. 160-161.

da administração é que importa no momento de estudar a *função tributária* – este é o aspecto subjetivo: importa a *eficácia jurídica do conjunto de atividades*. Já os *efeitos parciais de cada ato* é o aspecto objetivo dessa função. Considerando o conjunto da atividade da administração, a *função tributária subjetiva*, ele define que uma *potestade administrativa* será "uma faculdade que se concede à administração e que tem o dever de exercitar e que, se legalmente exercita essa faculdade, não há possibilidade de se opor a ela".[147]

Agora, atentemos para a seguinte questão: "Quais são as potestades administrativas que nos interessam, enquanto estão dentro da função tributária? Só as potestades expressamente estabelecidas pela legislação, só as potestades que são situações jurídicas subjetivas. Não se pode dizer que, pelo simples fato de existir a administração pública, tenho já uma potestade de comprovar, investigar, sancionar. Não! Faltam-me preceitos concretos de que esteja exercendo estas faculdades neste sentido, seus poderes neste sentido. Quero dizer que não há no direito tributário nenhuma forma para ter a função tributária uma potestade administrativa geral de imposição. É inaplicável no direito tributário uma potestade genérica da administração para exigir tributos ou para comprovar ou para sancionar e que os conceitos de potestades são situações jurídicas subjetivas".[148]

A função tributária se desenvolve através do exercício de potestades – assim, no plural. A conclusão, então, é que, no direito tributario, "não há uma potestade imposição",[149] diga-se, uma única potestade em razão da posição da administração tributária no ordenamento jurídico. "Há uma função tributária que contém ou

---

[147] Em continuação: "O que não se pode nunca dizer é que eu me oponho à faculdade da administração em virtude da qual me pretende punir, porque não tenho cumprido com minhas obrigações tributárias, simplesmente porque não estou de acordo com que me punam. Isso não se pode dizer. Poder-se-á dizer que não há os pressupostos legais para que se estabeleça a punição. Poder-se-á dizer que a atividade sancionadora se desenvolveu de forma não legal, fora do prazo legal. Sempre estamos invocando que a administração exerceu suas potestades, infringindo uma norma, porém se a administração cumpre com a norma, seus poderes, suas atribuições não podem encontrar uma oposição. Então, aqui entendemos a potestade como um poder-dever: uma faculdade e, ao mesmo tempo, um dever que a administração tem" (AYALA, José Luis Peres de. *Poder, Potestade e função tributária, op. cit.*, p. 163-164).

[148] AYALA, José Luis Peres de. *Poder, Potestade e função tributária, op. cit.*, p. 165.

[149] AYALA, José Luis Peres de. *Poder, Potestade e função tributária, op. cit.*, p. 167.

implica a titularidade e o exercício de uma pluralidade, potestade positiva com distintos conteúdos", isto é, há uma "pluralidade de potestades administrativas concretas em matéria tributária" e há "uma função só, isso sim".[150]

É nessa pluralidade de potestades concretas que se encontra o exercício do *ius puniendi* no âmbito da administração pública (no caso, fiscal). O que temos dito é: a *potestade administrativa de punir* presente na função tributária.

1.2 Ius tributandi e a potestade de punir

Como dissemos na primeira parte de nossa pesquisa, não é o caso de uma subordinação, por natureza, do direito administrativo sancionador ao direito penal. Existe uma referência conjuntural e técnica, daquele junto a este. E, em verdade, como também vimos, *a potestade sancionatória decorre da competência material da administração pública: eis a substancial distinção entre a sanção administrativa e a sanção penal*. Tanto que, nas normas que estabelecem infrações administrativas, o bem jurídico protegido coincide sempre com o mesmo interesse público que persegue, no caso, a administração fazendária.

Vistas assim, (lembremos) a prerrogativa sancionatória da administração pública e a prerrogativa penal do Poder Judiciário, como ramos de uma unidade superior, o *ius puniendi* estatal, *poder punitivo único do Estado*, ou como manifestações paralelas, deduzir-se a necessidade de contemplar a potestade sancionatória a partir da atividade administrativa concreta e dos princípios desta. A potestade administrativa de punir tem a mesma finalidade e mesmos limites da atuação daquela função pública (onde se realiza), e os princípios punitivos que nela incidem estão impregnados com as características próprias da gestão pública.

Portanto, para o direito tributário sancionador, entendemos, com a *tese do* ius puniendi *único do Estado, que a potestade tributária sancionatória é a faculdade punitiva de titularidade da administração pública na gestão do ius tributandi*.

---

[150] AYALA, José Luis Peres de. *Poder, Potestade e função tributária, op. cit.*, p. 167.

A faculdade punitiva da administração fiscal é parte da *atividade de gestão tributária* – conteúdo da *função tributária* (como explica José Luis Perez de Ayala), esta, por fim, o seu legítimo fundamento. É que, (dissemos) nas funções do Estado: o direito de punir se manifesta – em paralelo – na função jurisdicional, com exclusividade para a aplicação do direito penal, e na função administrativa, através da aplicação do que se convencionou chamar de direito sancionador. O ponto central aqui é que a prerrogativa sancionatória tem por qualidade genuína ser um *complemento da prerrogativa de material gestão* – cujo serviço está para reforçar seu cumprimento eficaz com medidas repressoras em caso de desobediência.[151]

Das consequências dessa compreensão – no que temos defendido como uma racionalidade própria às sanções administrativas: *o direito tributário sancionador fica sujeito aos limites constitucionais impostos ao* ius tributandi.

1.3 Jurisprudência no Supremo Tribunal Federal: limites à potestade tributária sancionatória

Dada a explicação acima, dentre os limites[152] às multas tributárias estão:
(i) o *respeito à capacidade contributiva*, nos termos do §1º do artigo 145 da Constituição Federal, segundo o qual: "Sempre que possível, os impostos terão caráter pessoal e serão graduados segundo a capacidade econômica do contribuinte, facultado

---

[151] NIETO, Alejandro. *Derecho Administrativo Sancionador, op. cit.*, p. 53.
[152] Luiz Eduardo Schoueri, afastando o *ius puniendi* – e nisso possui ponto de vista diferente do nosso –, defende como fundamento constitucional do ilícito tributário (não penal) o *ius tributandi*: "A pessoa jurídica à qual é conferida a competência para instituir tributos pode, igualmente, prever sanções para o caso de seu descumprimento"; por isso, "cabe a cada pessoa jurídica de direito público instituir as penalidades por infrações às respectivas legislações" (SCHOUERI, Luís Eduardo. *Direito Tributário, op. cit.*, p. 826-827). A consequência, aponta (no mesmo sentido que nós) Paulo Roberto Coimbra Silva: "Ora, se ao exercer, regular e validamente, o poder de tributar mediante a instituição de tributos, não pode o Estado aviltar o direito de propriedade e as condições mínimas de subsistência digna de seus súditos, ambos protegidos constitucionalmente, é certo que não poderá fazer o mesmo o ente tributante ao punir, com base no mesmo poder, as infrações fiscais. Fora de dúvidas que os limites quantitativos explícitos à tributação aplicam-se, ainda que implicitamente, *in totum*, à fixação das sanções tributárias" (SILVA, Paulo Roberto Coimbra. *Direito Tributário Sancionador, op. cit.*, p. 229).

à administração tributária, especialmente para conferir efetividade a esses objetivos, identificar, respeitados os direitos individuais e nos termos da lei, o patrimônio, os rendimentos e as atividades econômicas do contribuinte";
(ii) a *vedação ao efeito confiscatório*, nos termos do artigo 150, inciso IV, também da Carta da República, pelo qual: "Sem prejuízo de outras garantias asseguradas ao contribuinte, é vedado à União, aos Estados, ao Distrito Federal e aos Municípios: (...) IV – utilizar tributo com efeito de confisco".

O Supremo Tribunal Federal, reconhecendo o limite constitucional da proibição do confisco como critério normativo presente na multa moratória, aprovou, no *Tema 214* da jurisprudência da Corte, a seguinte tese: "Não é confiscatória a multa moratória no patamar de 20%",[153] no Recurso Extraordinário nº 582.461/SP, de relatoria do ministro Gilmar Mendes, julgado em 18.05.2011, quando ficou decidido que: "A aplicação da multa moratória tem o objetivo de sancionar o contribuinte que não cumpre suas obrigações tributárias, prestigiando a conduta daqueles que pagam em dia seus tributos aos cofres públicos. Assim, para que a multa moratória cumpra sua função de desencorajar a elisão fiscal, de um lado não pode ser pífia, mas, de outro, não pode ter um importe que lhe confira característica confiscatória, inviabilizando inclusive o recolhimento de futuros tributos. O acórdão recorrido encontra amparo na jurisprudência desta Suprema Corte, segundo a qual não é confiscatória a multa moratória no importe de 20% (vinte por cento)".[154]

No Supremo Tribunal Federal, foram enunciados, mas ainda não julgados no mérito, os seguintes temas com repercussão geral, pertinentes ao assunto:
- Tema 487: no RE nº 640.452/RO decidir-se-á sobre o "caráter confiscatório da 'multa isolada' fixada em valor variável

---

[153] "Tema 214: a) Inclusão do ICMS em sua própria base de cálculo; b) Emprego da taxa SELIC para fins tributários; c) Natureza de multa moratória fixada em 20% do valor do tributo". "Tese: I – É constitucional a inclusão do valor do Imposto sobre Circulação de Mercadorias e Serviços – ICMS na sua própria base de cálculo; II – É legítima a utilização, por lei, da taxa SELIC como índice de atualização de débitos tributários; III – Não é confiscatória a multa moratória no patamar de 20%" (A redação da tese foi aprovada nos termos do item 2 da Ata da 12ª Sessão Administrativa do STF, de 09.12.2015).
[154] RE nº 582.461/SP, rel. min. Gilmar Mendes, Tribunal Pleno, j. 18.05.2011, *DJe* 17.08.2011.

entre 5% a 40%". Trata-se da "discussão sobre o caráter confiscatório, desproporcional e irracional de multa em valor variável entre 40% e 05%, aplicada à operação que não gerou débito tributário".[155]

- Tema 736: no RE nº 796939/RS discute-se a "constitucionalidade da multa prevista no art. 74, §§15 e 17, da Lei 9.430/1996 para os casos de indeferimento dos pedidos de ressarcimento e de não homologação das declarações de compensação de créditos perante a Receita Federal".[156]
- Tema 816: trata dos "limites para a fixação da multa fiscal moratória, tendo em vista a vedação constitucional ao efeito confiscatório", nos termos do RE nº 882.461/MG,[157] lembrando que já foi decidido com repercussão geral que "não é confiscatória a multa moratória no patamar de 20%" (Tema 214).
- Tema 863: versa sobre "limites da multa fiscal qualificada em razão de sonegação, fraude ou conluio, tendo em vista a vedação constitucional ao efeito confiscatório", conforme o RE nº 736.090/SC.[158]
- Tema 872: no RE nº 606010/PR decidir-se-á sobre a "constitucionalidade da exigência de multa por ausência ou atraso na entrega de Declaração de Débitos e Créditos Tributários Federais – DCTF, prevista no art. 7º, II, da Lei 10.426/2002, apurada mediante percentual a incidir, mês a mês, sobre os valores dos tributos a serem informados".[159]

A jurisprudência, sobre esse aspecto, no Supremo Tribunal Federal, portanto, ainda está sendo firmada. Se bem que já ficou reconhecida a proibição do confisco como limite ao poder de sancionar, tendo sido levadas em conta, no julgamento do RE nº 582.461/SP (Tema 214), a posição da corte firmada antes nos seguintes casos:

---

[155] RE nº 640.452/RO, rel. min. Joaquim Barbosa, Tribunal Pleno, j. 06.10.2011, DJe 06.12.2011.
[156] RE nº 796.939/RS, rel. min. Ricardo Lewandowski, Tribunal Pleno, j. 29.05.2014, DJe 20.06.2014.
[157] RE nº 882.461/MG, rel. min. Luiz Fux, Tribunal Pleno, j. 21.05.2015, DJe 11.06.2015.
[158] RE nº 736.090/SC, rel. min. Luiz Fux, Tribunal Pleno, j. 29.10.2015, DJe 26.11.2015.
[159] RE nº 606.010/PR, rel. min. Marco Aurélio, Tribunal Pleno, j. 10.12.2015, DJe 04.02.2016.

(i) Ação Direta de Inconstitucionalidade nº 551/RJ, de relatoria do ministro Ilmar Galvão, julgada em 24.10.2002, segundo a qual "a desproporção entre o desrespeito à norma tributária e sua conseqüência jurídica, a multa, evidencia o caráter confiscatório desta, atentando contra o patrimônio do contribuinte";[160]

(ii) Ação Direta de Inconstitucionalidade nº 1.075/DF, de relatoria do ministro Celso de Mello, decidida em 17.06.1998, a qual consta de sua ementa (no que nos interessa) a seguinte explicação: "É cabível, em sede de controle normativo abstrato, a possibilidade de o Supremo Tribunal Federal examinar se determinado tributo ofende, ou não, o princípio constitucional da não-confiscatoriedade consagrado no art. 150, IV, da Constituição da República. Hipótese que versa o exame de diploma legislativo (Lei 8.846/94, art. 3º e seu parágrafo único), que instituiu multa fiscal de 300% (trezentos por cento). A proibição constitucional do confisco em matéria tributária, ainda que se trate de multa fiscal resultante do inadimplemento pelo contribuinte de suas obrigações tributárias, nada mais representa senão a interdição pela Carta Política de qualquer pretensão governamental que possa conduzir, no campo da fiscalidade, à injusta apropriação estatal, no todo ou em parte, do patrimônio ou dos rendimentos dos contribuintes, comprometendo-lhes, pela insuportabilidade da carga tributária, o exercício do direito a uma existência digna, ou à prática de atividade profissional lícita ou, ainda, à regular satisfação de suas necessidades vitais básicas. O Poder Público, especialmente em sede de tributação (mesmo tratando-se da definição do *'quantum'* pertinente ao valor das multas fiscais), não pode agir imoderadamente, pois a atividade governamental acha-se essencialmente condicionada pelo princípio da razoabilidade que se qualifica como verdadeiro parâmetro de aferição da constitucionalidade material dos atos estatais".[161]

---

[160] ADI nº 551/RJ, rel. min. Ilmar Galvão, Tribunal Pleno, j. 24.10.2002, *DJ* 14.02.2003.
[161] ADI/MC nº 1.075/DF, rel. min. Celso de Mello, Tribunal Pleno, j. 17.06.1998, *DJ* 24.11.2006.

CAPÍTULO 2

NOTAS DE PARTIDA

2.1 Normas sancionatórias (primárias e secundárias): *reparação* e *punição* do injusto

O sistema jurídico prevê a sanção como implicação a que se submete a conduta ilícita. Sanção jurídica é forma de coerção constituída pelo direito por norma proibitiva de conduta humana indesejada, criada por linguagem legislativa com o fim de reprimir e prevenir essa mesma conduta.[162] A circunstância de determinada conduta humana ser pressuposto de uma sanção significa que essa conduta é juridicamente proibida, isto é, constitui um ilícito, um injusto, uma infração. O ilícito é a inobservância a uma norma. Devemos a Kelsen, em sua *Teoria pura do direito*, a conclusão: "O conceito de sanção e o conceito de ilícito são correlativos. A sanção é consequência do ilícito; o ilícito é pressuposto da sanção".[163]

---

[162] "Então é a ordem jurídica que, taxativamente, determina as condições sob as quais a coação física deverá ser aplicada e os indivíduos que a devem aplicar. Dado que o indivíduo a quem a ordem jurídica atribui poder para aplicar a coação pode ser considerado como órgão da ordem jurídica, ou – o que é o mesmo – da comunidade constituída pela ordem jurídica, pode a execução de atos de coerção, realizada por este indivíduo, ser imputada à comunidade constituída pela ordem jurídica. Nesse sentido, pois, estamos perante um monopólio da coação por parte da comunidade jurídica" (KELSEN, Hans. *Teoria Pura do Direito*. 8. ed. São Paulo: Editora WMF Martins Fontes, 2009. p. 40).

[163] "Se o ato coercivo estatuído pela ordem jurídica surge como reação contra uma determinada conduta humana tida por socialmente nociva, e o fim de sua estatuição é impedir essa conduta (prevenção individual e geral), esse ato coercitivo assume o caráter de uma sanção no sentido específico e estrito da palavra. E a circunstância de uma determinada conduta humana ser tornada, nestes termos, pressuposto de uma sanção, significa que essa conduta é juridicamente proibida, isto é, constitui um ilícito, um delito. Este conceito de sanção e o conceito de ilícito são correlativos. A sanção é consequência do ilícito; o ilícito (ou delito) é um pressuposto da sanção" (KELSEN, Hans. *Teoria Pura do Direito, op. cit.*, p. 42-43).

Kelsen também esclareceu a aparente contradição lógica entre a conduta prescrita e a conduta realizada com ela não conforme. Não há contradição lógica entre norma e conduta, pois, entre a proposição prescritiva (norma) de determinado comportamento e a realidade fática da verificação de um comportamento diverso (fato), não existe qualquer incompatibilidade lógica. Apesar de sua não conformidade, norma e conduta *podem subsistir uma em face da outra, ambas podem ser simultaneamente verdadeiras*. Então, o ilícito não é negação do direito, mas é por ele eleito pressuposto das normas sancionadoras.[164]

A infração, portanto, é antecedente normativo que implica a sanção. Quando uma norma prescreve determinada conduta e uma segunda norma estatui uma sanção para a hipótese da não observância da primeira, essas duas normas estão essencialmente interligadas. Uma conduta somente pode ser considerada como prescrita, nos termos do ordenamento, ou seja, juridicamente prescrita, se a conduta oposta é pressuposto de uma sanção.

O ilícito fiscal pode advir da não prestação do tributo, importância pecuniária, ou do não cumprimento de deveres instrumentais ou formais. Porém, o que identifica a infração, qualquer que seja a forma de prestação, é o não cumprimento de dever jurídico fiscal (art. 97, V, do Código Tributário Nacional), a não prestação. *É infração tributária toda ação ou omissão (conduta) que, direta ou indiretamente, represente descumprimento dos deveres jurídicos estatuídos em leis fiscais.*

Pensando num esquema lógico, sanção é regra de conduta de mesma estrutura da chamada *regra-matriz de incidência* – resumidamente: um antecedente, descritor de classe de fatos do mundo real e uma consequência prescritora de vínculo jurídico que há de se formar entre dois sujeitos de direito; uma proposição-hipótese está

---

[164] "Se uma ordem normativa prescreve uma determinada conduta apenas pelo fato de ligar uma sanção à conduta oposta, o essencial da situação de fato é perfeitamente descrito através de um juízo hipotético que afirme que, se existe uma determinada conduta, deve ser efetivado um determinado ato de coação. Nesta proposição, o ilícito aparece como um pressuposto (condição) e não como uma negação do Direito; e, então, mostra-se que o ilícito não é um fato que esteja fora do direito e contra o Direito, mas é um fato que está dentro do Direito e é por este determinado, que o Direito, pela sua própria natureza, se refere precisa e particularmente a ele. Como tudo o mais, também o ilícito (não-Direito) juridicamente apenas pode ser concebido como Direito. Quando se fala de conduta 'contrária'-ao-Direito, o elemento condicionante é o ato de coação; quando se fala de conduta 'conforme'-ao-Direito, significa-se a conduta oposta, a conduta que evita o ato de coação" (KELSEN, Hans. *Teoria Pura do Direito, op. cit.*, p. 127).

ligada à proposição-tese ou consequência pelo conectivo dever-ser na sua função neutra, enquanto outro conectivo deôntico, modalizado nas formas obrigatório, proibido ou permitido, une os sujeitos da relação, pretensor e devedor; o antecedente da regra sancionatória descreve fato ilícito qualificado pelo descumprimento de dever estipulado no consequente de regra-matriz de incidência.[165]

Carlos Cossio defendeu que a conduta é tanto o cumprimento voluntário de uma norma quanto a sua transgressão, que atrai a incidência da sanção. As duas são ontologicamente equiparáveis, como partes indissociáveis de uma única norma jurídica, mais abrangente, que contempla, a um só tempo, mediante juízo disjuntivo (quando só é possível "uma coisa *ou* outra"), o adimplemento ou a transgressão.

Toda conduta humana juridicamente relevante é, assim, inexoravelmente lícita ou ilícita. E a norma jurídica é, então, uma estrutura disjuntiva (com a partícula *ou*) abrangente de ambas as possibilidades (uma *ou* outra).

Pode ser definida, então, por dois juízos hipotéticos: no primeiro, prescreve-se a conduta desejada (prestação); no segundo, prescrevem-se as consequências de sua transgressão (sanção). É a chamada estrutura dual da proposição jurídica.[166]

Também Lourival Vilanova, partindo da concepção kelseniana de norma jurídica, distingue normas primárias e secundárias pela circunstância de que essas últimas expressam, no consequente, uma relação de cunho jurisdicional, em que o Estado participa como juiz para obter, coativamente, a prestação insatisfeita. Lembra que a norma sancionadora pressupõe a norma definidora da conduta

---

[165] CARVALHO, Paulo de Barros. *Direito Tributário, linguagem e método, op. cit.*, p. 871-872.

[166] Na terminologia de Cossio, a norma primária, que elege a prestação, é a *endonorma*, prescreve conduta lícita, o fato e a obrigação dele decorrente [D (p → q)] (lê-se: deve ser que, se "p", então, "q"; impõe-se que, havendo a obrigação de pagar, pague-se); e a norma secundária, que enuncia e sanciona o ilícito, é *perinorma*, prescreve conduta ilícita e a sanciona [D (-q → s)] (lê-se: deve ser que, se "não q", então "s"; impõe-se que, não havendo pagamento, há uma sanção).
Endonorma e *perinorma* consistem e integram a estrutura de uma única norma jurídica, tendo a perinorma a presença da atividade jurisdicional, do Poder Judiciário (nesse sentido, *sanção*), para a exigência coativa da prestação. Formalizando em termos lógicos: D[(p g q) . (-q g s)] – lê-se, como descrito acima, por exemplo: havendo a obrigação de pagar (p), pague-se (q); não se cumprindo o pagamento (-q), o Poder Judiciário sancionará o descumprimento (s). Sobre o tema ver: CARVALHO, Paulo de Barros. *Direito Tributário, linguagem e método, op. cit.*, p. 869-870.

exigida; assim, fala-se em "primária" e "secundária" como uma relação de ordem lógica.[167]

Nesse sentido, são: (i) *normas primárias* aquelas prescritoras de conduta; e (ii) *normas secundárias* ou *sancionatórias em sentido estrito* aquelas em que a característica decisiva é a presença da atividade jurisdicional na exigência coativa da prestação.

Em termos lógicos formais, se pode representar: D[(p g q). (-q g s)], em que a sanção (s) é relação jurídica composta pelo sujeito titular do direito violado, sujeito ativo (Sa) e o Estado-juiz (Sj), titular do poder de coação.

A representação formal que expomos a seguir faz referência ao *direito de ação* e à relação entre autor e Estado-juiz; por isso, o que chamaremos de sujeito passivo (Sp) não integra a representação da relação sancionatória processual (R"), identificada, portanto, somente nas representações do sujeito ativo/autor (Sa) e do sujeito juiz (Sj).

É que, lembremos com Thereza Alvim: "Ação e processo não são a mesma coisa, desde que a primeira é que dá nascimento ao segundo. Como diz Alfredo Buzaid, 'a ação preexiste e pode subsistir ao processo, ao passo que este só se incia pelo direito de ação'". Se bem que "ambos – ação e processo – guardam relação de conteúdo a continente. Unicamente para fins conceituais e de estudo, é possível operar-se uma separação mental".[168] [169]

Em termos formais, a *norma secundária* fica assim representada:
D {[h g R'(Sa, Sp)] . [- R' (Sa, Sp) g R" (Sa, *Sj*)]}
(norma primária)   (norma secundária)

Lê-se: deve ser que, se realizada uma hipótese normativa (h), como auferir renda, então, haverá uma consequente relação jurídica (R'), obrigação de pagar IR, entre um sujeito ativo (Sa), Fisco, e um sujeito passivo (Sp), contribuinte; porém, se descumprida a relação jurídica (-R'), ou melhor, desde que haja o fato ilícito não pagamento

---

[167] VILANOVA, Lourival. *As estruturas lógicas e o sistema do direito positivo*. São Paulo: Noeses, 2010. p. 74.

[168] ALVIM, Thereza. *Questões prévias e os limites objetivos da coisa julgada*. São Paulo: RT, 1977. p. 4-5.

[169] Noutro aspecto: "É absolutamente imprescindível que tenha havido citação do réu para que haja litígio (CPC 240 *caput*) e existência do processo enquanto relação trilateral, pois somente assim haverá coisa julgada.se o réu não tiver sido citado, ainda que o pedido tenha sido julgado improcedente pelo indeferimento da petição inicial com fundamento no CPC 487, não haverá coisa julgada nem para o autor" (NERY JUNIOR, Nelson; NERY, Rosa Maria de Andrade. *Código de Processo Civil comentado*. 18. ed. São Paulo: Thomson Reuters Brasil, 2019. p. 1.271).

do imposto, então, poderá haver relações jurídicas *sancionatórias processuais* (R″) entre o titular do *direito de ação* (Sa), Fisco, e o Estado-juiz (Sj), Poder Judiciário.

Agora, pode o Estado realizar, ele próprio, porque tem poder para isso, através das potestades públicas, a *reparação* e *punição* de conduta ilícita, não havendo substitutividade da parte lesada pelo Estado-juiz.

Os sujeitos que compõem a relação jurídica (nesse sentido, também) *sancionatória* permanecem os mesmos da *norma primária dispositiva*: o sujeito ativo (Sa) aqui é o Estado, enquanto administração pública, por exemplo, o Fisco, e o sujeito passivo (Sp), o administrado, no caso, contribuinte ou responsável.

Então, estamos diante de uma a *norma primária sancionatória*.

Em termos formais, ela pode ser representada assim:

D{[h g R′(Sa, Sp)] . [- R′ (Sa, Sp) g R‴ (Sa, *Sp*)]}
(norma primária)   (norma primária sancionatória)

Lê-se: deve ser que, se realizada uma hipótese normativa (h), como auferir renda, então, haverá uma consequente relação jurídica (R′), obrigação de pagar IR, entre um sujeito ativo (Sa), Fisco, e um sujeito passivo (Sp), contribuinte; porém, se descumprida a relação jurídica (-R′), ou melhor, desde que haja o fato ilícito não pagamento do imposto, então, haverá novas relações *sancionatórias materiais* (reparadora e punitiva) (R‴) entre os mesmos sujeitos, Fisco (Sa) e contribuinte ou responsável tributário (Sp).

Observemos: é titular de *potestade sancionatória* a administração pública e é *súdito* o administrado. Então, veja-se: o nome *sancionatório* é um signo de duas representações. No sentido kelseniano, representa coação.[170] No sentido vulgar, representa punição. A esse sentido vulgar adere o que temos chamado de *potestade sancionatória*; melhor, ela adere-se às duas representações.

Potestade sancionatória é sempre *punitiva* – representa o *ius puniendi* do Estado.

Em sentido diverso, é a *sanção* das normas secundária e primária sancionatória – representa o *poder* (em si) no direito, que se propõe a regular a sociedade, pois exige que: se há injusto ou ilícito,

---

[170] "Na medida em que o ato de coação estatuído pela ordem jurídica surge como reação contra a conduta de um indivíduo pela mesma ordem jurídica especificada, esse ato coativo tem o caráter de uma sanção" (KELSEN, Hans. *Teoria Pura do Direito, op. cit.*, p. 37).

então haja reparação e punição (aliás, é nesse sentido que se coloca a *teoria da unidade do injusto*, veremos adiante).

Importa fixar o seguinte: *sanção*, como falamos agora (como em *norma primária sancionatória*), é signo de punição ou reparação – "pena e execução (civil)" –, são "espécies de sanções". O melhor é conhecermos da explicação do próprio Kelsen (de quem usamos as expressões em aspas): "Ambas as espécies de sanções – pena e execução (civil) – são aplicadas tanto pela autoridade judicial como pela autoridade administrativa, em processo para o efeito previsto. Por isso, devem distinguir-se penas judiciais, aplicadas pelos tribunais penais, e penas administrativas, aplicadas pelas autoridades administrativas; execuções judiciais, feitas pelos tribunais civis (execuções civis), e execuções administrativas, feitas pelas autoridades administrativas".[171]

Pois bem, das "espécies de sanções", nosso interesse está nas *penas administrativas, aplicadas pelas autoridades administrativas*. São essas as *sanções* sobre as quais nos debruçamos.

Em linha de raciocínio, dada a construção dogmática da norma primária – que estabelece relação jurídica de direito material (substantivo) – e da norma secundária – que estabelece relação jurídica de direito formal (adjetivo ou processual) –, eis nosso objeto de estudo: *sanções administrativas punitivas* (ao lado de possível sanção administrativa reparadora). São normas tributárias *primárias derivadas* – sobrepostas à norma primária dispositiva –, esta, por sua vez, veremos em *Tipicidade indireta*, é o que chamamos de *pré-tipo* das sanções administrativas.

2.2 Direito penal tributário e direito tributário sancionador

A concepção de um *supraconceito* é técnica aplicada ao "supraconcepto del ilícito comun, en el que se engloban las variedades de los ilícitos penal y administrativo y que se corona, en fin, con *la creación de un Derecho punitivo único, desdoblado en el Derecho Penal e en el Derecho Administrativo Sancionador*".[172]

---

[171] KELSEN, Hans. *Teoria Pura do Direito*, op. cit., p. 123.
[172] NIETO, Alejandro. *Derecho Administrativo Sancionador*, op. cit., p. 124, grifo nosso.

Novamente: de um direito punitivo único "parten dos braços diferenciados –el Derecho Penal tradicional y el Derecho Administrativo Sancionador– cada uno compuesto por un ordenamiento positivo sectorial propio y su aparato técnico de acompañamiento". Dois braços que se referem a duas variedades – ou subvariedades – de um ilícito de natureza essencialmente idêntica.

Na obra *Presente y futuro del delito fiscal*, o professor Gonzalo Rodriguez Mourullo alertava: "*Cuando se utiliza la expresión Derecho penal a secas, el término 'pena' se sobreentiende en su acepción de 'pena criminal', es decir, como consecuencia específica de los hechos calificados por la ley como delitos en sentido 'criminal'. Ahora bien, existen infracciones del orden jurídico que no son delitos en ese sentido y que, precisamente por no serlo, se sancionan con penas 'no criminais' (penas administrativas, por ejemplo)*".[173]

Portanto: ambas as classes de "penas" podem ser – e são – utilizadas para a repressão das infrações tributárias.[174] [175]

---

[173] MOURULLO, Gonzalo Rodriguez. *Presente y futuro del delito fiscal*. Madrid: Ediciones Civita en Revista de Occidente, 1974. p. 11.

[174] Na explicação de Nelson Hungria: "*Pena administrativa e pena criminal*: Se nada existe de substancialmente diverso entre ilícito administrativo e ilícito penal, é de negar-se igualmente que haja uma pena *administrativa* essencialmente distinta da pena criminal. Há também uma fundamental identidade entre uma e outra, posto que pena seja, de um lado, o mal infringido por lei como consequência de um ilícito e, por outro lado, um meio de intimidação ou coação psicológica na prevenção contra o ilícito. São *species* do mesmo *genus*. Seria estorvo vão procurar distinguir, como coisas essencialmente heterogêneas, e.g., a multa administrativa e a multa de direito penal. Dir-se-á que só esta é conversível em prisão; mas isto representa maior *gravidade*, não *diversidade de fundo*. E se há sanção em direito administrativo que o direito penal desconhece (embora nada impediria que as adotasse), nem por isso deixam de ser *penas*, com o mesmo caráter de contragolpe do ilícito, à semelhança das penas criminais. A única diferença também aqui é puramente *quantitativa* (de maior ou menor *intensidade*) e *formal*: as penas administrativas (de direito penal administrativo) são, em geral, menos rigorosas que as criminais e, ao contrário destas, não são aplicadas em *via jurisdicional*, isto é, não vigora a respeito delas o princípio *nulla pena sine judicio* ou *nemo damnetur nisi per legale judicium*. É inaceitável o argumento de BATAGLINI, segundo o qual este critério formal tem valor essencial dado que não há *pena* onde não há *juízo penal*. A rebatida de ROCCO inutiliza semelhante raciocínio: não se pode dizer que onde não há juízo penal não há pena: o que se deve dizer é que, em tal caso, não há *direito judiciário penal*.

A punição de certos ilícitos na esfera do direito administrativo, ao invés de ser na órbita do direito penal comum, não obedece, como já frisamos, senão a razões de conveniência política: para o direito penal comum é transportado diretamente o interesse público, passando, assim, a ilícito penal. O ilícito administrativo de menor entidade não reclama a severidade da pena criminal, nem o vexatório *strepitus judicii*" (HUNGRIA, Nelson. *Revista de Direito Administrativo*. Rio de Janeiro: Revista do Serviço Público, vol. 1, Fasc. I, Seção II, 1945, p. 27).

[175] Também Alfredo Augusto Becker explica: "*Natureza da sanção* – Com toda a razão, adverte FERNANDO SÁINZ DE BUJANDA: 'Me parece poco fecunda, desde el punto de vista de la construcción jurídica, diferenciar un Derecho penal tributario de *infracciones formales*, y un Derecho penal tributario de infracciones *sustantivas*, para extraer de ahí la conclusión

O Estado é titular imediato de valores de proteção criminal que remetem a matérias fiscais, postos no *direito penal tributário*, ramo do direito penal (por mera adjetivação – voltaremos a falar dos nomes dos ramos jurídicos), com todas as implicações a ele inerentes, em especial a competência exclusiva da União para legislar a respeito da matéria (art. 22, I, da Constituição Federal) e a obrigatoriedade de processo judicial na aplicação de suas normas (art. 5º da Constituição Federal, incisos LIII, LIV e LVII). O direito penal tributário tem por objeto, em breve síntese, *normas criminais de tutela de bens jurídicos fiscais*.[176][177]

---

de que son penales las primeras y administrativas las segundas. Creo que todas esas infracciones son 'penales' y, por tanto, se definen y sancionan en un Derecho unitario'.

'En rigor', esclarece FERNANDO SÁINZ DE BUJANDA, 'la única separación entre las infracciones contenidas en el Código penal y las contenidas en otras leyes – cualquiera que sea la naturaleza de estas últimas – es de tipo formal. Las infracciones y las sanciones aparecen comprendidas en el Código penal o en leyes administrativas atendiendo exclusivamente a valoraciones político-sociales. Existen infracciones que se incorporan al Código penal para destacar la especial gravedad que se les atribuye, con arreglo a ese tipo de valoración político-social. Otras quedan subsumidas en el cuadro de la legislación administrativa por reputarse inferior su gravedad para el cuerpo social, o de inferior rango los bienes jurídicos lesionados. Pero entre unas y otras no es posible señalar una línea divisoria sustancial.

Pues bine, con arreglo a estas ideas, estimo que lo que ha dado en llamarse el Derecho tributario sancionador, o Derecho tributario penal, debe denominarse 'Derecho *penal* Tributario'. Efectivamente, las infracciones tributarias constituyen, lisa y llanamente, una especie de infracción del ordem jurídico, de naturaleza *sustancialmente idéntica* da las incorporadas al Código penal y a las leyes penales especiales. La circunstancia de que esas infracciones, y las sanciones inherentes a ellas, se contengan en leyes de tipo tributario, no altera la validez de la anterior afirmación. Efectivamente, las normas en que se definen las infracciones y se establecen las sanciones son de naturaleza 'jurídico penal', *cualquiera que sea el texto positivo en que se encuentren incorporadas*'. 'Indudablemente', conclui FERNANDO SÁINZ DE BUJANDA, 'siempre que una norma jurídica contempla una posible conculcación del ordem jurídico, y asocia a la conduta infractora una pena, estamos en presencia, a mi entender, de una norma *penal*, y como tal la hemos de calificar. Es indiferente, por tanto, que la norma aparerca alojada en una ley de las que llaman administrativas, en una ley das que se llaman penales, o en una ley de las que llaman tributarias. El modo de calificar la ley es, en cierto modo, algo accesorio y formal. Lo sustantivo es la naturaleza de la norma. *Esta será jurídico-penal, donde quiera que se formule, si contempla una infracción y asocia a esa infracción una sanción o pena*. E neste sentido, pienso que las normas penales están distribuidas en el ordenamiento positivo en toda clase de leyes, y que son penales, aunque no aparezcan formuladas en las leyes que ahí se designen, precisamente porque son normas que contemplan infracciones y que establecen penas'" (BECKER, Alfredo Augusto. *Teoria Geral do Direito Tributário*. 5. ed. São Paulo: Noeses, 2010. p. 646-648).

[176] Na disciplina do Direito Penal Tributário, destacamos a Lei nº 8.137/1990, que define os crimes contra a ordem tributária, econômica e contra as relações de consumo, e dá outras providências; e a redação da Súmula Vinculante nº 24 do Supremo Tribunal Federal, segundo a qual: "Não se tipifica crime material contra a ordem tributária, previsto no art. 1º, incisos I a IV, da Lei nº 8.137/90, antes do lançamento definitivo do tributo".

[177] Na sequência, estudaremos a possibilidade de infrações administrativas de risco, como *infrações que decorrem de mero descumprimento formal de um mandado ou proibição* – em

A administração pública, como vimos, possui por si mesma uma prerrogativa sancionatória, usada naturalmente para proteção de seus próprios interesses, no caso, a serviço da relação jurídico-tributária. A prerrogativa sancionatória tributária, então, está representada em normas reguladoras do poder sancionatório da administração pública em defesa dos interesses da administração fazendária.

Nisso, Gonzalo Rodriguez Mourullo[178] explica com clareza irretocável: "Ahora bien, la Administración pública posee por sí misma una potestad sancionadora que, naturalmente, utiliza también para proteger sus propios intereses. En la medida en que esa potestad sancionadora de la Administración se pone al servicio de la relación jurídico-tributaria, es posible hablar de un Derecho tributario penal. (...) En un caso estamos ante una norma jurídico-criminal protectora de intereses del Erario Público. En otro, ante normas jurídico-tributarias reguladoras de la potestad sancionadora de la Administración".

De todo modo: "En ambos casos, tanto si pertenecen al marco del Derecho criminal como si pertenecen al Derecho tributario, estamos ante normas que establecen «penas» en sentido material, es decir, privaciones o restricciones de bienes impuestas como castigos por el hecho cometido. Penas que, a veces, no se diferencian ni por su

---

contraponto à ausência de delitos tributários de risco, como registra Misabel Derzi, no ordenamento penal brasileiro. Ela explica sobre o direito penal tributário: "Quem examina com atenção os conceitos legais formulados na Lei n.º 8.137/1990, 'Dos crimes contra a ordem tributária', facilmente constata que todos eles estão determinados por dois núcleos cumulativos, inseparáveis e necessariamente dependentes, sem os quais não se configura a espécie delituosa, legislativamente delineada: a existência de tributo a pagar, cuja supressão ou redução é o fim colimado pelo agente; a prática dolosa de atos ou missões específicos, fraudulentos e desonestos, que servem como instrumento à evasão parcial ou total do tributo devido; ou retenção-desconto prévio ou recebimento de tributo devido por terceiro, sem a transferência da importância à Fazenda Pública. (...) Assim, duas perguntas devem ser feitas de plano no estudo dos delitos contra a ordem tributária: Há tributo devido a pagar? Houve, concomitantemente, prática dolosa de ato ou omissão fraudulenta, com a intenção de lesar o Fisco?" (DERZI, Misabel de Abreu Machado; BALEEIRO, Aliomar. *Direito tributário brasileiro, op. cit.*, p. 1.164).

Registramos ainda que o direito penal brasileiro admite também o que chamamos acima como *delitos de risco*. São os *crimes de perigo abstrato*, mas que não estão presentes no âmbito fiscal. O perigo abstrato, no direito tributário, é punido por sanções administrativas, no direito sancionador.

[178] MOURULLO, Gonzalo Rodriguez. *Presente y futuro del delito fiscal*. Madrid: Ediciones Civita en Revista de Occidente, 1974. p. 13.

denominación ni por su contenido. Sucede así con la pena criminal de multa y con ciertas multas administrativas. En efecto, hay multas administrativas que no tiene simple carácter coercitivo para doblegar la voluntad del administrado y hacerle cumplir los mandatos de la Administración, sino que posee auténtica naturaleza retributiva, apareciendo como verdaderos castigos impuestos en virtud de la infracción cometida, y que, por consiguiente, desde este punto de vista, en nada se distinguen de las penas criminales de multa".

Ademais: "La circunstancia de que tanto el que hemos llamado Derecho penal tributario como el Derecho tributario penal sean sistemas jurídicos que establecen «penas», justifica la vigencia en ambos sectores jurídicos de ciertos principios básicos comunes".

A diferença entre o ilícito tributário administrativo e o ilícito penal não é ontológica.[179] Petrônio Maranhão Gomes de Sá sintetiza que, "ontologicamente, o ilícito jurídico é um só, o mesmo ocorrendo com a respectiva sanção. Portanto, no tocante à sanção (e o mesmo se dá com o ilícito) ela constitui o *genus*. Deste é que partem as espécies"[180].

E Geraldo Ataliba[181] ensina: "Costuma a doutrina classificar as sanções nas categorias de: a) sanções civis, que são indenizatórias; b) as sanções administrativas, que têm caráter misto (reparatório e punitivo); c) sanções penais ou puramente punitivas".[182]

---

[179] Dentre outros professores que defendem essa posição, praticamente já pacífica: "Reconhece-se a natureza administrativa de uma infração pela natureza da sanção que lhe corresponde, e se reconhece a natureza da sanção pela autoridade competente para impô-la. Não há, pois, cogitar de qualquer distinção substancial entre infrações e sanções administrativas e infrações e sanções penais. O que as aparta é única e exclusivamente a autoridade competente para impor a sanção" (MELLO, Celso Antônio Bandeira de. *Curso de Direito Administrativo, op. cit.*, p. 876). "Não existe diferença ontológica entre ilícito administrativo e o crime: é opção do legislador incluir a conduta numa ou noutra categoria ou, ainda, prever que ambas se deem simultaneamente" (SHOUERI, Luís Eduardo. *Direito tributário, op. cit.*, p. 826).
[180] SÁ, Petrônio Maranhão Gomes de. *A potestade administrativa de punir (ius puniendi): natureza, limites e controles, op. cit.*, p. 107.
[181] ATALIBA, Geraldo. *Imposto de renda*: multa punitiva, *op. cit.*, p. 263.
[182] Ensina ainda: "Hector Villegas, em seu livro Direito Penal Tributário (São Paulo, Resenha Tributária – EDUC, 1974), adota critério que simplifica as classificações, para reconhecer duas grandes categorias, quais sejam: a) sanções repressivas; b) sanções mistas ou repressivo-compensatórias (ob. cit., pág. 289). Esse mesmo autor leciona que, conforme o caso, determina-se que dadas condutas violadoras de obrigações tributárias sejam objeto de sanções 'cuja finalidade está em reparar o dano causado'. E continua: 'a idéia exclusiva de reparação é que distingue com nitidez as sanções indenizatórias das repressivas' (...). E depois tem oportunidade de escrever que: 'a multa fiscal, em sendo retributiva, assume o caráter de pena, enquanto sua finalidade não se resume a simplesmente reparar

Voltando aos nomes das duas ciências: direito tributário sancionador, o tema que estudamos, é chamado também de direito tributário sancionatório ou direito tributário penal, mas também é possível ver referências a ele como direito penal tributário ou direito repressivo tributário. A ordem da adjetivação, como fixamos já antes, vem, em estudos recentes, ficando mais precisa: se se trata de direito penal, esta expressão precede a matéria que delimita seu alcance, o ramo de que trata é o último adjetivo, por exemplo, direito penal tributário; e se se trata de matéria de alcance do direito administrativo, a expressão que define materialmente a gestão pública precede as adjetivações punitivas, por exemplo, direito tributário sancionador, sancionatório ou penal.[183]

---

o Fisco, senão também castigar o infrator. Estas considerações estão a demonstrar o que o senso jurídico elementar já indicava, ou seja, que as características das sanções civis são nitidamente distintas daquelas que correspondem às sanções penais, sendo as espécies reconhecíveis com relativa facilidade, por peculiaridades ínsitas na sua natureza. Por isso Giuseppe Giuliani prefere fazer referência a esta matéria pela locução 'direito repressivo tributário', em lugar de direito penal tributário, exatamente para deixar claro o objetivo de evitar todo e qualquer tipo de confusão que possa prejudicar a correta compreensão do tema. Nem é por oura razão que a palavra latina *sanctio* deriva de *sanctum facere*. É por isso também que Achille Giannini acentua, nos seus inexcedíveis *Concetti*, que as multas – ainda que trazendo uma vantagem econômica ao Estado – não são preordenadas a esse fim, mas a um outro, substancialmente diverso, qual seja o de infringir um sacrifício ao transgressor da lei' (*I Concetti Fondamentali del Diritto Tributario*, pág. 59). A mesma coisa encontra-se em Hesel, no seu famoso *Direito Tributário*, traduzido para o italiano pelo Prof. Dino Jarach (pág. 4). Por isso também Angelo Dus, no seu livro *Teoria generale del Ilecito Fiscale* (Milão, Giuffrè, 1957), afirmou: 'Classificam-se as infrações tributárias segundo tenham natureza penal, administrativa ou civil, partindo de distinção essencialmente fundada sobre a espécie de sanção que o fato jurídico produz ou concorre para produzir e que pode ser considerado o efeito do próprio fato' (pág. 82). Em coerência com a mesma concepção, dispõe o art. 70 do 'modelo de código tributário para a América Latina', elaborado conjuntamente pelos Profs. Giuliani Fonrouge, Valdes Costa e Rubens Gomes de Sousa, para o programa conjunto de tributação OEA-BID: 'À falta de normas tributárias expressas, aplicar-se-ão, supletivamente os princípios gerais do Direito em matéria punitiva'. As III Jornadas Latino-Americanas de Direito Tributário, promovidas pelo Instituto Latino-Americano de Direito Tributário, realizadas em São Paulo, em 1962, aprovaram, dentre as suas conclusões, quanto aos princípios jurídicos aplicáveis à repressão e prevenções das infrações tributárias: 'VII – para aplicação e interpretação das normas tributárias, no que se refere ao ilícito tributário e suas sanções respectivas dever-se-ão levar em conta os institutos, princípios e conceitos próprios do Direito Tributário e, à sua falta, os *princípios gerais do Direito em matéria punitiva*'. E, aprovaram, também, a seguinte resolução: 'N.9: *A lei tributária deve assegurar as garantias do devido processo, nas instâncias administrativas e jurisdicionais, outorgando, em todos os casos, o direito a obter o pronunciamento de um órgão jurisdicional*' (apêndice dos *Anais das VI Jornadas Latino-Americanas de Direito Tributário*, 1970, pág. 664)" (ATALIBA, Geraldo. *Imposto de renda*: multa punitiva, op. cit., p. 263-265).

[183] Explicando a nomenclatura, porém, em sentido contrário do que defendemos: "A doutrina colocou o problema da ordem dos adjetivos que acompanham o substantivo 'direito'. Não se trata de mera questão terminológica de prioridade de adjetivos, sem importância,

Pois bem, direito penal tributário e direito tributário sancionador são ciências jurídicas distintas, ainda que se possa pensar em aproximações por um *ordenamento punitivo*. Das aproximações, na verdade, cuidamos ao longo de todo o estudo; por ora, dizemos, sem esgotar, diferenças que permeiam a sanção em um e em outro sistema jurídico, ilustrando brevemente aspectos apontados na doutrina pátria.

Misabel Derzi explicando o *princípio da unidade do injusto*,[184] [185] segundo o qual "todas as infrações são espécies de uma

---

porque a opção por uma ou outra construção gramatical pode ter notórias implicações para a localização científica do ramo do direito que estuda a repressão tributária. (...) Segundo esse critério, explica Sainz de Bujanda, e que está de acordo, de certa forma, com a teoria de Jarach, as conclusões são as seguintes: primeira, a terminologia direito penal tributário alude a todas as normas que reprimem atos ilícitos, relacionados de alguma forma, com a atividade tributária do Estado, independentemente do texto em que se encontrem; segunda, aceita-se a terminologia direito tributario penal como uma parcela do direito penal tributário, integrada por todos os ilícitos e as sanções tipificadas nas próprias leis tributárias.

Nossa posição terminológica difere dessa. Preferimos a terminologia direito penal tributário, para nos referirmos apenas às normas que reprimem infrações tributárias não delituais e não às que reprimem delitos fiscais.

Esta premissa parte de uma base. Segundo Sainz de Bujanda, Jarach e os assistentes desses jornadas, a que nos referimos, existe uma identidade substancial entre infração penal – delito ou crime – e a infração fiscal (5ª conclusão). Adotamos outra posição. Pensamos que existem diferenças substanciais entre a infração fiscal e o delito criminal. Sustentamos que tudo o que constitua delito, vinculado não com a atividade tributária estatal, pertence ao campo do direito penal comum. Somos contrários à sua inclusão no direito penal tributário, do plano científico. O direito penal tributário, para nós em consequência, é o direito penal que contém as normas e princípios, que regulam a repressão das infrações tributárias não delituais. Sai da sua esfera tudo o que for relativo a delitos, ainda quando os mesmos estejam vinculados com o fisco e só podem ser compreendidos, esses delitos, no direito penal comum. Misturá-los parece inconveniente" (VILLEGAS, Hector. Infrações e sanções tributárias. *In*: *Elementos de direito tributário, op. cit.*, p. 274-275).

[184] "Coube a Adolf Merkel assentar o critério unitário do injusto, lembrando Asúa que todos os ensaios de diferenciação entre os pretendidos ilícitos civis, penais e administrativos fracassaram. A doutrina alemã (com Beling, Franz von Liszt, von Hippel, Mezger, Welzel e outros) defende ardorosamente a unidade do injusto.

Aos mesmos resultados chega a doutrina italiana, conforme Asúa, por impossibilidade de se distinguir entre o ilícito penal, o civil e o administrativo.

Os adeptos da unidade da antijuridicidade partem em geral de um ponto comum: a constatação de que todo ilícito consubstancia o descumprimento de um dever jurídico, configurando ato humano contrário ao ordenamento.

As consequências – sanções variam segundo o ramo jurídico pelo que são diversificadas, portanto. Tal critério de distinção presta-se, do ponto de vista material, a pesquisar as diferentes valorações do legislador, graduadas segundo a importância atribuída à lesão por meio de espécies diferentes de sanções (penas privativas de liberdade, multa, indenização etc.). No entanto, formalmente considerado, o ilícito é sempre infração à ordem jurídica, criminosa ou não, mais ou menos grave. É resultado da análise global da totalidade do sistema jurídico" (DERZI, Misabel de Abreu Machado. *Direito tributário, direito penal e tipo*. v. 14. São Paulo: Editora Revista dos Tribunais. 1988. p. 116. Coleção textos de direito tributário).

[185] Sobre a superação da "diversidade ontológica do ilícito": atribui-se a James Goldschidt a paternidade do que foi chamado no início de "direito penal administrativo". A ele se

mesma família" e, por essa razão, "apesar das especificidades, há aproximações significativas no regime jurídico de todas essas infrações, penais ou tributárias", lembra o ponto de que "a apuração da responsabilidade por infrações no Direito Tributário é independente (somente a apuração da responsabilidade penal é dependente da tributária)". E destaca como especificidade das infrações tributárias que leis federais, estaduais e municipais podem eleger infrações e determinar a aplicação das sanções tributárias.

Hugo de Brito Machado[186] aponta como diferença que a sanção tributária imposta pela administração tem, geralmente, natureza patrimonial, ao passo que a sanção penal tributária pode atingir o direito de liberdade. Diante da proibição, no nosso sistema jurídico, de prisões civis por dívidas,[187] fato é que a pena privativa de liberdade não pode ser consequência de sanção pecuniária administrativa.

---

deve uma formulação completa do tema, sendo o grande mérito de sua sistematização científica retirar as infrações administrativas das atribuições de polícia e aproximá-las do direito penal, de maneira que, mesmo sem integrar-se a ele, se acolheu a sua influência dogmática, aproveitando das suas técnicas jurídicas – como ainda aqui fazemos (NIETO, Alejandro. *Derecho Administrativo Sancionador, op. cit.*, p. 143).

Sua doutrina, entretanto, ficou superada exatamente no que diz respeito à diversidade ontológica do ilícito: "O mais importante defensor da teoria da diversidade ontológica entre esses dois tipos de ilícito foi GOLDSCHMIDT, que, em sus obra principal, *Verwaltungsstrafretcht*, de 1902, entendia que a infração ou conduta antijurídica administrativa consistia na '*omissão de prestar ajuda à administração estatal dirigida à favorecer o bem estar público ou estatal*'. Por sua vez, corresponderia ao ilícito penal o '*desrespeito à bens jurídicos que gozam da proteção penal por si mesmos*'. Para ele o ilícito administrativo não é uma ação contrária ao Direito, que ofenda as normas legais. Trata-se, sim, de uma ação contrária à Administração, isto é, uma falta de cooperação com a atividade administrativa do Estado. (...) Refutando a tese de GOLDSCHMIDT, anota NELSON HUNGRIA que não corresponde à realidade, pelo menos a dos países democrático-liberais, a qualidade do cidadão de ser um colaborador da Administração Pública, obrigado ao cumprimento das ordens administrativas como se investido estivesse numa função pública, exceções feitas quando funcionam como jurado, eleitor, conscrito ao serviço militar, etc. Assim não há falar em 'falta de cooperação'. 'O ilícito administrativo, à semelhança do ilícito penal, é lesão efetiva ou potencial de um bem jurídico, pois de outro modo, não se compreenderia a existência de um direito penal administrativo'. (...) A punição de certos ilícitos na esfera do direito administrativo, ao invés de o ser na órbita do direito penal comum, não obedece, como já frisamos, senão a razões de conveniência política: para o direito penal comum é transportado apenas o ilícito administrativo de maior gravidade objetiva ou que afeta direta e intensamente o interesse público ou social, passando, assim, a ilícito penal. O ilícito administrativo de menor intensidade não reclama a severidade da pena criminal'" (SÁ, Petrônio Maranhão Gomes de. *A potestade administrativa de punir (ius puniendi): natureza, limites e controles, op. cit.*, p. 56).

[186] MACHADO, Hugo de Brito. *Sanções administrativas tributárias*. São Paulo: Dialética, 2004. p. 159 e ss.

[187] "Art. 5º. (...) LXVII – não haverá prisão civil por dívida, salvo a do responsável pelo inadimplemento voluntário e inescusável de obrigação alimentícia e a do depositário infiel" (Constituição Federal).

Vista a diferença, porém, como *qualitativa*, pensamos que se está a tomar *o exemplo pelo todo*, o que faz com que não se preste a uma delimitação do conceito em si – fácil ver que a sanção de multa ficaria sem amparo nessa distinção. Por outro lado, visto como critério distintivo *quantitativo*, deve sofrer também a seguinte crítica: "Fulcrado na intensidade da sanção, não se revela seguro, mas falível, na medida em que não há garantias de serem as sanções penais sempre mais gravosas do que aquelas de natureza administrativa ou tributária, mormente ao se compararem as multas fixadas nas respectivas legislações".[188]

Também a disciplina dos procedimentos de fiscalização dispostos na Lei nº 9.430/1996 prevê sanções distintas das de natureza patrimonial. São medidas que constituem restrições ao contribuinte pelo cometimento de infração ou em razão da comodidade da administração tributária para fiscalização. Por exemplo, a apreensão e o perdimento de bens, a interdição de estabelecimentos e os procedimentos especiais de fiscalização.

E, não raro, as penalidades não pecuniárias representam o que a doutrina convenciona chamar de *sanções políticas*, que podem assumir graves feições. Como explica Regina Helena Costa:[189] "Indevidas restrições impostas ao exercício de direitos do contribuinte, de molde a compeli-lo ao cumprimento de suas obrigações" ou "meios coercitivos para o pagamento de tributos, tais como a recusa de autorização para a emissão de notas fiscais ou a inscrição do nome do contribuinte em cadastro de inadimplentes que conduza a restrição de direitos". É exemplo de sanção política a manutenção de fiscalização ininterrupta no estabelecimento de sujeito passivo que exceda os limites previstos no art. 33, §2º, I, e §3º da Lei nº 9.430/1996.[190]

---

[188] SILVA, Paulo Roberto Coimbra. *Direito Tributário Sancionador, op. cit.*, p. 200.

[189] "Tais modalidades punitivas devem ser rechaçadas diante de sua evidente desproporcionalidade, tendo a jurisprudência se consolidado nesse sentido. No entanto, certas restrições ao exercício de direitos, decorrentes do necessário exercício do poder de polícia pela Administração Pública, são legítimas, uma vez fundadas na supremacia do interesse público sobre o particular e impostas com observância ao princípio da razoabilidade. É o caso, por exemplo, da exigência de certidão negativa ou de regularidade de situação para que o contribuinte possa participar de licitação e celebrar contrato administrativo ou, mesmo, da imposição de certos regimes especiais de fiscalização, hipóteses nas quais exsurge claramente a finalidade de proteção ao patrimônio público" (COSTA, Regina Helena. *Curso de direito tributário, op. cit.*, p. 314-315).

[190] "Art. 33. A Secretaria da Receita Federal pode determinar regime especial para cumprimento de obrigações, pelo sujeito passivo, nas seguintes hipóteses: (...) §2º O

Pois bem, sistematizando diferenças entre o direito penal tributário e o direito tributário sancionador, teríamos, obrigatoriamente, a distinção na *competência legislativa*: para o direito penal, é exclusiva da União (nos termos do artigo 22, inciso I,[191] da Constituição Federal), enquanto no sistema administrativo tributário, a competência legislativa punitiva, que é decorrente da competência material – como temos dito –, é concorrente da União, estados, municípios e Distrito Federal (nos termos dos artigos 24, inciso I,[192] e 30, incisos I e II,[193] todos da Constituição Federal).

E a distinção quanto à *competência para aplicação das sanções*, com a necessidade de processo judicial para sanções penais (nos termos do art. 5º, incisos LIII, LIV e LVII,[194] da Constituição Federal), cabe ao Poder Judiciário a aplicação das penas criminais. As sanções administrativas, por outro lado, podem ser aplicadas no exercício da *função administrativa* em razão da autoexecutoriedade[195] dos atos administrativos.[196]

---

regime especial pode consistir, inclusive, em: I – manutenção de fiscalização ininterrupta no estabelecimento do sujeito passivo; (...) §3º As medidas previstas neste artigo poderão ser aplicadas isolada ou cumulativamente, por tempo suficiente à normalização do cumprimento das obrigações tributárias" (Lei nº 9.430/1996).

[191] "Art. 22. Compete privativamente à União legislar sobre: I – direito civil, comercial, penal, processual, eleitoral, agrário, marítimo, aeronáutico, espacial e do trabalho" (Constituição Federal).

[192] "Art. 24. Compete à União, aos Estados e ao Distrito Federal legislar concorrentemente sobre: I – direito tributário, financeiro, penitenciário, econômico e urbanístico" (Constituição Federal).

[193] "Art. 30. Compete aos Municípios: I – legislar sobre assuntos de interesse local; II – suplementar a legislação federal e a estadual no que couber" (Constituição Federal).

[194] "Art. 5º. (...) LIII – ninguém será processado nem sentenciado senão pela autoridade competente; LIV – ninguém será privado da liberdade ou de seus bens sem o devido processo legal; (...) LVII – ninguém será considerado culpado até o trânsito em julgado de sentença penal condenatória" (Constituição Federal).

[195] "Consiste a autoexecutoriedade em atributo pelo qual o ato administrativo pode ser posto em execução pela própria Administração Pública, sem necessidade de intervenção do Poder Judiciário", explica Maria Sylvia Zanela Di Pietro. Com a ressalva: "Embora se diga que a decisão executória dispensa a Administração de ir preliminarmente a juízo, essa circunstância não afasta o controle judicial *posterior*, que pode ser provocado pela pessoa que se sentir lesada pelo ato administrativo, hipótese em que poderá incidir a regra da responsabilidade objetiva do Estado por ato de seus agentes (art. 37, §6º, da Constituição). Também é possível ao interessado pleitear, pela via administrativa ou judicial, a suspensão do ato ainda não executado" (DI PIETRO, Maria Sylvia Zanella. *Direito administrativo, op. cit.*, p. 241-242).

[196] Lembrando, na oportunidade, o esclarecimento – com o qual concordamos – de Fábio Medina Osório da definição *latu sensu* de sanção administrativa: "Consiste a sanção administrativa, portanto, em uma mal ou castigo, porque tem efeitos aflitivos, com alcance geral e

Observemos, porém, que, no caso das multas, desde que inadimplidas, a administração pública fica obrigada a se socorrer da coação pelo Estado-juiz por um processo judicial – como dissemos, na norma secundária – através da execução fiscal.

2.3 Independência de instâncias punitivas

Começamos aqui pelo direito comparado: na Espanha, a Lei Geral Tributária prevê que, caso a administração tributária considere que uma infração pode constituir crime, deve remeter o caso à jurisdição competente ou ao Ministério Público, abstendo-se de continuar o procedimento administrativo, e, diante de sentença penal condenatória, fica impedida da imposição de sanções administrativas com fundamento nos mesmos fatos. A lei é expressa em afirmar: *"La sentencia condenatoria de la autoridad judicial impedirá la imposición de sanción administrativa por los mismos hechos"*.[197]

---

potencialmente *pro futuro*, imposto pela Administração Pública, materialmente considerada, pelo Judiciário ou por corporações de direito público, a um administrado, jurisdicionado, agente público, pessoa física ou jurídica, sujeitos ou não a especiais relações de sujeição com o Estado, como consequência de uma conduta ilegal, tipificada em norma proibitiva, com uma finalidade repressora ou disciplinar, no âmbito de aplicação formal e material do Direito Administrativo. A finalidade repressora, ou punitiva, já inclui a disciplinar, mas não custa deixar clara essa inclusão, para não haver dúvidas" (OSÓRIO, Fábio Medina. *Direito Administrativo Sancionador, op. cit.*, p. 112). Na mesma linha é a seguinte observação de Paulo Roberto Coimbra Silva: "Igualmente merece ponderações o critério alicerçado na competência para aplicação da sanção. Se, de um lado, as sanções penais estão jungidas ao princípio da reserva jurisdicional, de outro, nem sempre as sanções administrativas serão aplicadas administrativamente, porquanto algumas delas, a critério do legislador, podem ter sua aplicação somente em juízo, i.e., não é requisito essencial à sanção administrativa a sua aplicação por autoridade administrativa. Sob outro prisma, conclui-se que nem sempre as sanções cuja aplicação é da competência exclusiva do Poder Judiciário terão, por isso, natureza penal". Ele cita como exemplo de sanções administrativas cuja aplicação é reservada ao Poder Judiciário aquelas imputáveis pela prática de atos de improbidade administrativa, mediante a propositura de ação civil pública, nos termos da Lei nº 8.429/92 (SILVA, Paulo Roberto Coimbra da. *Direito Tributário Sancionador, op. cit.*, p. 201-202). Em sentido contrário: "O ato de improbidade administrativa não se confunde (e nem pode se confundir) com a infração administrativa, porque o âmbito de análise da conduta e de imposição da sanção em cada caso é diverso: para aquele, o judicial; para este, o administrativo" (FERREIRA, Daniel. *Teoria geral da infração administrativa a partir da Constituição Federal de 1988*. Belo Horizonte: Fórum, 2009. p. 363).

[197] "Artículo 251. Excepciones a la práctica de liquidaciones en caso de existencia de indicios de delito contra la Hacienda Pública. (...) la Administración se abstendrá de iniciar o, en su caso, continuar el procedimiento administrativo, que quedará suspendido mientras la autoridad judicial no dicte sentencia firme, tenga lugar el sobreseimiento o el archivo de las actuaciones o se produzca la devolución del expediente por el Ministerio Fiscal.

No Brasil: "Todas as vezes, sem exceção, em que existir ilícito penal, haverá ilícito tributário", conclui Misabel Derzi; ou melhor, "o fato ilícito, penalmente punível, é somente aquele executado sem direito, ou seja, em desacordo com o restante da ordem jurídica, no caso, a tributária. Por isso a doutrina consagra o princípio da unidade do injusto (...). Não pode existir crime tributário de qualquer espécie que, simultaneamente, não configure transgressão de dever tributário, ilícito fiscal. No entanto, a recíproca não é verdadeira. Inversamente poderá haver infringência de norma tributária (não pagamento de tributo, ou pagamento insuficiente, ou descumprimento de obrigação acessória), portanto antijuridicidade tributária, sem que, entretanto, ocorra fato delituoso".[198]

Temos, portanto, um sistema de independência entre as esferas administrativa e judicial. É possível a aplicação de sanções concomitantes nas duas esferas.

Há, no direito tributário, exemplo de regra expressa nesse sentido. No decreto que regulamenta a administração das atividades aduaneiras e a fiscalização, o controle e a tributação das operações de comércio exterior, atual Decreto nº 6.759/2009, dispõe em seu art. 684 que "a aplicação da penalidade tributária, e seu cumprimento, não impedem a cobrança dos tributos devidos *nem prejudicam a aplicação das penas cominadas para o mesmo fato pela legislação criminal e especial*, salvo disposição de lei em contrário".

Façamos, entretanto, a ressalva de que a Lei de Introdução às Normas do Direito Brasileiro, Decreto-Lei nº 4.657/1942, alterada pela Lei nº 13.655/2018, passou a prever em seu artigo 22, §3º, que "as sanções aplicadas ao agente serão levadas em conta na dosimetria das demais sanções de mesma natureza e relativas ao mesmo fato", impondo-se, com isso, uma compensação entre sanções de mesma natureza, em decorrência do mesmo fato, diante da possibilidade de

---

No obstante, en caso de que se hubiera iniciado un procedimiento sancionador, éste se entenderá concluido, en todo caso, en el momento en que se pase el tanto de culpa a la jurisdicción competente o se remita el expediente al Ministerio Fiscal. Todo ello, sin perjuicio de la posibilidad de iniciar un nuevo procedimiento sancionador si finalmente no se apreciara delito y de acuerdo con los hechos que, en su caso, los tribunales hubieran considerado probados".

[198] DERZI, Misabel de Abreu Machado; BALEEIRO, Aliomar. *Direito tributário brasileiro, op. cit.*, p. 1.165.

exitirem processos punitivos distintos, seja no âmbito administrativo ou judicial, bem como em sede do Poder Juriciário, no âmbito de uma punição civil, a exemplo das ações de improbidade administrativa, e de punições criminais.[199]

Ademais, o Supremo Tribunal Federal decidiu, no julgamento de Medida Cautelar na Reclamação nº 41.557/SP, que, no sistema brasileiro, na verdade, vigora uma *independência mitigada*, pois há casos nos quais se impõem uma integração entre as instâncias, na tramitação dos processos e quanto ao resultado das decisões. Lê-se da decisão monocrática proferida pelo Ministro Gilmar Mendes, em 30 de junho de 2020, o seguinte: "A relação entre direito penal e direito administrativo sancionador revela um nódulo problemático do sistema penal com o qual a doutrina especializada vem se ocupando desde o início do século XX, quase coincidindo com o desenvolvimento da própria dogmática jurídico-penal moderna, que foi impulsionada por nomes como Binding, v. Liszt e Beling. O ponto central de tensão que aqui nos interessa nessa relação, para além de traçar uma diferenciação formal e material entre o ilícito penal e o ilícito administrativo – algo que foi objeto de preocupação da doutrina desde a publicação de Das Verwaltungsstrafrecht, por Goldschmidt, em 1902 – é a limitação do jus puniendi estatal por meio do reconhecimento (1) da proximidade entre as diferentes esferas normativas e (2) da extensão de garantias individuais tipicamente penais para o espaço do direito administrativo sancionador. (...) Tal independência, contudo, é complexa e deve ser interpretada como uma independência mitigada, sem ignorar a máxima do *ne bis in idem*. Explica-se: o subsistema do direito penal comina, de modo geral, sanções mais graves do que o direito administrativo sancionador.

---

[199] O Superior Tribunal de Justiça tem se posicionado, já desde de 2016, no julgamento do REsp nº 1.413.674/SE (rel. Min. Olindo Menezes, rel. para Acórdão Min. Benedito Gonçalves, 1ª T, j. 17.05.2016, DJe. 31.05.2016), no seguinte sentido: "Não configura *bis in idem* a coexistência de título executivo extrajudicial (acórdão do TCU) e sentença condenatória em ação civil pública de improbidade administrativa que determinam o ressarcimento ao erário e se referem ao mesmo fato, desde que seja observada a dedução do valor da obrigação que primeiramente foi executada no momento da execução do título remanescente. As instâncias judicial e administrativa não se confundem, razão pela qual a fiscalização do TCU não inibe a propositura da ação civil pública. Assim, é possível a formação de dois títulos executivos, devendo ser observada a devida dedução do valor da obrigação que primeiramente foi executada no momento da execução do título remanescente" (AREsp. nº 1.671.857, rel. min. João Otávio de Noronha, DJe. 26.05.2020).

Isso significa que mesmo que se venha a aplicar princípios penais no âmbito do direito administrativo sancionador – premissa com a qual estamos totalmente de acordo, o escrutínio do processo penal será sempre mais rigoroso. A consequência disso é que a compreensão acerca de fatos fixada definitivamente pelo Poder Judiciário no espaço do subsistema do direito penal não pode ser revista no âmbito do subsistema do direito administrativo sancionador. Todavia, a construção reversa da equação não é verdadeira, já que a compreensão acerca de fatos fixada definitivamente pelo Poder Judiciário no espaço do subsistema do direito administrativo sancionador pode e deve ser revista pelo subsistema do direito penal – este é ponto da independência mitigada" (STF, RCL nº 41.557, min. Gilmar Mendes, DJe. 03.07.2020).

CAPÍTULO 3

PRINCÍPIOS APLICÁVEIS AO DIREITO TRIBUTÁRIO SANCIONADOR: O QUE NÓS DESTACAMOS

3.1 Corte epistemológico

O direto penal é responsável pela sofisticação teórica na disciplina da sanção, com princípios próprios na confecção e incidência normativas, especialmente contemplados em âmbito constitucional. Por isso (insistimos em repetir), a construção dogmática do direito sancionador busca suporte nas elaborações e técnicas penais. É assim, sobretudo, com o estudo dos *princípios punitivos* – (insistimos) constitucionais penais.

Nossa pesquisa explora essa *zona convergente*, porém, com o corte epistemológico restrito ao estudo do princípio da *legalidade* e, em decorrência dele, da *tipicidade*, e do princípio da *culpabilidade* – todos *a partir* de construções já utilizadas com bastante amadurecimento pelo direito penal.

Então, fica já fixado: (i) tais princípios são, antes de tudo, constitucionais; e (ii) estão representados de maneira própria no direito sancionador. Vejamos como eles estão presentes no *direito tributário sancionador*.

3.2 Legalidade e tipicidade

A necessidade de certeza e segurança é percebida com muita evidência no direito penal, até em razão do grau de desenvolvimento dos estudos criminais, desde Beccaria, considerado por muitos o verdadeiro pai do Estado de Direito por seu combate à incerteza e à insegurança do sistema penal do antigo regime.[200] A segurança jurídica, através da legalidade e tipicidade, é própria do Estado Democrático de Direito.[201]

O princípio da segurança jurídica efetiva-se especialmente pela atuação da legalidade. A certeza do direito traduz as pretensões da segurança jurídica e rege toda e qualquer porção da ordem jurídica de maneira dual: (i) exprime a circunstância de que o comando jurídico, atuando numa das três modalidades do deôntico (proibido, permitido e obrigatório), requer que a conduta regrada

---

[200] Beccaria destacou-se no pensamento iluminista provocando a reflexão e, no mais das vezes, a aceitação de várias salvaguardas dos cidadãos. Por exemplo, a proporcionalidade das penas aos delitos; a injustiça e a ineficácia de penas atrozes, a abusividade do confisco, a igualdade entre os responsáveis pela mesma infração, devendo ser submetidos às mesmas penas bases; o princípio da reserva legal na definição dos crimes e de suas sanções, mediante a separação entre os Poderes Judiciário e Legislativo; a represália à tortura; e a ilegitimidade da pena de morte. Ele fundamenta o direito de punir em razão de sua utilidade social, destacando a imprescindibilidade das penas como único meio hábil a controlar as paixões humanas contrárias à estabilidade social. As penas, sendo reconhecidamente um mal necessário, devem ser moderadas, justificando-se a sua presença somente até o limite de sua necessidade para se evitar uma agressão à lei. Além de combater o excessivo rigor e defender a moderação das penas, Beccaria propugnou a proporcionalidade à antijuridicidade da qual decorrem, em suma, defendendo que "deve, pois, haver uma proporção entre os delitos e as penas". Defende que a verdadeira medida da pena decorre do dano causado à sociedade – e não da suposta intenção do agente, ou da dignidade da pessoa ofendida, ou ainda do grau de ofensa à divindade ou à realeza. Dentre as virtudes do pensamento de Beccaria, dá-se destaque: (a) ao princípio da reserva legal na previsão dos delitos e na estipulação das penas; (b) à separação entre os poderes, imprescindível ao julgamento justo, sem casuísmos; (c) à igualdade entre os cidadãos em sua sujeição à lei, independentemente da linhagem ou estirpe; (d) às técnicas de prevenção à ilicitude; (e) à moderação e proporcionalidade das penas (SILVA JUNIOR, Walter Nunes. *Curso de Direito Processual Penal*: teoria (constitucional) do processo penal. Rio de Janeiro: Renovar, 2008. p. 6-7).

[201] O princípio da legalidade foi fruto do corporativismo medieval, antes de afirmar-se na Revolução Francesa e de manifestar-se enquanto princípio fundamental do Estado de Direito e no constitucionalismo do século XIX. O aforismo latino, que expressa o princípio da legalidade, *nullum crimen, nulla poena sine lege*, reúne a significação de outros quatro aforismas latinos: (i) *nullum crimen sine praevia lege*, significando que não se dará o fato delituoso, sem que a lei, anteriormente à sua ocorrência, o declare expressamente como tal; (ii) *nulla poena sine praevia lege*, no sentido de que nenhuma pena será imputada se lei anterior expressamente não a tiver cominado; (iii) *nemo iudex sine lege'*, dizendo da jurisdicionalização exclusiva do Direito Penal, vez que este somente pode ser aplicado através de juízes e órgãos instituídos e designados para essa função, por lei expressa; (iv) *nemo damnetur nisi per legale iudicum'*, uma vez que o devido processo, ou o juízo regrado em lei, deve ser observado em qualquer condenação penal. *Os quatro aforismas, entretanto, cumprem a mesma função: a de segurança jurídica, completando-se uns aos outros*. Explica Misabel Derzi, em seu *Direito tributário, direito penal e tipo* (DERZI, 1988, p. 89-90)

esteja rigorosamente especificada; e (ii) significa previsibilidade, isto é, o cidadão tem o direito de saber com antecedência qual o conteúdo e alcance dos preceitos que lhe serão imputados para que possa programar-se, tomando iniciativas e dirigindo suas atividades consoante a orientação que lhe advenha da legislação vigente, através do princípio da não surpresa.[202]

A segurança jurídica está associada aos ideais de determinação, estabilidade e previsibilidade do sistema normativo. É seu corolário a *proteção da confiança*, que leva ao princípio da legalidade e, em matéria tributária, à tipicidade fechada – segundo a qual o tipo tributário deve estar na lei de modo tão preciso e determinado que o aplicador não tenha como manejar critérios subjetivos.[203]

No direito tributário, a legalidade está disposta na Constituição Federal, em seu artigo 150, inciso I,[204] e está no Código Tributário Nacional no artigo 97, incisos I e V.[205] Por este último dispositivo, vale transcrever aqui: *somente a lei pode estabelecer a cominação de penalidades para as ações ou omissões contrárias a seus dispositivos, ou para outras infrações nela definidas*. A imposição de sanções tributárias obedece à *legalidade estrita*, que exige do intérprete a construção de enunciados prescritivos, única e exclusivamente, entre aqueles introduzidos no ordenamento positivo por meio de *lei em sentido estrito*.

Se bem que, observaremos adiante, na construção do tipo sancionador há a relativização da legalidade estrita quando do ingresso de conceitos de deveres formais (ou obrigações acessórias, na expressão do Código Tributário Nacional, art. 113, §2º) através da chamada "legislação tributária" – nos termos do art. 96 do Código Tributário Nacional: "A expressão 'legislação tributária' compreende as leis, os tratados e as convenções internacionais, os decretos e as normas complementares que versem, no todo ou em parte, sobre tributos e relações jurídicas a eles pertinentes".

---

[202] CARVALHO, 2018, p. 287.
[203] CARRAZZA, Roque Antonio. *Curso de direito constitucional tributário*. 30. ed. São Paulo: Malheiros, 2015. p. 483-487.
[204] "Art. 150. Sem prejuízo de outras garantias asseguradas ao contribuinte, é vedado à União, aos Estados, ao Distrito Federal e aos Municípios: I – exigir ou aumentar tributo sem lei que o estabeleça" (Constituição Federal).
[205] "Art. 97. Somente a lei pode estabelecer: I – a instituição de tributos, ou a sua extinção; (...) V – a cominação de penalidades para as ações ou omissões contrárias a seus dispositivos, ou para outras infrações nela definidas" (Código Tributário Nacional).

Pois bem, no corolário da legalidade – como dissemos – está o princípio da *tipicidade tributária*: "A estrita necessidade de que a lei adventícia traga no seu bojo, de maneira expressa e inequívoca, os elementos descritores do fato jurídico e os dados prescritores da relação obrigacional". Mas não só: a tipicidade tributária "exige que os agentes da Administração, no exercício de sua função de gestão tributária, indiquem pormenorizadamente, todos os elementos do tipo normativo existentes na concreção do fato que se pretende tributar, além dos traços jurídicos que apontem uma conduta como ilícita".[206]

Na seara criminal, é clara a percepção de que não é suficiente a existência de uma lei anterior à conduta (princípio dirigido ao legislador quanto à taxatividade das fórmulas legais prescritas). É indispensável que o modelo legal de conduta proibida seja específica e claramente individualizada quanto ao comportamento delituoso. Daí que *tipicidade seja a redução a categorias jurídicas do princípio maior da legalidade*. O tipo penal é o modelo legal abstrato de conduta proibida que dá forma e utilidade ao princípio da legalidade, sendo tipo penal incriminador aquele que se refere ao ilícito penal, excluídas as infrações extrapenais. A tipicidade é a adequação do fato ao tipo penal, a incidência da norma pela linguagem competente que identifica no fato os elementos e provas capazes de realizar os critérios do tipo em abstrato.[207]

Se o direito criminal rege-se por uma rigorosa tipicidade, conforme o *nullun crimen, nulla poena sine lege*, o direito tributário sancionatório dispõe dos seus tipos punitivos de maneira diversa na delimitação dos critérios do antecedente normativo e respectivas cominações, o que parece representar falhas no conceito da conduta ilícita e implicar possíveis distorções na aplicação da norma frente ao regime de garantias constitucionais do *ius puniendi* do Estado, que (novamente) transborda o âmbito criminal.[208]

---

[206] CARAVALHO, 2018, p. 539.
[207] NUCCI, Guilherme de Souza. *Curso de direito penal*: parte geral: arts 1º a 120 do Código Penal, *op. cit.*, p. 169, 343 e ss.
[208] "O que quer dizer uma ação típica? Que a descrição da infração seja completa com todos os elementos, não seja difusa, aberta. O punível deve manifestar-se num círculo cerrado e neste círculo cerrado tem de estar todos os elementos da infração. Não há tipicidade, se há uma parte manchada, ou uma parte difusa. Não há tipicidade. Não havia tipicidade nem crime nas previsões dos romanos, onde se dizia: 'será castigada toda infração que ataque os interesses do povo romano'. Quais eram, como eram, as infrações que atacam o

O mandado de tipificação se desenvolve em dois momentos: primeiro no normativo (legislativo), no qual implica a exigência de que uma norma descreva os critérios essenciais de um fato, sem os quais o descumprimento abstratamente considerado não pode ser qualificado como infração. Entretanto, o processo de tipificação não termina aí, pois se realiza, em seguida, na aplicação da norma, quando há a exigência de que o fato concreto imputado ao autor corresponda exatamente à descrição prévia da norma.[209] Considerando essas duas fases, no direito sancionador, a aplicação – esse segundo momento – parece ser carente da "«correspondencia exacta» entre los hechos probados y los hechos descritos en la norma".[210]

Também, por outro aspecto, o princípio da tipicidade significa nova dupla garantia: a presença de tipicidade (a) da infração e (b) da sanção. Ou seja, não basta que a lei afirme que o descumprimento de uma obrigação ou dever deve ser sancionado, é preciso que se saiba em que medida incide a sanção correspondente àquele dado descumprimento.

---

povo romano? Figura que passou por toda a Europa, permitindo os abusos do poderoso e passou também aos direitos totalitários; na Alemanha nazista era punível aquele que atacasse os princípios da raça. Na Rússia soviética é punível quem ataca os interesses do povo, do proletariado, porém, para nós unicamente pode haver penalidade se há tipicidade perfeita, figura completa com todos os seus requisitos. Somente assim a penalidade tributária não será instrumento de abuso pelo poder administrador. *Ação típica*, então, em primeiro lugar" (VILLEGAS, Hector. Penalidades tributárias. *In: VI Curso de especialização em direito tributário (aulas e debates)*, v. II, *op. cit.*, p. 711).

[209] Nesse ponto, "a produção de prova pela Administração (...) não caracteriza mero ônus, entendido como encargo necessário para se atingir uma pretensão. Mais que isso, configura um verdadeiro dever. Tendo em vista o caráter vinculado do lançamento e do ato de aplicação de penalidade tributária, é dever da autoridade administrativa certificar-se da ocorrência ou não do fato jurídico desencadeador do liame obrigacional, o que só é possível mediante linguagem das provas. Nesse sentido, inclusive, é a determinação do art. 9º, *caput*, do Decreto 70.235/72, que ordena sejam a exigência do crédito tributário e a aplicação de penalidade *instruídos com os termos, depoimentos, laudos e demais elementos de prova*.

Ademais, sendo a motivação um elemento do ato administrativo, este não subsiste sem aquela. Nos termos do art. 10, III, do Decreto 70.235/72, o auto de infração conterá, obrigatoriamente, *a descrição do fato*, relato linguístico este que, no contexto em que se insere, não tem como advir sem as correspectivas provas nas quais esteja pautado.

O atributo da presunção de legitimidade, inerente aos atos administrativos, não dispensa a construção probatória por parte do agente fiscal. Essa figura presuntiva é *juris tantum*, significando a possibilidade de ser ilidida por prova que a contrarie, o que reforça nosso posicionamento no sentido de que os atos de lançamento e de aplicação de penalidade dependem da cabal demonstração da ocorrência dos motivos que os ensejaram" (TOMÉ, Fabiana Del Padre. *A prova no direito tributário: de acordo com o Código de Processo Civil de 2015*. 4. ed. São Paulo: Noeses, 2016. p. 364).

[210] NIETO, Alejandro. *Derecho Administrativo* Sancionador, *op. cit.*, p. 268.

Veja-se, no sistema brasileiro, o Código Tributário Nacional define as normas gerais sobre responsabilidade por infrações e impõe limites ao poder sancionador – não define tipos e nem comina penalidades. É na Lei nº 9.430/1996, especialmente, que se encontram – de forma mais sistematizada – normas sancionatórias para a incidência do que a doutrina convencionou chamar de multa de ofício, multa isolada, multa qualificada, multa agravada e multa de mora. Transcrevemos os dispositivos, identificando as normas prescritoras das multas:

"Art. 44. Nos casos de lançamento de ofício, serão aplicadas as seguintes multas:

I – de 75% (setenta e cinco por cento) sobre a totalidade ou diferença de imposto ou contribuição nos casos de falta de pagamento ou recolhimento, de falta de declaração e nos de declaração inexata.

(*Multa de ofício*).

II – de 50% (cinquenta por cento), exigida isoladamente, sobre o valor do pagamento mensal: a) na forma do art. 8º da Lei nº 7.713, de 22 de dezembro de 1988, que deixar de ser efetuado, ainda que não tenha sido apurado imposto a pagar na declaração de ajuste, no caso de pessoa física; b) na forma do art. 2º desta Lei, que deixar de ser efetuado, ainda que tenha sido apurado prejuízo fiscal ou base de cálculo negativa para a contribuição social sobre o lucro líquido, no ano-calendário correspondente, no caso de pessoa jurídica.

(*Multa isolada*).

§1º O percentual de multa de que trata o inciso I do *caput* deste artigo será duplicado nos casos previstos nos arts. 71, 72 e 73 da Lei nº 4.502, de 30 de novembro de 1964, independentemente de outras penalidades administrativas ou criminais cabíveis.

(*Multa de qualificada*).

§2º Os percentuais de multa a que se referem o inciso I do *caput* e o §1º deste artigo serão aumentados de metade, nos casos de não atendimento pelo sujeito passivo, no prazo marcado, de intimação para: I – prestar esclarecimentos; II – apresentar os arquivos ou sistemas de que tratam os arts. 11 a 13 da Lei nº 8.218, de 29 de agosto de 1991; III – apresentar a documentação técnica de que trata o art. 38 desta Lei.

(*Multa agravada*).

Art. 61. Os débitos para com a União, decorrentes de tributos e contribuições administrados pela Secretaria da Receita Federal, cujos fatos geradores ocorrerem a partir de 1º de janeiro de 1997, não pagos nos prazos previstos na legislação específica, serão acrescidos de multa de mora, calculada à taxa de trinta e três centésimos por cento, por dia de atraso.

§1º A multa de que trata este artigo será calculada a partir do primeiro dia subseqüente ao do vencimento do prazo previsto para o pagamento do tributo ou da contribuição até o dia em que ocorrer o seu pagamento.

§2º O percentual de multa a ser aplicado fica limitado a vinte por cento.

(*Multa de mora*)".

As questões que parecem afligir aqueles que, de alguma forma, lidam com as normas acima, além de outras sancionatórias, parecem ser: (a) os critérios eleitos pelo legislador conferem ao contribuinte ou responsável segurança jurídica no tema das sanções administrativas tributárias? Ou (b) as normas acima – entre outras – garantem ao sujeito obrigado no cumprimento de multas – e demais punições administrativas – a compreensão do tipo infracional e da sanção a que ficará sujeito, caso venha a incidir a pena?

Por ora, somente propomos tais questões. Voltaremos a elas na aplicação dos fundamentos de que partimos para demonstrar que o direito sancionador exige um esforço interpretativo distinto de como acontece nas normas de direito penal e, por fim, propor um possível raciocínio de assimilação da tipicidade das sanções administrativas no direito tributário.

3.3 Culpabilidade

Partindo do que já colocamos sobre a culpabilidade, comecemos daqui: culpabilidade é o que liga a infração à sanção. Está presente nos dois cenários: é imprescindível para a constatação da infração e também para a aplicação da punição. Para se verificar a existência de crime, é imperioso constatar a existência de reprovabilidade do fato e do autor (que deve ter agido com consciência potencial da ilicitude e diante da exigibilidade e possibilidade de um comportamento conforme o direito). Reconhecida a censurabilidade do injusto (fato típico e antijurídico), tem-se o crime e impõe-se uma condenação. A partir desse ponto, passa-se ao contexto da aplicação da pena, em que se retoma à análise da culpabilidade para encontrar a justa medida da punição, despida já de elementos específicos, significando somente o grau de censura sobre a conduta. São lições do direito penal.[211]

O princípio da individualização das penas na aplicação das normas tributárias sancionatórias é tema que sofre da mesma carência apontada quanto à delimitação dos tipos infracionais e à realização da tipicidade no direito tributário sancionador.[212] O Código Tributário Nacional, de alguma forma, ameniza a falta ao prever no art. 108, inciso IV, que, "na ausência de disposição expressa, a autoridade competente para aplicar a legislação tributária utilizará da equidade", autorizando o intérprete a considerar os elementos do caso concreto que demonstrem relevância para a aplicação da norma sancionatória.

O grau de culpabilidade do infrator é aspecto fundamental para a medida da sanção a ser aplicada. Gonzalo Rodriguez Mourullo, em seu *Presente y futuro del delito fiscal*, enfrenta assim a culpabilidade: "Tampoco estamos aquí ante un presupuesto privativo de la pena criminal, sino, por la propia naturaleza de las cosas, de la pena en general. La medida en que toda pena, administrativa o criminal, es, según su esencia, retribución por el hecho cometido, presupone necesariamente la culpabilidad personal del autor".[213] [214]

---

[211] NUCCI, Guilherme de Souza. *Curso de direito penal*: parte geral: arts 1º a 120 do Código Penal, *op. cit.*, p. 508.

[212] Sobre o princípio da individualização das penas no direito sancionador, tema ainda pouco explorado, ver o trabalho de Antônio Carlos Alves Pinto Serrano, *O Direito Administrativo Sancionador e a individualização da conduta nas decisões dos Tribunais de Contas* (Dissertação de Mestrado apresentada na Pontifícia Universadade Católica de São Paulo, 2019).

[213] Continua dizendo: "Como puso de relieve Sáinz de Bujanda, cabe que «la norma tributaria configure una sanción que no vaya dirigida a obtener el cumplimiento de la prestación tributaria de contenido pecuniario, ni a resarcir al ente publico acreedor del daño experimentado por una prestación morosa, sino a castigar al infrator por la transgresión del ordenamiento que la infracción –cualquiera que sea la modalidad entraña. Pues bien, siempre que así suceda la exigencia de la culpabilidad corresponde la exigencia procesal de que la sanción retributiva no se imponga sino después de comprobar la efectiva existencia de culpabilidad. Debe desterrarse, pues, toda presunción de culpabilidad" (MOURULLO, Gonzalo Rodriguez. *Presente y futuro del delito fiscal*. Madrid: Ediciones Civitas em Revista de Occidente, 1974. p. 16).

[214] Também na reflexão de José Maria Tovillas Morán – professor de Direito Financeiro e Tributário da Universidad de Barcelona: "Siguiendo los planteamientos elaborados por

A culpabilidade, como ensina a doutrina penal, é o juízo de reprovação social sobre o fato e o autor. Ela permeia tanto a verificação da conduta quanto a realização da sanção, e é imprescindível na constatação do ilícito e na aplicação da pena. Lembrando a noção kelseniana de que o conceito de sanção e o conceito de ilícito são correlativos – a sanção é consequência do ilícito; o ilícito é pressuposto da sanção[215] –, temos que *a medida de reprovabilidade da conduta, ou melhor, a culpabilidade é critério regra nas normas de direito tributário sancionador*.

Seguimos tomando notas da doutrina espanhola para apontar agora aspecto que consideramos de grande valor: Ángeles de Palma del Teso, em seu primoroso *El principio da culpabilidade en el derecho administrativo sancionador*, descreve na legislação espanhola[216] uma

---

la doctrina penal la responsabilidad por infracciones tributarias nace cuando se produce un comportamiento humano típico, antijurídico y culpable". E ainda: "La necesidad de culpabilidad como elemento constitutivo da infracción resulta especialmente relevante en un tipo de actividad pública, como la tributaria, dominada de manera creciente por la masificacíon, intensidad y complejidad de las obligaciones y deberes y de las propias normas tributarias de forma que la cuestión fundamental reside en determinar qué circunstancias excluyen la culpabilidad del sujeto en relacíon con una conducta aunque, objetivamente, se produzca el incumplimiento de la norma tributaria. (...) Consiguientemente, dolo o culpa deben concurrir necesariamente, al igual que en los ilícitos penales, en las infracciones tributárias. La ausencia del elemento subjetivo en la realización del hecho tipificado como una infracción tributaria no constituye una circunstancia que excluya la responsabilidad del agente puesto que ni siquiera llega a producirse el presupuesto de hecho, la *fattispicie* del ilícito" (MORÁN, José Maria Tovillas. Error invencible de hecho y de derecho como causas de exclusión de la culpabilidad. *In*: SILVA, Paulo Roberto Coimbra (Coord.). *Grandes Temas do Direito Tributário Sancionador*. São Paulo: Editora Quartier Latin, 2010. p. 288 e ss).

[215] "Se o ato coercivo estatuído pela ordem jurídica surge como reação contra uma determinada conduta humana tida por socialmente nociva, e o fim de sua estatuição é impedir essa conduta (prevenção individual e geral), esse ato coercivo assume o caráter de uma sanção no sentido específico e estrito da palavra. E a circunstância de uma determinada conduta humana ser tornada, nestes termos, pressuposto de uma sanção, significa que essa conduta é juridicamente proibida, isto é, constitui um ilícito, um delito. Este conceito de sanção e o conceito de ilícito são correlativos. A sanção é consequência do ilícito; o ilícito (ou delito) é um pressuposto da sanção" (KELSEN, 2009, p. 42-43).

[216] O problema está, quanto à legislação espanhola, na redação do art. 130 da Ley 30/1992, Régimen Jurídico de las Administraciones Públicas y del Procedimiento Administrativo Común:
"Artículo 130. Responsabilidad. 1. Sólo podrán ser sancionadas por hechos constitutivos de infracción administrativa las personas físicas y jurídicas que resulten responsables de los mismos aun a título de simple inobservancia. 2. Las responsabilidades administrativas que se deriven del procedimiento sancionador serán compatibles con la exigencia al infractor de la reposición de la situación alterada por el mismo a su estado originario, así como con la indemnización por los daños y perjuicios causados que podrán ser determinados por el órgano competente, debiendo, en este caso, comunicarse al infractor para su satisfacción en el plazo que al efecto se determine, y quedando, de no hacerse así, expedita la vía

dificuldade semelhante a que tentaremos demonstrar no item *Breve panorama da responsabilidade sancionatória no Código Tributário Nacional*. Atentemos para essa importante questão: "Bajo el título de «Responsabilidad» se refiera el legislador tanto a la responsabilidad punitiva como a la responsabilidad civil o indemnizatoria derivada de la infracción. Tal como señalan Garrido Falla y Fernandez Pastrana, *se están mezclando y confundiendo ambos tipos de responsabilidad*. Más correcto y conveniente hubiera sido referirse a dichas cuestiones en preceptos distintos, pues el tratamiento conjunto y bajo un mismo título puede llevar a equívocos. *En el ámbito sancionador administrativo la culpabilidad es presupuesto de la responsabilidad*. El artículo 130.1 de la LRJ-PAC requiere para *la exigencia de responsabilidad punitiva que la conducta tipificada como infracción sea atribuible a su autor, como mínimo, a título de «simple inobservancia», lo que como veremos, equivale a la «culpa levíssima»*. Este precepto establece, por tanto, el grado mínimo de culpa que genera responsabilidad punitiva en el ámbito sancionador administrativo".[217]

Veja-se, seguindo na explicação: "*El tratamiento conjunto de la responsabilidad punitiva y la responsabilidad patrimonial derivada de los daños causados por el infractor, no debe llevarnos a confusión. En un caso nos movemos en el ámbito de la responsabilidad indemnizatoria, y en el otro ante una responsabilidad punitiva o de Derecho Sancionador.* (…) Los criterios fundamentales para diferenciar el ilícito administrativo del ilícito civil son la tipicidad y la finalidad perseguida con la sanción. (…) La reacción frente al ilícito administrativo tiene una finalidad preventivo-punitiva (de prevención tanto general como especial). Las normas que tipifican determinadas conductas como infracciones tratan de evitar la puesta en peligro o la lesión de los bienes jurídicos que protegen. Si embargo, la exigencia de responsabilidad

---

judicial correspondiente. 3. Cuando el cumplimiento de las obligaciones previstas en una disposición legal corresponda a varias personas conjuntamente, responderán de forma solidaria de las infracciones que, en su caso, se cometan y de las sanciones que se impongan. Serán responsables subsidiarios o solidarios por el incumplimiento de las obligaciones impuestas por la Ley que conlleven el deber de prevenir la infracción administrativa cometida por otros, las personas físicas y jurídicas sobre las que tal deber recaiga, cuando así lo determinen las Leyes reguladoras de los distintos regímenes sancionadores".

[217] DEL TESO, Angela de Palma. *El principio da culpabilidade en el derecho administrativo sancionador*, op. cit., p. 46-51, grifo nosso.

civil tiene una finalidad sustancialmente reparadora, cumple una función compensatorio-resarcitaria; se busca restabelecer el equilibrio jurídico destruido, bien eliminado las consecuencias nocivas del acto, bien concedediendo derechos de indenización al prejudicado".[218]

Em conclusão, de Ángeles de Palma del Teso – que, por ora, tomamos como a nossa: "En todo ilícito administrativo es exigible la concurrencia del elemento subjetivo del dolo o culpa, nos encontramos ante una responsabilidad subjetiva, y el grado en que concurren estos elementos se considera en el momento de determinar la sanción dentro del marco legalmente previsto. *En el ilícito civil se admite la responsabilidad objetiva, y la responsabilidad se cuantifica únicamente en función de los daños y perjuicios ocasionados. Si en el primer caso la antijuridicidad se refiere a la conducta, en el segundo se refiere al resultado de la misma*".[219]

3.4 Também sobre a culpabilidade: o que a semiótica e o pragmatismo podem nos dizer sobre interpretação de condutas?

Semi-ótica – ótica pela metade? ou Simiótica – estudo dos símios?

Essas são, via de regra, as primeiras traduções, com relação à brincadeira, que sempre surgem na abordagem da semiótica. Aí, a gente tenta ser sério e diz: – O nome Semiótica vem da raiz grega semeion, que quer dizer signo. Semiótica é a ciência dos signos. Contudo, pensando esclarecer, confundimos mais as coisas, pois nosso interlocutor, com olhar de surpresa, compreende que se está querendo apenas dar um novo nome para a Astrologia.

Confusão instalada, tentamos desenredar, dizendo: – Não são os signos do zodíaco, mas signo, linguagem. A

---
[218] DEL TESO, Angela de Palma, *op. cit.*
[219] DEL TESO, Angela de Palma, *op. cit.*

> *semiótica é a ciência geral de todas as linguagens. Mas, assim, ao invés de melhorar, as coisas só pioram, pois, então, o interlocutor, desta vez com olhar de cumplicidade – segredo desvelado –, replica: – Ah! Agora compreendi. Não se estuda só o português, mas todas as línguas.*
>
> *Nesse momento, nós nos damos conta desse primordial, enorme equívoco que, de saída, já ronda a Semiótica: a confusão entre língua e linguagem. E para deslindá-la, sabemos que temos de começar as coisas de seus começos, agarrá-las pela raiz, caso contrário, tornamo-nos presas de uma rede em cuja tessitura não nos enredamos e, por não nos termos enredado, não saberemos lê-la, traduzi-la.*
>
> (SANTAELLA, Lúcia)[220]

O texto é de Lúcia Santaella e convida-nos a conhecer a semiótica norte-americana, tema que nos despertou o interesse a partir do ensaio do professor Vincent Colapietro, do Departamento de Filosofia da *Pennsylvania State University*, no *International Journal for the Semiotic of Law*, intitulado *Peirce Semiotic and Legal Practices: Rudimentary and "Rhetorical" Considerations*,[221] no qual o autor se refere ao conceito de *falibilismo* – entre outros aspectos –, o que enfrentaremos por conclusão deste item, com (pensamos) importante reflexão para o estudo da conduta ilícita.

Comecemos assim: "Todo fenômeno cultural só funciona culturalmente porque é também um fenômeno de comunicação, e considerando-se que estes só comunicam porque se estruturam como linguagem pode-se concluir que todo e qualquer fato cultural, toda e qualquer atividade ou prática social constituem-se como práticas significantes, isto é, práticas de produção de linguagem e de sentido".[222]

Eis a essência da semiótica marcada no direito: um objeto cultural estruturado em linguagem.

---

[220] SANTAELLA, Lúcia. *O que é semiótica*. São Paulo: Brasiliense, 2012. p. 9-10.
[221] COLAPIETRO, Vincent. Peircean Semeiotic and Legal Practices: Rudimentary and "Rhetorical" Considerations. *International Journal for the Semiotics of Law*, n. 21, p. 223-246, 2008. Acesso em: 19 jul. 2020.
[222] SANTAELLA, Lúcia. *O que é semiótica*, op. cit., p. 18.

Antes de avançarmos na conceituação, lembramos que existem três origens da ciência semiótica, uma de matriz europeia-ocidental, outra norte-americana e uma ainda com origem na antiga União Soviética,[223] e que, ainda que tendo surgido de maneira independente – apesar de quase simultaneamente no tempo –, utilizam terminologias e conceitos por vezes diversos, mas que partem das mesmas ideias de signo e semiose. Aqui utilizaremos os conceitos da semiótica norte-americana desenvolvida por Charles Sanders Peirce[224] quando pensou uma teoria de natureza eminentemente prática – basta lembrar que o mesmo filósofo é também fundador da influente doutrina do pragmatismo norte-americano,[225] desenvolvido sobre as mesmas bases da semiótica.

A filosofia do pragmatismo é, de fato, envolvente e não passou despercebida, por exemplo, por Clarice Lispector, que, em seu romance de estreia, *Perto do coração selvagem*, escreveu: "Na verdade o pragmatismo – o plano orientado para um dado fim real – seria a compreensão, a estabilidade, a felicidade, a maior vitória de adaptação que o homem conseguisse. No entanto fazer as coisas 'para quê' parece-me, perante a realidade, uma perfeição impossível de exigir do homem. O início de toda sua construção é 'porquê'. A curiosidade, o devaneio, a imaginação – eis o que formou o mundo moderno".[226]

Pensamos, com Vincent Colapietro, que o caráter prático e evolucionista da filosofia peirceana pode fazer dela um mecanismo refinado de manejo e aperfeiçoamento também dos sistemas jurídicos, habilitando pesquisadores a testar hipóteses e, assim, amadurecer seus conceitos e conclusões.[227]

---

[223] SANTAELLA, Lúcia. *O que é semiótica*, op. cit., p. 22.

[224] Com referência em especial aos textos: (i) *Escritos coligidos* e (ii) *How to make our ideas clear*.

[225] O termo eleito por ele foi, na verdade, *pragmaticismo*, não pragmatismo, como tornou-se comum chamar. Peirce veio da ciência para a filosofia. Na realidade, ele nunca deixou de ser um cientista, diferentemente dos filósofos predecessores e contemporâneos a ele, que permaneceram comprometidos com um modelo dedutivo de racionalidade, em vez de uma abordagem de investigação abdutiva. Ele introduziu o termo *abduction* (ou *retroduction*) para indicar o primeiro momento do processo indutivo, o da escolha de uma hipótese que possa servir para explicar determinados fatos empíricos (*Collected Papers apud* ABBAGNANO, Nicola. *Dicionário de Filosofia*, op. cit., p. 1.034 e ss.).

[226] LISPECTOR, Clarice. *Perto do coração selvagem*. Rio de Janeiro: Rocco, 1998. p. 122.

[227] A máxima da pragmática foi enunciada em *How to make our ideas clear*, da seguinte forma: "Consider what effects, that might conceivably have practical bearings, we conceive the

Semiótica é a ciência dos signos, e signo é aquilo que, sob certo aspecto ou modo, representa algo para alguém. A norma, unidade mínima da linguagem jurídica, representa o signo – ou um signo – dessa linguagem. Normas e fatos jurídicos são signos simbólicos,[228] são construções em linguagem de representações metafóricas do que se supõe um suporte linguístico ou um evento do mundo sensível. Os signos simbólicos pertencentes ao mundo físico, como realidades, somente são considerados *jurídicos* por seguirem a *gramaticalidade* própria – as regras próprias – do universo linguístico a que pertencem, a do direito.

A semiótica ou teoria dos signos é inseparável da compreensão do sentido de conduta – por sua vez –, conceito fundamental ao direito sancionador, pois compreender a representatividade da conduta, enquanto signo, diz respeito à interpretação e delimitação do *lícito* e do *ilícito*.

Um signo também é uma *representação* que se dirige a alguém para criar na mente dessa pessoa um novo signo, chamado de *interpretante* (este, por sua vez, é um signo equivalente ou, talvez, mais desenvolvido, criado a partir daquela primeira representação).[229] Para Peirce, então, o interpretante é um novo signo que pode ser criado e recriado infinitas vezes, conforme a mente (ou pluralidade de mentes) que o percebe. Isso é o que conforma a interpretação como um processo semiótico ou, na expressão que melhor o refere, a *infinita semiose*. E, assim, temos que o direito realiza-se (constrói-se) como um processo semiótico.

---

object of our conception to have. Then, our conception of theses effects is the whole of our conception of the object". Na tradução de Maria Lúcia Santaella: "Considere quais efeitos, que possivelmente podem ter aspectos práticos, imaginamos existir no objeto de nossa concepção. Então, nossa concepção desses efeitos é o conjunto da nossa concepção do objeto". Disponível em: http://www.peirce.org/writings/p119.htm. Acesso em: 19 jul. 2020.

[228] *Simbólicos* por representarem o objeto em razão de uma convenção, um símbolo é um signo que se refere ao objeto que denota por força de uma *lei*, geralmente uma associação de idéias gerais que opera no sentido de levar o símbolo a ser interpretado como se referindo àquele objeto. (Lauro Frederico Barbosa da Silveira. *Curso de Semiótica Geral*. São Paulo: Quartier Latin, 2007, p. 76).

[229] Um signo não é capaz de representar um objeto em todos os seus aspectos, mas somente tem referência a um tipo de idéia, que Peirce denominou *fundamento* do signo (Clarice Von Oertzen de Araújo. *Semiótica do Direito, op. cit.*, p. 335 e ss). Por isso, cada *interpretante* será também um *novo signo*, referente a uma nova idéia. Observemos: interpretante não é o intérprete, mas a idéia em si.

O conceito de *experiência* é central na filosofia de Peirce. Ele afirma: "Percebemos os objetos colocados perante nós; mas o que especialmente experimentamos – aquilo a que a palavra 'experiência' se aplica melhor – é um evento. Não se pode dizer precisamente que percebamos eventos; pois requer o que Kant chamou de a 'síntese de apreensão', não por um meio qualquer, mas através das necessárias discriminações. Uma locomotiva apitando passa perto de mim. A pouco e pouco, por causa compreensível, a nota do apito repentinamente baixa. (Pode-se dizer), se se quiser, que percebo o silvo da locomotiva. Tenho dele uma sensação. Mas ninguém dirá que tenho uma sensação de mudança da nota. Tenho sensação da nota mais baixa. Mas a cognição da mudança é de tipo mais intelectual. Tenho experiência e não percepção. A tarefa especial da experiência é fazer-nos conhecer eventos, mudanças de percepção".[230]

Então, Lourival Vilanova[231] lembra que o conhecimento é um fato complexo. Simplificadamente diz-se que é relação do sujeito com o objeto. Tendo em conta o conhecimento do mundo físico exterior, sua origem é a experiência sensorial, *percebo a árvore verde e enuncio: esta árvore é verde; o ser-verde-da-árvore, que se me dá num ato de apreensão sensorial, é base para outro ato, o de revestir esse dado numa estrutura de linguagem, na qual se exprime a relação conceptual denominada proposição.* O professor aponta que são inseparáveis, mas discerníveis, os seguintes componentes do conhecimento: (i) o sujeito cognoscente; (ii) os atos de percepção; (iii) o objeto do conhecimento (coisa, propriedade, situação objetiva); (iv) a proposição (estrutura de linguagem).

Linguagem é fato do mundo (sistema físico de relacionamento simbólico com objetos). Numa análise lógica, interessam as estruturas de linguagem mediante as quais se exprimem *proposições: as asserções de que algo é algo, de que tal objeto tem a propriedade tal.* Então, as estruturas de linguagem expressivas de proposições possuem *valências empiricamente verificáveis* pelo sujeito que se ponha em atitude cognoscente. As proposições são: (i) *verdadeiras* ou *falsas*, se

---

[230] PEIRCE, Charles Sanders. *Escritos Coligidos.* v. 36. São Paulo: Abril Cultural, 1974. p. 98.
[231] VILANOVA, Lourival. *As estruturas lógicas e o sistema do direito positivo.* São Paulo: Noeses, 2010.

analisadas sob a ótica da lógica clássica (lógica ôntica); (ii) *válidas* ou *não válidas*, em referência à lógica jurídica (lógica deôntica).

Diríamos sobre proposições que representam a conduta em referência ao direito: são *lícitas* ou *ilícitas* – são as *valências da conduta em referência ao sistema jurídico*.

Essas últimas em oposição à conduta na linguagem meramente social, em que os valores são de ordem moral, como justo ou injusto, e são *a priori*. Como em Kant: "As leis morais, com seus princípios, em todo o conhecimento prático diferenciam-se de tudo o mais que contenham algo de empírico; e essa diferença não é só essencial, mas também toda a filosofia moral encontra-se inteiramente assentada sobre a sua parte pura".[232] [233]

Pois bem, *conduta e signo – este representação daquela – são conceitos empiricamente relacionais*, porque *o que nós fazemos e estamos dispostos a fazer, por um lado, e o que existe na realidade ou possivelmente é o significado da conduta, por outro lado, não podem ser considerados separadamente um do outro*. Mais ainda: *um signo é sempre algo sobre o que nós podemos estar errados*.

Esse é o alerta da *falibilidade da conduta humana* – e nada poderia ser mais básico para a prática do direito. A falibilidade aponta que os signos (leiam-se normas e condutas) são sempre *potencialmente enganadores*, e os homens (leiam-se intérpretes) são *invencivelmente falíveis*.[234]

Uma *pluralidade de intérpretes* está apta a interpretar condutas e construir normas. Também cada representação de conduta está sujeita a uma *percepção instantânea* e a *réplicas de percepção* em razão da *função recursiva* natural à *interpretação*.

---

[232] KANT, Immanuel. *Fundamentação da metafísica dos costumes e outros escritos*. São Paulo: Martin Claret, 2002. p. 15.

[233] "KANT fazia distinção entre as formas *a priori* do entendimento e o conteúdo sensório *a posteriori* da experiência"; assim, "quando as ações e escolhas do homem forem vistas como eventos no mundo espaço-temporal, deverão ser submetidas às leis de necessidade empírica. Tome-se, por exemplo, a área do direito criminal", que "vai tornar-se redundante, substituído por medidas de proteção social (que pretendem impedir a conduta indesejada, de maneira determinista)" (MORRISON, Wayne. *Filosofia do direito*: dos gregos ao pós-modernismo. 2. ed. São Paulo: Editora WMF Martins Fontes, 2012. p. 160-163).

[234] COLAPIETRO, Vincent. *Peirce Semiotic and Legal Practices*: Rudimentary and "Rhetorical" Considerations, *op. cit.*, p. 240.

Atentemos, entretanto, que essas réplicas ficam sujeitas a certas limitações no caso do sistema jurídico. A peculiaridade aqui é que o processo semiótico não é infinito: a *função recursiva* sofre limites impostos pelo próprio direito, através, por exemplo, dos institutos da decadência, prescrição, coisa julgada e, mais recente, a estabilização dos efeitos nas tutelas provisórias.

A conclusão passível de ser aplicada ao nosso objeto de estudo é: *norma e conduta são signos sempre potencialmente enganosos, interpretados por homens invencivelmente falíveis*. A percepção do *falibilismo* e da possibilidade de *réplicas na interpretação* são balizas aos contornos que podemos desenvolver no direito sancionador – no direito punitivo como um todo.

Vincent Colapietro enuncia que o erro na interpretação e no cumprimento de uma norma jurídica implica que deve existir uma forma de corrigir a maneira como o signo é lido ou uma variação apropriada para a sua interpretação, mas implica também que, se nenhuma maneira resulte como certa ou apropriada, então nenhuma interpretação pode ser considerada como errada, ou melhor, a impossibilidade de agir apropriadamente ou interpretar corretamente exclui a possibilidade de se estar errado.[235]

A conclusão ilumina (entre outras):

(i) a lógica da ausência de punição contra conduta de *boa-fé*;

(ii) a importância da atuação dos intérpretes competentes no sistema jurídico, no dever de construções que permitam a interpretação e ação corretas – como determina o artigo 926 do Código de Processo Civil, segundo o qual: "Os tribunais devem uniformizar sua jurisprudência e mantê-la estável, íntegra e coerente".

Por fim e em conclusão: *erro na interpretação e no cumprimento de norma jurídica* – ou *impossibilidade de interpretar corretamente e agir apropriadamente* – remete à disposição expressa no Código Tributário Nacional, que admite a remissão por *erro ou ignorância escusáveis* sobre *matéria de fato* e a possibilidade de aplicação de *considerações de equidade* sobre as *características pessoais e materiais do caso*, conforme o artigo 172 do CTN: "A lei pode autorizar a autoridade administrativa a

---

[235] COLAPIETRO, Vincent. *op. cit.*, p. 240, tradução livre.

conceder, por despacho fundamentado, remissão total ou parcial do crédito tributário, atendendo", "II – ao erro ou ignorância excusáveis do sujeito passivo, quanto a matéria de fato" e "IV – a considerações de eqüidade, em relação com as características pessoais ou materiais do caso".

Remete também à consideração dos *princípios gerais de direito público* e (novamente) da *equidade* como autorizações legais para afastar a imposição de sanções, nos termos do artigo 108, IV, do Código Tributário Nacional, onde se lê que, "na ausência de disposição expressa, a autoridade competente para aplicar a legislação tributária utilizará sucessivamente, na ordem indicada: (...) III – os princípios gerais de direito público; IV – a eqüidade".

Sobretudo, o Código Tributário Nacional no artigo 100[236] traz o princípio da *boa-fé*, que afasta a incidência de penalidade contra aquele que tenha observado as *normas tributárias*.

---

[236] "Art. 100. São normas complementares das leis, dos tratados e das convenções internacionais e dos decretos: I – os atos normativos expedidos pelas autoridades administrativas; II – as decisões dos órgãos singulares ou coletivos de jurisdição administrativa, a que a lei atribua eficácia normativa; III – as práticas reiteradamente observadas pelas autoridades administrativas; IV – os convênios que entre si celebrem a União, os Estados, o Distrito Federal e os Municípios. Parágrafo único. *A observância das normas referidas neste artigo exclui a imposição de penalidades, a cobrança de juros de mora e a atualização do valor monetário da base de cálculo do tributo*" (Código Tributário Nacional, grifo nosso).

CAPÍTULO 4

APLICANDO CONCEITOS

4.1 Tipificação indireta

Havíamos proposto – em *legalidade e tipicidade* – as seguintes questões quanto à aplicação do princípio da tipicidade nas sanções administrativas tributárias: (a) os critérios eleitos pelo legislador conferem ao contribuinte ou responsável pela segurança jurídica no tema das sanções administrativas tributárias? Ou (b) as normas sancionatórias garantem ao sujeito obrigado no cumprimento de multas – e demais punições administrativas – a compreensão do tipo infracional e da sanção a que ficará obrigado, caso venha a incidir a pena? Pois bem, a nossa promessa – agora – é demonstrar que o direito sancionador exige um esforço interpretativo distinto de como acontece nas normas de direito penal – por fim, está uma conclusão à guisa de resposta.

Importa lembrar a diferença na estrutura da norma penal e da norma tributária sancionadora. No direito penal, a tipificação da infração, bem como a atribuição das sanções, realiza-se de maneira direta e individualizada (salvo exceções), enquanto no direito administrativo sancionador (tomado em teoria geral), o mecanismo da tipificação é mais complexo, com frequência feito por remissão a obrigações ou deveres impostos.

Aqui (direito Sancionador): a norma sancionatória (*primária derivada punitiva*, dissemos antes) remete ao descumprimento de outra norma (esta, *primária dispositiva*) – os conceitos em itálico ficaram definidos no ponto *Normas sancionatórias (primárias e secundárias): reparação e punição do injusto*.

O tipo nas infrações administrativas e, no nosso caso, nas infrações tributárias constrói-se por *tipificação indireta*: *Los tipos sancionadores administrativos no son autónomos, sino que se remiten a otra norma en la que se formula una orden o una prohibición, cuyo incumplimiento supone cabalmente la infracción.*[237] É que, como explica Ruy Barbosa Nogueira, "as chamadas infrações fiscais estão espalhadas por campo muito mais amplo e as suas configurações decorrem mais frequentemente da conjugação de vários dispositivos".[238]

Nessa conjugação de dispositivos, as normas às quais a tipificação tributária sancionatória remetem chamaremos, como Alejandro Nieto, de *pré-tipos*: aquelas que condicionam e conceituam a *infração* administrativa.

Seria possível também nomeá-las de "parte do tipo" (ou "partes do tipo"), mas "pré-tipo" dá a ideia cronológica de uma proposição normativa que precede a *sanção* – esta é signo último na composição dos critérios do tipo sancionador, como num texto que diz "multa de tanto", encerrando a construção do *tipo*. Cronológica é no sentido da apreensão intelectual da norma. É como dizer também das expressões norma primária dispositiva e primária *derivada*.

Misabel Derzi denomina o que chamamos de *tipificação indireta* como *classificação indireta do ilícito tributário* em seu *direito tributário, direito penal e tipo*.[239] Na verdade, ela afasta de seu objeto de pesquisa o direito sancionador, precisamente porque aquilo a que professora se refere como princípio da especificidade ou especialidade conceitual (em lugar do tradicionalmente nominado "princípio da tipicidade") comporta-se de maneira indireta nas sanções administrativas tributárias, afastando esse campo da exata delimitação a que se propõe na análise do *tipo* em seu livro.[240]

---

[237] NIETO, Alejandro. *Derecho Administrativo Sancionador, op. cit.*, p. 276.
[238] NOGUEIRA, Ruy Barbosa. *Curso de direito tributário, op. cit.*, p. 193.
[239] DERZI, Misabel de Abreu Machado. *Direito Tributário, direito penal e tipo, op. cit.*, p. 114-115.
[240] "Embora a doutrina do tipo seja complexa, confusa e de limites imprecisos já na sua origem, vale dizer, dentro da Ciência do Direito tedesco, como anotou Leenen, convém realçar que às dificuldades que lhe são inerentes se acrescentam outras. É que a palavra alemã *Tatbestand* foi traduzida, impropriamente, por tipo. Assim, ocorre que, na maioria das vezes, o autor alemão não se refere a tipo, mas a *Tatbestand*, embora conste da tradução a expressão tipo... Por exemplo, *Die Lehre von Tatbestand*, de Beling, foi traduzida como a Doutrina do Delito-Tipo; igualmente Class fala em *Grenzen des Tatbestandes*; Dahm em

Sua conclusão, entretanto, é precisamente a mesma que expomos aqui: "[...] desde logo, cumpre fazer duas importantes distinções, que, não ignoramos, têm ressonância nos temas abordados:

a) a primeira delas refere-se ao fato de que o direito penal compõe-se de normas cuja aplicação é exclusiva do Poder Judiciário. Nenhum cidadão poderá sofrer pena, a não ser através de uma sentença, que resulte de processo legal e pronunciada por juiz competente.

Ora, sendo a cobrança e a fiscalização dos tributos atribuições próprias do Poder Executivo, o Direito Tributário tem o cumprimento de suas normas atribuído, precipuamente, a órgãos administrativos. A atuação, pois, das normas jurídico-tributárias e a realização de seus preceitos independem da intervenção do Poder Judiciário, embora ela possa, supervenientemente, ocorrer;

b) igualmente, o direito penal, por sua natureza, é composto de normas sancionatórias, vale dizer, de delitos e de penas. É reino, por excelência, do ilícito. A determinação ou especificação conceitual, portanto, que nesse setor se manifesta, é uma classificação dos crimes e das contravenções penais, uma classificação do ilícito penal.

Os valores jurídicos fundamentais que o direito penal visa proteger, como a vida, a integridade física, a dignidade pessoal, a propriedade etc. estão apenas pressupostos nesse ramo jurídico, não são explícitos. *E, o que é mais importante, em regra, não são deveres, que a lei conceitue de forma determinada e específica.*

Verbrechen und Tatbestand. O título original da obra de Claus Roxin, *Offene Tatbestand und Rechtspflichtmerkmale*, foi traduzido por *Tipos Abiertos y Elementos del Deber Jurídico*, na versão castelhana de E. Bacigalupo.

Dentro da Ciência Penal, então, o que para o alemão é *Tatbestand*, para nós, latino-americanos, passou a ser 'tipo'.

Por essa razão, não será possível deixar de lado (...) o uso da expressão tipo em sentido impróprio. São numerosas as traduções, de que nos valemos, que refletem o termo tipo, no luar de conceito abstrato, tipologia, quando deveriam tratar do princípio da especificidade conceitual classificatória. (...)

No Direito Tributário, onde é menos comum o uso da expressão tipo, preferindo-se pressuposto, hipótese ou fato gerador, o problema terminológico é de menor monta. O chamado princípio da tipicidade tributária será substituído pelo da especificidade ou especialidade conceitual" (DERZI, Misabel de Abreu Machado. *Direito Tributário, direito penal e tipo*, op. cit., p. 114-115).

O dever de respeitar a vida alheia é genericamente estabelecido no ordenamento jurídico, mas seus limites de extensão e exata determinação só aparecem fixados na configuração das transgressões. Ora, *situação exatamente inversa é a que ocorre no direito tributário. As sanções tributárias não sofrem uma ampla classificação, à moda do direito penal, mas são, muitas vezes, inespecíficas. Não obstante, reportam-se a descumprimento de deveres que, ao contrário, obedecem a uma classificação legal rígida. Da mesma forma, os fatos que atuam como pressuposto para o nascimento desses deveres tributários vêm amplamente determinados, no direito tributário.*

Não é por outra razão que a comparação, que empreenderemos, será feita entre o direito penal e, sobretudo, o direito tributário material, não sancionatório.

É que somente aqui (no direito tributário material não sancionatório) desenvolvem-se colocações teóricas apreciáveis, graças ao reflexo da *classificação apenas indireta do ilícito tributário*".[241]

Pois bem, recuperando a explicação: (i) é distinção entre o regime da sanção criminal e a administrativa, que os valores jurídicos tutelados pelo direito penal visam proteger bens pressupostos no ordenamento jurídico, que, em regra, não são deveres que a lei conceitue de forma determinada e específica; (ii) é exatamente inverso no direito tributário, *as sanções tributárias não sofrem uma exata classificação, à moda do direito penal, são, em geral, inespecíficas, reportando-se a descumprimentos de deveres que, ao contrário, obedecem a uma classificação legal rígida* – os fatos que atuam como pressupostos para o nascimento dos deveres tributários é que estão amplamente determinados, são eles que delimitam a configuração do fato infracional como aquele lesivo à ordem jurídica.

Em boa síntese, por Alejandro Nieto: "Desde el punto de vista técnico-estrutural las normas de Derecho Administrativo Sancionador son inseparables de las normas legales y administrativas que establecem mandatos y prohibiciones. La infracción administrativa consiste em un incumplimiento o desobediencia de algo que está mandado o prohibido. El delito, en cambio,

---

[241] DERZI, Misabel de Abreu Machado. *Direito Tributário, direito penal e tipo, op. cit.*, p. 114-115, os grifos são nossos.

es la realización, a través de una acción u omisión, de un tipo normativo en el que sólo implícitamente pueden verse órdenes o prohibiciones".²⁴² ²⁴³

Voltando ao estudo de Misabel Derzi, então, ela chama essa *especificidade conceitual* (em lugar de tipicidade) de *classificação indireta do ilícito tributário*. Aqui, repetimos, adotaremos a expressão *tipificação indireta*.

Pois bem, reconhecendo nas normas tributárias sancionatórias a *tipificação indireta*, temos que: sendo a hipótese normativa da sanção a não prestação (não-p), a obrigação tributária ou o dever instrumental (formas de prestações), constituem o que chamamos de *pré-tipos*.

Desde que descumprida norma que institua obrigação tributária ou dever instrumental (pré-tipos), o fato descumprimento do que fora ali tipificado constitui o antecedente normativo da norma sancionatória. *Pré-tipos sancionadores* na primeira *classificação* (para usar a terminologia aplicada por Misabel Derzi) e *tipos sancionadores* na segunda. *Contrario sensu*, afastado o pré-tipo – obrigação ou dever (taxativos) que compõem a hipótese da sanção –, fica afastada a incidência desta.

Agora, veja-se, considerando o mandato de tipificação como o é no direito tributário sancionador, eis *a nossa resposta às perguntas acima*, na autorizada conclusão de Alejandro Nieto: "La descripción rigurosa y perfecta de la infracción es, salvo excepciones, prácticamente imposible. El detallismo del tipo tiene su límite. Las exigencias maximalistas sólo conducen, por tanto, a la parálisis normativa o a la nulidad de buena parte de las disposiciones

---

²⁴² NIETO, Alejandro. *Derecho Administrativo Sancionador, op. cit.*, p. 567.
²⁴³ Como nós, Rafael Munhoz Mello, estudando o direito sancionador e com referência também à ciência de Alejandro Nieto: "A aceitação da tipificação indireta das infrações administrativas representa o reconhecimento das peculiaridades do direito administrativo sancionador em face ao direito penal". É que o direito tributário (como o administrativo) não regula o ilícito, tal como o faz o direito penal, regula, sim, a função pública (tributária) – com deveres e obrigações sobre os administrados. "Nada mais natural, portanto, do que a tipificação da infração ser efetuada de modo indireto, com referência à inobservância dos dispositivos que estabelecem tais deveres e obrigações, de modo distinto do que ocorre no direito penal" (MELLO, Rafael Munhoz de. *Princípios constitucionais de direito administrativo sancionador*: as sanções administrativas à luz da Constituição Federal de 1988. São Paulo: Malheiros, 2007. p. 144).

sancionadoras existentes o por dictar. De aquí que la doctrina alemana se contente, como ya sabemos, con la simple exigencia de «la mayor precisión posible», que es lo que también los españoles debemos pretender. Aunque, entre nosotros y según acabamos de ver, la fórmula más generalizada es la de la descripción *suficiente*. Con la suficiencia se indica que ya se ha llegado, que el intérprete ya puede darse por satisfecho". No contrário, "se deteriora todavía más la segurança jurídica al perderse una referencia, quizás insuficiente, pero mejor que nada y que en último extremo, a fuerza de escrúpulos rigoristas, lo que provoca es la impunidad de condutas socialmente reprochables".[244]

Ainda nesse sentido e em referência à doutrina alemã, Alejandro Nieto é incisivo, na crítica, que a nós também parece ser necessária: "Hasta tal punto que ha podido firmarse –en un Ordenamiento mucho más escrupuloso que el nuestro, como es el alemán– que se observa aquí un «entreguismo generalizado» (SCHUENEMANN) o que puede considerarse ya como una «utopia» (SCHMIDHAEUSER). Todo lo cual impone –si es que se quiere ser realistas y no provocar una ruptura frontal entre la teoría y la práctica– *rebajar el nivel de exigencia. La consigna ha de ser entonces no la tipificación rigurosa sino simplemente la «ótima» o, en términos aún más sencillos, la «posible»*".[245]

Guardemos o exposto até aqui. Nossa conclusão virá na sequência.

4.2 Breve panorama da responsabilidade sancionatória no Código Tributário Nacional

De início, esclareça-se que (i) o tema da *responsabilidade por infrações fiscais* está normatizado no Código Tributário Nacional, em seu capítulo V, *Responsabilidade Tributária*, mais precisamente na seção IV, composta pelos artigos 136 a 138 do código. Porém, (ii) a denominação *responsabilidade* grafada no título do capítulo cuida de duas matérias que não se confundem – como demonstramos

---

[244] NIETO, Alejandro. *Derecho Administrativo Sancionador, op. cit.*, p. 268.
[245] NIETO, Alejandro. *Derecho Administrativo* Sancionador, *op. cit.*, p. 266.

ser uma questão semelhante à da legislação espanhola, no ponto *Culpabilidade* (3.3, Parte II).

O capítulo V, Responsabilidade Tributária, do Código Tributário Nacional disciplina a relação jurídica em que se faz presente (i) o *responsável enquanto sujeito passivo indireto*, conforme a norma inaugural disposta no artigo 128 do Código Tributário Nacional, em que *a lei pode atribuir, de modo expresso, a responsabilidade pelo crédito tributário à terceira pessoa, vinculada ao fato gerador da respectiva obrigação, excluindo a responsabilidade do contribuinte ou atribuindo-a a este em caráter supletivo do cumprimento total ou parcial da referida obrigação*. São as hipóteses em que pessoa diversa do contribuinte ocupa o polo passivo da obrigação tributária nos termos dos artigos 129 a 135 do Código Tributário Nacional, em garantia ou conveniência do adimplemento do crédito tributário.[246] [247]

E o mesmo capítulo V, Responsabilidade Tributária, dispõe sobre (ii) o *responsável enquanto aquele que arca com as consequências punitivas decorrentes do cometimento de uma infração*, conforme a norma geral disposta no artigo 136 do Código Tributário Nacional, segundo a qual, *salvo disposição de lei em contrário, a responsabilidade*

---

[246] O Código Tributário Nacional denomina genericamente "responsável" aquele que, "sem revestir a condição de contribuinte, sua obrigação decorra de disposição expressa em lei", nos termos de seu art. 121, parágrafo único, inciso II. Nesse sentido, entendemos, como Regina Helena Costa, que "a eleição de uma terceira pessoa para assumir o pagamento de tributo traduz expediente de praticabilidade, visando à comodidade e garantia da arrecadação" (COSTA, Regina Helena. *Curso de direito tributário*, op. cit., p. 226). O fundamento constitucional que permite tais normas é que, como registra Humberto Ávila, há, por vezes, a flexibilização de princípios tradicionais em razão de outros, dito "maiores" ou "mais importantes". No direito tributário, o princípio da capacidade contributiva tem sido flexibilizado em razão dos chamados princípios da eficiência e do interesse público (ÁVILA, Humberto. *Teoria dos princípios*: da definição à aplicação dos princípios jurídicos, op. cit., p. 151).

[247] O legislador do Código Tributário Nacional baseou-se notadamente na doutrina de Rubens Gomes de Sousa para a disciplina da sujeição passiva indireta e, sem a pretenção de enfrentarmos as inúmeras questões que avançaram (e avançam) junto à doutrina, registramos que o código reflete a ideia original da sujeição passiva indireta em duas formas, a transferência e a substituição. Segundo Rubens Gomes de Sousa, há nesse sentido a "responsabilidade" por transferência quando "a obrigação tributária depois de ter surgido contra uma pessoa determinada (que seria o sujeito passivo direto) entretanto, em virtude de um fato posterior, transfere-se para outra pessoa diferente (que será o sujeito passivo indireto)". E há a substituição "quando, em virtude de uma disposição expressa em lei, a obrigação tributária surge desde logo contra uma pessoa diferente daquela que esteja em relação econômica com o ato, ou negócio tributado: neste caso, é a própria lei que substitui o sujeito passivo direto por outro indireto" (SOUSA, Rubens Gomes de. *Compêndio de Legislação Tributária*. Sao Paulo: Resenha Tributaria, 1975. p. 91-94).

por infrações da legislação tributária independe da intenção do agente ou do responsável e da efetividade, natureza e extensão dos efeitos do ato. Refere-se à sanção de conduta contrária aos interesses da administração tributária, penalizada por normas da legislação ordinária e, no Código Tributário Nacional, regulada no mencionado artigo 136 e artigos 137 e 138.

Na responsabilidade sancionatória (leia-se *punitiva*), a hipótese normativa é o fato infração. A incidência dessa norma não decorre do fato jurídico tributário em sentido estrito, o *tributo*, fato lícito, conforme disposição expressa do art. 3º do Código Tributário Nacional, ser a *prestação pecuniária compulsória, que não constitua sanção de ato ilícito*. Decorre, sim, do não cumprimento da legislação tributária, fato ilícito. O Código Tributário Nacional, entretanto, reuniu, pelo critério da *pecuniariedade*, as obrigações decorrentes da incidência do tributo e da sanção, ao definir a *obrigação tributária*, nos termos do §1º do art. 113, segundo o qual *a obrigação principal tem por objeto o pagamento de tributo ou penalidade pecuniária*. O legislador reuniu institutos de natureza diversa (obrigação decorrente de fato lícito e obrigação decorrente de fato ilícito) em uma mesma classe: a obrigação tributária principal. O Código Tributário Nacional requer, também nesse ponto, um esforço interpretativo, que nos propomos a enfrentar mais adiante – em *Culpabilidade e responsabilidade*.

Outro aspecto que também apontamos, desde já, é que, na redação do artigo 136 do Código Tributário Nacional, lemos que a responsabilidade por infrações independe da intenção do *agente* ou do *responsável*.

Para Luciano Amaro, "problema é de *autoria, tout court*", ou seja, será "*infrator* (agente) quem tenha o dever legal de adotar certa conduta (comissiva ou omissiva) e descumpra esse dever, sujeitando-se, por via de consequência, à *sanção* que a lei comine", explicando que "por isso que, ao tratar da sujeição aos efeitos legais da infração, o Código Tributário Nacional abandona as noções de 'contribuinte' e de 'responsável' (do art. 121, parágrafo único) e fala em 'responsabilidade por infrações' (arts. 136 a 138), onde, visivelmente, o diploma refere-se a alguém que (além ou a par de ser infrator) tanto pode ser 'contribuinte' de tributo quanto pode ocupar a posição 'responsável' por tributo, como ainda, *pode não ser nem uma coisa nem outra*, mas apresentar-se como mero sujeito passivo de *obrigação acessória*, cujo descumprimento pode colocá-lo na posição de *infrator*"; na responsabilidade por infrações, é responsável "a pessoa (não necessariamente o *contribuinte* de algum tributo) que, por ter praticado uma infração, deve *responder* por ela, vale dizer, deve submeter-se às consequências legais de seu ato ilícito".[248]

É possível interpretar que, quando o art. 136 do Código Tributário Nacional fala em "agente ou responsável", o agente está no sentido penal de "autor" (aquele que pratica o ato ilícito), e o responsável está no sentido de sujeito passivo tributário (seja contribuinte ou responsável em sentido estrito). Nesse sentido, também atentamos para o argumento de Luciano Amaro de que, se *agente* é o indivíduo que pratica determinada ação (omissiva ou comissiva) que configura uma infração à lei tributária e, o *responsável*, à vista de alternativa (agente ou responsável) – alguém que não se confunde com aquele – é a pessoa em nome da qual o agente atua, então, o administrador, o mandatário, o gerente, o preposto são *agentes* em relação ao administrado, mandante, gerido, preponente, que são os *responsáveis*.[249] Sobre a *intenção* dos sujeitos aqui estudados, trataremos em *Culpabilidade e responsabilidade* e, no capítulo seguinte, em *Responsabilidade tributária sancionatória* e *A culpabilidade na responsabilidade tributária sancionatória*.

4.3 Ainda alguns conceitos: infração, conduta, culpa e dolo

Neste item, partimos dos conceitos de infração e conduta para passarmos aos conceitos de dolo e culpa, mas de maneira mais detida com relação a essa última, por entendermos que a norma geral da responsabilidade tributária por infrações, quando afasta o dolo – como no caso do art. 136 do Código Tributário Nacional –, exige, em regra, o elemento subjetivo *culpa*. Os argumentos que enfrentaremos a respeito do regime jurídico aplicável à responsabilidade sancionatória no direito tributário estão a cargo

---

[248] AMARO, Luciano. *Direito tributário brasileiro, op. cit.*, p. 336.
[249] AMARO, Luciano. *Direito tributário brasileiro*, p. 473.

não deste, mas do próximo ponto. Aqui esperamos expor as noções basilares que serão utilizadas lá.

A hipótese normativa da regra de responsabilidade que nos interessa é a infração tributária, que Paulo de Barros Carvalho define como *toda ação ou omissão (conduta) que, direta ou indiretamente, represente descumprimento dos deveres jurídicos estatuídos em leis fiscais.*[250] Ele formaliza a assertiva, partindo do traço constante e invariável presente na hipótese do ilícito fiscal: o critério (não-p), ou seja, a não prestação de um dever legal, que pode advir do não pagamento do tributo (importância pecuniária) ou do não cumprimento de deveres instrumentais ou formais.

Infração é conduta, ação ou omissão. Para Lourival Vilanova,[251] *conduta* é um fato de relação, é interpessoal ou intersubjetiva, desdobra-se como ação ou omissão, que percute na conduta de outrem. Outrem é pronome pessoal indefinido, é qualquer outra pessoa, não outra coisa. A relação imediata sujeito/coisa só é juridicamente relevante se mediatamente existe a relação sujeito a sujeito (no nosso caso, infrator e vítima – esta, administração tributária). O direito é relacional – já vimos, estudando a semiótica. O sistema social é um processo, um tecido, cujos pontos são relações de homem a homem, condutas formando a *relação minimal* de, pelo menos, um sujeito diante de outro sujeito (sujeito passivo e sujeito ativo na relação jurídica tributária) ou o *microfato social*, uma *conduta* que percute na *conduta* de outrem.

Expomos sobre a semiótica – novamente ela – que: conduta é signo. A conduta é relacional à norma jurídica, representando-a através de um novo signo – lembremos: novo porque a norma, em si, também é signo, é representação. Recuperando o que dissemos – com Vincent Colapietro[252] –, para a semiótica, *o que nós fazemos e estamos dispostos a fazer, por um lado, e o que existe na realidade ou possivelmente é o significado da conduta, por outro lado, não podem ser considerados separadamente um do outro.* Já vimos também que o sistema jurídico realiza-se por um processo semiótico, representado por signos

---

[250] CARVALHO, Paulo de Barros. *Direito Tributário, linguagem e método, op. cit.*, p. 873.
[251] VILANOVA, Lourival. *Causalidade e relação no direito, op. cit.*, p. 79.
[252] COLAPIETRO, Vincent. *Peirce Semiotic and Legal Practices*: Rudimentary and "Rhetorical" Considerations, *op. cit.*, p. 240.

simbólicos, sendo, por isso, sempre falível. Eis a conclusão: norma e conduta são signos sempre potencialmente enganosos, interpretados por homens invencivelmente falíveis.

Noutro giro, para o direito penal, a conduta é a ação ou omissão, voluntária e consciente, que implica em um comando de movimentação ou inércia do corpo humano, voltado a uma finalidade. Segundo a teoria finalista – dessa definição –, ação (ou omissão), comportamento ou conduta (considerados como sinônimos) têm por relevante serem, em certas circunstâncias, domináveis pela vontade e, por isso, poderem ser dirigidos finalisticamente, ser orientados para a consecução de determinados objetivos. Para a caracterização da conduta, é indispensável a existência do binômio vontade e consciência, sendo vontade o querer ativo, apto a levar o sujeito a praticar um ato livremente, e consciência a possibilidade que o indivíduo possui de separar o mundo que o cerca dos próprios atos, realizando um julgamento moral de suas atitudes.[253]

Tercio Sampaio Ferraz Junior lembra que o conceito de omissão é difícil de captar: considerando a "linguagem comum, omitir não significa simplesmente *não fazer*, mas *não fazer algo*. Só omitimos o que devemos ou estamos habituados a fazer. Por exemplo: não abrir o guarda-chuva, estando a chover. A omissão aparece, pois, como uma relação entre algo que *foi* e como *poderia ter sido*. Por isso nem sempre é fácil distinguir um ato e uma omissão"; por exemplo, "se alguém entra num quarto escuro e acende a luz, há um *ato*, do ponto de vista do agente. Entretanto, do ponto de vista de quem lá estivesse abrindo uma máquina fotográfica para rodar o filme preso por um defeito, o agente *omitiu* deixar a luz apagada"; a conclusão é que "ações não são apenas interferências no curso da natureza, mas interferências em relação a como poderia ou deveria ter ocorrido do ponto de vista dos agentes, emissores e receptores".[254]

---

[253] NUCCI, Guilherme de Souza. *Curso de direito penal*: parte geral: arts 1º a 120 do Código Penal, *op. cit.*, p. 361 e ss.

[254] A explicação continua para dizer que: "Essa concepção implica ademais que se parte de um *estado de coisas* que muda para *outro estado de coisas* (a luz está apagada para a luz está acesa). Para que a ação ocorra, é preciso alguma *condição* (por exemplo, que a luz *esteja apagada*, para passar a *estar acesa*). Do relato das normas faz parte também a *descrição da condição*. Esta pode ser explícita (no dia 12 de novembro, *não sendo feriado*, o devedor pagará

Na linha do finalismo, é possível dizer que a omissão ou não prestação de um dever legal (não-p) é a conduta negativa, voluntária e consciente, implicando um não fazer, voltado a uma finalidade. Insistimos nela – teoria finalista do crime – por ser hoje a de maior prestígio na doutrina penal: caracteriza-se por subtrair da *culpabilidade* o aspecto subjetivo do ilícito, dolo ou culpa, lançando-o no *tipo* penal.

O finalismo demonstrou pelo conceito de *conduta* que qualquer pessoa, ao agir, tem uma *finalidade*. Uma conduta pode realizar um fato típico ou não. Se o fato é típico (no sentido criminal), restará analisar a ilicitude e a culpabilidade, quando só então a conduta pode ser considerada crime. Se a conduta não constituir um fato típico, de pronto, não haverá infração. Nessa concepção, a conduta, em qualquer hipótese, tem uma finalidade: dolo ou culpa não compõem a *culpabilidade*, sendo esta o *juízo de reprovação social* sobre o fato e o autor, que agiu com consciência potencial da ilicitude. Dolo ou culpa estão no *tipo*. O agente tem a vontade de praticar conduta típica, mas não possui necessariamente a consciência de que age ilicitamente (consciência da ilicitude).[255]

Nessa linha: (i) *dolo* é a vontade consciente de praticar a conduta típica, é o *dolo natural*, pois nele não há nenhum elemento de valoração, não interessa se o agente sabia ou não da proibição – em oposição, chama-se *dolo normativo* o conceito adotado pela teoria causalista, na qual o dolo é a vontade consciente de praticar a conduta típica, acompanhada da consciência de que se realiza um ato ilícito; (ii) quanto ao conceito de *culpa*, é o comportamento voluntário desatencioso, voltado a determinado objetivo, lícito ou ilícito, embora produza resultado ilícito, não desejado, mas previsível e que podia ter sido evitado.

A culpa e o dolo são decorrências naturais da conduta humana. A finalidade do agente identifica o *dolo* como o querer atingir o resultado ou assumir o risco de produzi-lo, ou a *culpa* como o não

---

a quantia de...) ou implícita (*matar alguém*, o que faz supor a condição de que *alguém* esteja vivo: não há crime de morte atirando-se em alguém morto). Por fim, há também a *descrição das consequências* da ação: por exemplo, se alguém matar alguém, será punido com a *sanção* de prisão por um número de anos" (FERRAZ JÚNIOR, Tercio Sampaio. *Introdução ao estudo do direito*: técnica, decisão, dominação, *op. cit.*, p. 85-86).

[255] NUCCI, Guilherme de Souza. *Curso de direito penal*: parte geral: arts 1º a 120 do Código Penal, *op. cit.*, p. 292.

desejar o resultado, mas tê-lo por previsível e continuar a desenvolver o comportamento descuidado.

Também a previsibilidade compõe a conduta humana e, por consequência, compõe o tipo, porém, as condições pessoais do agente na interpretação da previsibilidade estão na culpabilidade.[256] Daí a técnica legislativa de valoração das condições pessoais do infrator na aplicação da pena, utilizada pelo Código Tributário Nacional em seu art. 112, que prevê: interpretação mais favorável ao acusado, em caso de dúvida quanto à capitulação legal do fato, à natureza ou às circunstâncias materiais do fato, à natureza ou extensão dos seus efeitos, à autoria, imputabilidade, ou punibilidade, ou à natureza da penalidade aplicável, ou à sua graduação.[257]

Na conformação da *culpa*, destacamos: (i) a *conduta voluntária* do agente – observemos que, no direito penal – parece-nos no direito punitivo como um todo –, a análise do comportamento tem maior relevância que a análise do resultado; (ii) a *ausência do dever de cuidado objetivo* (corolário do princípio da confiança) – quando o agente deve ter deixado de seguir regras básicas de atenção e cautela inerentes àquela determinada circunstância; (iii) a *previsibilidade do resultado lesivo* (desta última falaremos a seguir).

Como o nome já diz, a previsibilidade é a possibilidade de prever o resultado lesivo (não a previsão concreta) por um homem apto à realização de determinada atividade. Se presente a previsão concreta, quanto ao resultado, a conduta será dolosa.[258] *A previsibilidade do*

---

[256] NUCCI, Guilherme de Souza. *Curso de direito penal*: parte geral: arts 1º a 120 do Código Penal, *op. cit.*, p. 371 e ss.

[257] "Art. 112. A lei tributária que define infrações, ou lhe comina penalidades, interpreta-se da maneira mais favorável ao acusado, em caso de dúvida quanto: I – à capitulação legal do fato; II – à natureza ou às circunstâncias materiais do fato, ou à natureza ou extensão dos seus efeitos; III – à autoria, imputabilidade, ou punibilidade; IV – à natureza da penalidade aplicável, ou à sua graduação" (Código Tributário Nacional).

[258] Sobre a previsibilidade no Direito Penal, uma ilustração: "o trabalhador sai do emprego e segue à sua casa, onde se põe a beber, sozinho. Não tem histórico de agressão, em virtude de embriaguez. Subitamente, surge para visitá-lo um vizinho intrometido e provocador. Em estado de embriaguez completa, ouvindo algum desafero em sua própria casa, pode agredir o vizinho, ferindo-o ou mantando-o. A previsibilidade, nesse caso, era basicamente nula. A punição por crime de homicídio é deveras severa, consagrando uma responsabilidade penal objetiva inadequada. Deve ser punido, quando muito, por homicídio culposo, diante da da sua mera irresponsabilidade, fruto da imprudência, de se embriagar, perdendo a consciência" (NUCCI, Guilherme de Souza. *Curso de direito penal*: parte geral: arts 1º a 120 do Código Penal, *op. cit.*, p. 125).

resultado lesivo é o que representa o nexo causal entre a conduta e o resultado. É também a previsibilidade a razão por que a doutrina penal não admite presunção na culpa: o direito penal não concebe a existência de culpa presumida, porque descumprir *dever de cuidado objetivo*, por si só, não é critério suficiente para a tipificação da conduta penal culposa.[259]

Lembramos, por zelo, que são espécies de culpa a imprudência, negligência e imperícia. Chama-se *culpa ativa* os casos de imprudência e imperícia que ocorrem quando o indivíduo atende a uma obrigação, porém não imprime a devida cautela em seu cumprimento, infringindo seu dever de cuidado. A imperícia é a imprudência no campo técnico, a falta de destreza ou *expertise* daquele que opera tecnicamente um ofício e de quem se espera o domínio dos conhecimentos necessários para tanto. Já a negligência é a *culpa passiva*, quando o agente é omisso no cumprimento de uma obrigação.

E fixamos, por fim, quanto ao *resultado lesivo* – destacando que estes são conceitos que serão ainda muito usados por nós: é chamado (i) *resultado material* aquele *naturalístico*, no qual há uma modificação sensível no mundo exterior. Por exemplo, a falta de pagamento do tributo implica na diminuição da arrecadação fiscal, há uma realidade contábil que acusa a violação ao bem tutelado; e (ii) *resultado formal*, o que se considera como *normativo*, representa uma modificação no mundo jurídico, com *dano efetivo ou potencial*, ferindo interesse protegido pela norma. Veremos que esta última forma é característica das infrações administrativas tributárias – melhor dizendo, elas existem em maior volume dentre todas as classes de infrações fiscais –, pois é o caso do não cumprimento de deveres instrumentais pelo sujeito obrigado, o que pode não gerar perda na arrecadação, mas ferir, de qualquer forma, interesse público tributário. É tema para o ponto *Efeitos do ato ilícito*, mais à frente.

4.4 Culpabilidade e responsabilidade

Esse ponto – porque mais extenso – ficará mais bem apresentado em subtítulos, nominados assim: *"Responsabilidade tributária"*;

---

[259] NUCCI, Guilherme de Souza. *Curso de direito penal*: parte geral: arts 1º a 120 do Código Penal, *op. cit.*, p. 385 e ss.

Culpabilidade; Paralelos dogmáticos; Imputação de responsabilidade realizada ex lege.

Trata-se de conclusões ainda somente parciais do que virá a ser trabalhado por fim em *Nossas propostas de interpretações*. Passemos a elas.

4.4.1 "Responsabilidade tributária"

Retomando a explicação que introduzimos em *Breve panorama da responsabilidade sancionatória no Código Tributário Nacional*: (sem evitar a repetição) o Código Tributário Nacional, ao abrigar as normas gerais do direito tributário, disciplina a responsabilidade punitiva pelo cometimento de infrações a partir de seu artigo 136, que é, no dizer de Geraldo Ataliba, "regrinha de fundo",[260] assim escrita: "Salvo disposição de lei em contrário, a responsabilidade por infrações da legislação tributária independe da intenção do agente ou do responsável e da efetividade, natureza e extensão dos efeitos do ato".

A norma veiculada no artigo 136 do Código Tributário Nacional vem sendo fortemente interpretada[261] como expressão da *responsabilidade objetiva*: aquela que independe de culpa ou dolo na conduta do infrator.

Para tentar entendê-la, vamos usar, então, conceitos que expomos e já compreendemos melhor no ponto anterior (*Ainda alguns conceitos: infração, conduta, culpa e dolo*).

No direito penal, se pode dizer que *conduta* é ação ou omissão, voluntária e consciente, em certas circunstâncias, dominável pela vontade e, por isso, *dirigida finalisticamente* para a consecução de

---

[260] ATALIBA, Geraldo. *Penalidades Tributárias, op. cit.*, p. 732.

[261] No sentido da responsabilidade por infrações tributárias independentemente da presença do elemento subjetivo *culpa*, como regra geral, se bem que, por vezes, com algumas nuances, ver: BALEEIRO, Aliomar. *Direito tributário brasileiro*. 13. ed. Rio de Janeiro: Forense, 2015. p. 1.163; MACHADO, Misabel Derzi de Abreu (atualizadora); BALEEIRO, Aliomar. *Direito tributário brasileiro*. 13. ed. Rio de Janeiro: Forense, 2015. p. 1.166; CARVALHO, Paulo de Barros. *Curso de direito tributário, op. cit.*, p. 504-538; Penalidades tributárias. *Curso de especialização em direito tributário (aulas e debates)*. v. II, *op. cit.*, p. 732; COÊLHO, Sacha Calmon Navarro. Multas fiscais. O art. 136 do CTN, a responsabilidade objetiva e suas atenuações no sistema tributário pátrio. *Revista Dialética de Direito Tributário*, v. 138. São Paulo: Dialética, 2007. p. 126; MARTINS, Ives Gandra da Silva. Penalidades tributárias. *In*: ATALIBA, Geraldo; CARVALHO, Paulo de Barros (Coords.). *Curso de especialização em direito tributário (aulas e debates)*. v. II. São Paulo: Resenha Tributária, 1978. p. 727-728.

determinados objetivos; e que, na *conduta jurídica*, está o binômio *vontade* e *consciência*, sendo que (i) vontade é o querer ativo, apto a levar o sujeito a praticar ou omitir-se em realizar um ato livremente, e (ii) consciência é a valoração moral pelo sujeito autor da ação ou omissão.

A finalidade do agente identifica o *dolo* como o querer atingir o resultado ou assumir o risco de produzi-lo ou a *culpa* como o não desejar o resultado, mas tê-lo por previsível e continuar a desenvolver o comportamento descuidado. Assim, a *culpa* e o *dolo* são decorrências naturais da *conduta humana*.

Agora, no direito civil, há um conceito de *conduta* diverso, presente na *responsabilidade objetiva*.[262]

No direito civil, quando do desempenho de atividade de *risco*, não se tem em conta a *conduta individual* (como descrevemos: vontade e consciência), mas, sim, *a atividade econômica habitualmente exercida capaz de gerar risco à sociedade*.[263]

Observemos: esse último conceito de conduta é "uma noção importante cujo interesse para o direito é cada vez maior". Aquele em que "alguém se responsabiliza não porque se vincula por seus atos (responsabilidade subjetiva), mas por um *risco* que emerge de uma situação". Guardemos essa importante observação de Tercio Sampaio Ferraz Junior.[264]

Pois bem, dissemos – em *Breve panorama da responsabilidade sancionatória no Código Tributário Nacional* – da confusão da linguagem do Código Tributário Nacional, ao reunir sob o nome "responsabilidade tributária", no capítulo V, do livro Segundo: (i) a disciplina da responsabilidade tributária em *sentido estrito* e (ii) a disciplina da responsabilidade tributária *sancionatória*.

Ou seja, sob o mesmo *signo* ("responsabilidade tributária"), estão representadas duas cenas: na primeira, atua uma potestade

---

[262] CAVALIERI FILHO, Sérgio. *Programa de Responsabilidade Civil*. 7. ed. São Paulo: Atlas, 2007. p. 155.
[263] "Art. 927. Aquele que, por ato ilícito (arts. 186 e 187), causar dano a outrem, fica obrigado a repará-lo. Parágrafo único. Haverá obrigação de reparar o dano, independentemente de culpa, nos casos especificados em lei, ou quando a atividade normalmente desenvolvida pelo autor do dano implicar, por sua natureza, risco para os direitos de outrem" (Código Civil).
[264] FERRAZ JUNIOR. Tercio Sampaio. *Introdução ao estudo do direito*: técnica, decisão, dominação, *op. cit.*, p. 128.

material da gestão pública fiscal; na segunda, atua a potestade *punitiva* dessa mesma gestão. Porém, assim, reunidas como texto, parecem representar um único regime normativo – que *talvez* se assemelhe à responsabilidade civil (como vem sendo mais estudada).

Então, o nome "responsabilidade tributária" seria um *signo enganoso*, simbolizando mais de uma representação? Um flagra da falibilidade humana? E (função recursiva) que outro(s) significante(s) há ali? Essas são referências ao nosso ponto *Também sobre a culpabilidade: o que a semiótica e o pragmatismo podem nos dizer sobre interpretação de condutas?*.

Ali onde se lê "Responsabilidade tributária" (artigos 128 a 138 do CTN), vê-se, de pronto, semelhança com o direito penal nos artigos 137 e 138 do Código Tributário Nacional.

No art. 137 do Código Tributário Nacional,[265] estão presentes conceitos criminais na composição do fato ilícito tributário: no inciso I, com a equiparação dos critérios das infrações aos de crimes ou contravenções penais, além da salvaguarda por excludentes de ilicitude; e nos incisos II e III, com a exigência de dolos específicos como critérios das infrações.[266]

No art. 138 do Código Tributário Nacional,[267] tem-se norma de exclusão da responsabilidade pela *denúncia espontânea* da infração,

---

[265] "Art. 137. A responsabilidade é pessoal ao agente: I – quanto às infrações conceituadas por lei como crimes ou contravenções, salvo quando praticadas no exercício regular de administração, mandato, função, cargo ou emprego, ou no cumprimento de ordem expressa emitida por quem de direito; II – quanto às infrações em cuja definição o dolo específico do agente seja elementar; III – quanto às infrações que decorram direta e exclusivamente de dolo específico: a) das pessoas referidas no artigo 134, contra aquelas por quem respondem; b) dos mandatários, prepostos ou empregados, contra seus mandantes, preponentes ou empregadores; c) dos diretores, gerentes ou representantes de pessoas jurídicas de direito privado, contra estas" (Código Tributário Nacional).

[266] Para Regina Helena Costa, o art. 137 revela hipóteses dos mais elevados graus de culpa "pois, em todas elas, está presente o dolo, ora configurador de ilícito penal, ora específico de infrações tributárias" (COSTA, Regina Helena. *Curso de direito tributário, op. cit.*, p. 320).

[267] "Art. 138. A responsabilidade é excluída pela denúncia espontânea da infração, acompanhada, se for o caso, do pagamento do tributo devido e dos juros de mora, ou do depósito da importância arbitrada pela autoridade administrativa, quando o montante do tributo dependa de apuração. Parágrafo único. Não se considera espontânea a denúncia apresentada após o início de qualquer procedimento administrativo ou medida de fiscalização, relacionados com a infração" (Código Tributário Nacional).

comando que se aproxima do arrependimento eficaz[268] do art. 15 do Código Penal.[269]

Os dois artigos acima representam, portanto, claramente uma aproximação da responsabilidade tributária com o direito penal.

Por outro lado, aproximar o artigo 136 do Código Tributário Nacional à doutrina de *direito civil* é posição que *autorizaria* uma responsabilidade objetiva *para punição do injusto* – enquanto (veja-se) a disposição expressa no parágrafo único do artigo 927 do Código Civil[270] é norma de responsabilidade objetiva em favor da *reparação do dano*.

Antes de continuarmos: nossa ideia é elaborar quadros comparativos que possam ajudar a ler as normas possivelmente presentes naquela "regrinha de fundo" (artigo 136 do Código Tributário Nacional).

Comecemos fixando que os critérios constitutivos do *regime geral da responsabilidade civil* são os seguintes: *ato ilícito, dano, nexo causal e culpa ou dolo*.[271]

Veja-se: a regra no direito civil é a responsabilidade subjetiva – a dispensa da culpa é exceção. Esses critérios serão a base de nosso estudo – mesmo quando fizermos referência ao direito penal, porque também neste estão presentes, no conceito do fato (crime) típico, ilícito e culpável.[272]

---

[268] "Trata-se de confissão feita pelo sujeito passivo, que se autodenuncia, reconhecendo a prática de infração fiscal, com o objetivo de afastar a responsabilidade dela decorrente. Assemelha-se ao instituto do arrependimento eficaz, do Direito Penal (art. 15, *in fine*, CP). A responsabilidade a que alude o dispositivo é a *pessoal*, prevista no art. 137" (COSTA, Regina Helena. *Curso de direito tributário, op. cit.*, p. 320).

[269] "Desistência voluntária e arrependimento eficaz – Art. 15 – O agente que, voluntariamente, desiste de prosseguir na execução ou impede que o resultado se produza, só responde pelos atos já praticados" (Código Penal).

[270] "Art. 927. Haverá obrigação de reparar o dano, independentemente de culpa, nos casos especificados em lei, ou quando a atividade normalmente desenvolvida pelo autor do dano implicar, por sua natureza, risco para os direitos de outrem" (Código Civil).

[271] "É conhecida a cláusula geral (...) – que remonta ao Código Civil Francês (*Code Civil*), em seu art. 1382 –, a qual dispõe sobre a responsabilidade civil extracontratual subjetiva, isto é, baseada na *culpa*, que é a base de todo sistema reparatório civil. Nesse modelo, dito liberal, são requisitos do dever indenizatório: 1) o ato lesivo (ou ato ilícito); 2) o dano; 3) o nexo causal entre ambos; 4) a culpa" (TIMM, Luciano Benetti. Os grandes modelos de responsabilidade civil no direito privado: da culpa ao risco. *In*: NERY JUNIOR, Nelson; NERY, Rosa Maria de Andrade (Orgs.). *Doutrinas Essenciais*: Responsabilidade civil. v.1. Teoria geral. São Paulo: Editora Revista dos Tribunais, 2010. p. 300-301).

[272] NUCCI, Guilherme de Souza. *Curso de direito penal*: parte geral: arts 1º a 120 do Código Penal, *op. cit.*, p.278.

A observação acima é porque, se optássemos por adotar critérios da ciência penal no conceito de crime, terminaríamos insistindo em explorar as construções dogmáticas das escolas penais – sobre as quais já expomos breves apontamentos e não pretendemos nos prolongar neles – e, sobretudo, porque, no "trabalho de abertura e decomposição do crime em elementos, há controvérsia doutrinária, com inúmeras vertentes e correntes de opiniões".[273]

Então, pensemos num (primeiro) quadro comparativo que delimitasse os critérios aplicáveis à norma geral de responsabilidade do art. 136 do Código Tributário Nacional, usando como parâmetro a norma geral da responsabilidade no Código Civil, presente no art. 927 deste diploma.

Pelo texto do art. 136 do Código Tributário Nacional, *a responsabilidade por infrações da legislação tributária independe*: (i) *da intenção do agente ou do responsável* – por este critério (assim, em comparação à norma civil), o regime jurídico aplicável representaria a responsabilidade objetiva (com dispensa da *culpa* ou *dolo*); (ii) e *da efetividade, natureza e extensão dos efeitos do ato* – o que corresponderia, na doutrina cível, à não ocorrência de *dano* decorrente do ilícito.

Comparando assim as duas normas, teríamos o seguinte:

Quadro 1

(continua)

Responsabilidade reparatória no Código Civil	Responsabilidade punitiva no Código Tributário Nacional
Critérios normativos:	Critérios normativos:
Ato ilícito. Dano. Nexo causal. Dolo, culpa ou (excepcionalmente) ausência de qualquer dos dois, na responsabilidade objetiva.	Ato ilícito.
Proposições normativas de referência:	Proposição normativa de referência:

---

[273] NUCCI, Guilherme de Souza. *Curso de direito penal*: parte geral: arts 1º a 120 do Código Penal, *op. cit.*, p.278.

(conclusão)

Art. 927. Aquele que, por ato ilícito (arts. 186 e 187), causar dano a outrem, fica obrigado a repará-lo. Parágrafo único. Haverá obrigação de reparar o dano, independentemente de culpa, nos casos especificados em lei, ou quando a atividade normalmente desenvolvida pelo autor do dano implicar, por sua natureza, risco para os direitos de outrem. Art. 186. Aquele que, por ação ou omissão voluntária, negligência ou imprudência, violar direito e causar dano a outrem, ainda que exclusivamente moral, comete ato ilícito. Art. 187. Também comete ato ilícito o titular de um direito que, ao exercê-lo, excede manifestamente os limites impostos pelo seu fim econômico ou social, pela boa-fé ou pelos bons costumes.	Art. 136. Salvo disposição de lei em contrário, a responsabilidade por infrações da legislação tributária independe da intenção do agente ou do responsável e da efetividade, natureza e extensão dos efeitos do ato.

Fonte: Elaboração própria.

O art. 927 do Código Civil traz expressamente em seu *caput* os critérios *ato ilícito* e *dano*, o que, por implicação lógica, constitui também o critério *nexo causal*. No parágrafo único, a norma trata dos casos de responsabilidade que independem de culpa, aqueles com previsão em lei e aqueles regulados pela chamada teoria do risco, em razão da natureza da atividade desenvolvida pelo autor do dano. Imprimindo o caráter de exceção na dispensa da culpa, coloca esta como critério padrão da responsabilidade civil.

Já o art. 136 do Código Tributário Nacional não traz disciplina tão clara quanto a da norma cível e, se comparada a esta, numa primeira leitura poderia dar a entender que o ato ilícito é suficiente para fazer incidir a norma de responsabilidade punitiva.

O artigo (136) do Código Tributário Nacional delimita dois conceitos: primeiro, que a responsabilidade por infrações independe da intenção do agente ou responsável e, segundo, que independe da natureza e extensão dos efeitos do ato. O primeiro aspecto equivale a um critério volitivo do sujeito a que se destina a norma, sobre o qual debruça-se a polêmica responsabilidade tributária sancionatória objetiva; o segundo é sobre os efeitos do ato ilícito.

Dito isso, aqui (e adiante), propomo-nos a enfrentar as seguintes questões sobre a norma (ou as normas) presente(s) no texto do artigo 136 do Código Tributário Nacional: (i) que significa a palavra *"intenção"* no artigo? Ou melhor, *se* e *como* o elemento subjetivo compõe o regime jurídico no direito tributário sancionatório? Proporemos ainda a reflexão sobre o segundo aspecto que apontamos: (ii) o que são os *efeitos do ato* para o direito tributário sancionador? Porém, essa última parte ficou guardada para o nosso ponto seguinte, de nome *Efeitos do ato ilícito*.

Nesse "fôlego", passemos àquele primeiro aspecto – que dá nome a este nosso ponto e, agora, é também subtítulo.

4.4.2 Culpabilidade

Temos que, de pronto: a norma capaz de incidir sobre fato ilícito independentemente de culpa ou dolo é a norma jurídica de *responsabilidade reparatória* – essa a conclusão que registramos também do estudo de Ángeles de Palma del Teso, contextualizada no final do item 3.3, desta segunda parte da pesquisa, e agora repetimos: "En todo ilícito administrativo es exigible la concurrencia del elemento subjetivo del dolo o culpa, nos encontramos ante una responsabilidad subjetiva, y el grado en que concurren estos elementos se considera en el momento de determinar la sanción dentro del marco legalmente previsto. *En el ilícito civil se admite la responsabilidad objetiva, y la responsabilidad se cuantifica únicamente en función de los daños y perjuicios ocasionados. Si en el primer caso la antijuridicidad se refiere a la conducta, en el segundo se refiere al resultado de la misma*".[274]

Pois bem.

Na responsabilidade punitiva, considerando o elemento subjetivo da conduta como *vontade* dirigida a uma finalidade, a norma de responsabilidade *objetiva* seria capaz de incidir sobre o fato ilícito independentemente: (i) do *querer atingir* determinado resultado ou *assumir o risco* de produzi-lo (dolo), ou (ii) do *comportamento descuidado*, diante da previsibilidade de um resultado não desejado (culpa). A conduta livre de qualquer dessas duas finalidades ficaria, ainda assim, submetida à norma de responsabilidade punitiva.

O direito constitucional punitivo é (repetimos) o regramento de origem no exercício da potestade sancionatória. É do *poder*

---

[274] DEL TESO, Ángeles de Palma. *El principio da culpabilidade en el derecho administrativo sancionador*, op. cit., p. 46-51, grifo nosso.

punitivo único do Estado que tiramos os critérios constituintes das normas que aqui estudamos na responsabilização por infrações administrativas.

As normas tributárias sancionatórias (*penas administrativas*) representam a presença da culpabilidade na constituição do fato ilícito e na medida da sanção, como ocorre em qualquer *regime jurídico punitivo*.

Portanto, pensamos que, no direito tributário sancionador, está presente a responsabilidade subjetiva: *com a culpa, na regra geral do art. 136 do Código Tributário Nacional, e o dolo nos dispositivos que assim disponham expressamente*.[275]

Aliás, mesmo pensando em comparação à responsabilidade civil, esta ainda seria a *regra geral*: a presença da culpa.

E aqui uma observação importante: é também ponto que distingue o direito penal tributário do direito tributário sancionador, *enquanto naquele a regra geral é o dolo, neste a regra geral é a culpa – então, nisso, lembra o direito civil*. Eis uma peculiaridade do direito sancionador.

Nossa conclusão – até aqui –, então, é que, no regime jurídico sancionatório punitivo, a dispensa de *"intenção"* a que se refere o art. 136 do Código Tributário Nacional, como regra geral, representa tão só a não exigência de *dolo* na conduta do infrator.

Também Alejandro Nieto – fora do finalismo penal – chega à mesma conclusão que nós, como registramos na primeira parte de nosso estudo e pedimos licença para lembrar: *"La «intención» en el Derecho Administrativo Sancionador equivale, pues al dolo penal puesto que presupone el conocimiento de la antijuridicidad de la acción y, además, la voluntad de realizarla. En cambio esta voluntad integrante del dolo (intención) no debe confundirse con la voluntariedad* que (...) *era un concepto más lato: simplemente voluntad de producir el hecho independientemente del conocimiento de su antijuridicidad"*.[276]

---

[275] Fábio Medina Osório igualmente defende que o sistema brasileiro de direito sancionador "adota o princípio da culpabilidade na perspectiva da evitabilidade do fato e responsabilidade subjetiva do autor, considerando a pena como um mal ou castigo" (OSÓRIO, Fábio Medina. *Direito Administrativo Sancionador*. 7. ed. São Paulo: Thomson Reuters Brasil, p. 388).

[276] NIETO, Alejandro. *Direto Administrativo Sancionador*, op. cit., p. 341, grifo nosso.

4.4.3 Paralelos dogmáticos

A norma sancionatória no direito tributário não repara o não pagamento; para isso, há a cobrança do crédito tributário, com todos os mecanismos legais para tanto, inclusive a possibilidade de responsabilização (em sentido estrito) de sujeito passivo indireto, em decorrência de lei. É o que dispõe o art. 128 do Código Tributário Nacional, segundo o qual, *a lei pode atribuir de modo expresso a responsabilidade pelo crédito tributário a terceira pessoa, vinculada ao fato gerador da respectiva obrigação, excluindo a responsabilidade do contribuinte ou atribuindo-a a este em caráter supletivo do cumprimento total ou parcial da referida obrigação.*

Pela *unidade do injusto*, sabemos que um único fato ilícito autoriza a incidência de quantas normas existam que tutelem bem jurídico representado naquela conduta contrária ao ordenamento jurídico. Então – já vimos em *Normas sancionatórias (primárias e secundárias): reparação e punição do injusto –*, diante de conduta contrária à obrigação ou dever tributário, é possível a incidência de:

    (i) norma *primária sancionatória reparadora do injusto*: são as normas que nomeamos *responsabilidade tributária em sentido estrito*);

    (ii) norma *primária sancionatória punitiva do injusto*: são as normas que nomeamos *responsabilidade tributária sancionatória*;

    (iii) norma *secundária*: são as normas próprias do *regime jurídico processual*.

Veja-se: pensamos ser devida uma aproximação da responsabilidade civil com aquela que temos chamado de *responsabilidade tributária em sentido estrito*, prescrita nas normas dos artigos 128 ao 135 do capítulo V, "Responsabilidade tributária", do Código Tributário Nacional.

Responsável então é, por escolha do legislador, alguém indiretamente vinculado ao fato jurídico tributário ou direta ou indiretamente vinculado ao sujeito que o praticou. É signo da *sujeição passiva indireta*. Representa o que chamamos de *responsabilidade em sentido estrito*, na qual (observemos): pode ocorrer, mas não necessariamente ocorre, a prática de um ato ilícito.

Das *potestades administrativas concretas em matéria tributária* – como ensina Luis Perez de Ayala[277] –, há *uma potestade* de conteúdo reparador do dano (na presença do ato ilícito) ou garantidor[278] da arrecadação e *outra* de conteúdo punitivo: ambas contidas na função tributária, é dizer, *sempre de natureza tributária*.

Uma observação na construção das normas sob o signo "Responsabilidade tributária" do Código Tributário Nacional: se possível antecedente normativo *lícito ou ilícito, então* há normas (i) primárias dispositivas (garantidoras da obrigação tributária – poderíamos dizer); (ii) primárias sancionatórias reparadoras do injusto; e (iii) primárias sancionatórias punitivas do injusto.

Importa que fixemos que são *paralelos dogmáticos* devidos (a nosso ver) – necessários (como partida) na interpretação e sistematização dos regimes jurídicos da *responsabilidade tributária*:

(i) *responsabilidade tributária em sentido estrito* e direito civil;

(ii) *responsabilidade tributária sancionatória* e direito penal.

Observe-se: "Em matéria de *obrigações por atos ilícitos*, desde os primórdios da humanidade, resume-se todo o direito em prescrever-se o equilíbrio econômico-jurídico com os sós recursos e expedientes da reparação entre indivíduos",[279] diz Pontes de Miranda. E Ángeles de Palma del Teso – apontando dois conceitos de "responsabilidade" na legislação espanhola, como (parece-nos) também acontece aqui – explica sobre aquele que *não integra* o direito sancionador: "Se busca restablecer el equilibrio jurídico destruido".[280]

É riquíssimo o debate sobre *sujeição passiva e responsabilidade tributária*: no estudo de Renato Lopes Becho[281] (nominado sob o título que destacamos em itálico), há ainda outra perspectiva – se

---

[277] AYALA, José Luis Peres de. *Poder, potestade e função tributária, op. cit.*, p. 167.

[278] Nesse sentido (dissemos antes), entendemos como Regina Helena Costa que "a eleição de uma terceira pessoa para assumir o pagamento de tributo traduz expediente de praticabilidade, visando à comodidade e garantia da arrecadação" (COSTA, Regina Helena. *Curso de direito tributário, op. cit.*, p. 226).

[279] MIRANDA, Pontes de. *Tratado de direito privado*. Direito das obrigações. Tomo LIII. São Paulo: Revista dos Tribunais, 2012. p. 80.

[280] A íntegra dessa última citação está no final do item 3.3 desta segunda parte do trabalho (DEL TESO Ángeles de Palma. *El principio da culpabilidade en el derecho administrativo sancionador, op. cit.*, p. 46-51).

[281] BECHO, Renato Lopes. *Sujeição passiva e responsabilidade tributária*. São Paulo: Dialética, 2000. p. 158-159.

bem que, também, em suporte à nossa. É uma visão processual na compreensão – com Humberto Theodoro Júnior – de que a responsabilidade "é a sujeição do patrimônio a sofrer a sanção civil". Dizemos como registro necessário, porém, nós fiquemos por aqui, porque importava-nos tão somente a compreensão do traço limite – dizer que são, no bom popular, "coisas distintas" – ao nosso objeto de pesquisa.

4.4.4 Imputação de responsabilidade realizada *ex lege*

Outro ponto – por fim – que importa para estudarmos a culpabilidade e o regime da responsabilidade tributária sancionatória é a norma disposta no art. 113, §1º, do Código Tributário Nacional,[282] segundo a qual a *obrigação tributária principal* tem por objeto o pagamento de tributo ou *penalidade pecuniária*.

O art. 113 é interpretado por Geraldo Ataliba[283] e Paulo de Barros Carvalho[284] à luz da teoria da *patrimonialidade do vínculo obrigacional*, construída no direito civil e expressa por Caio Mário da Silva Pereira,[285] na compreensão de que a "obrigação é o vínculo jurídico em virtude do qual uma pessoa pode exigir de outra uma prestação economicamente apreciável". Aplicada ao âmbito tributário, a patrimonialidade do vínculo obrigacional permite perceber as relações jurídicas tributárias em duas classes: (i) as relações jurídicas obrigacionais, de cunho patrimonial, obrigações tributárias, representadas pela regra matriz de incidência do tributo; e (ii) as relações jurídicas não obrigacionais, não patrimoniais, deveres formais (na nomenclatura de Geraldo Ataliba) ou deveres instrumentais (na nomenclatura de Paulo de Barros Carvalho).

---

[282] "Art. 113. A obrigação tributária é principal ou acessória. §1º A obrigação principal surge com a ocorrência do fato gerador, tem por objeto o pagamento de tributo ou penalidade pecuniária e extingue-se juntamente com o crédito dela decorrente" (Código Tributário Nacional).

[283] ATALIBA, Geraldo. *Hipótese de incidência tributária*. São Paulo: Malheiros, 2014. p. 33.

[284] CARVALHO, Paulo de Barros. *Curso de Direito Tributário, op. cit.*, p. 311 e ss.

[285] PEREIRA, Caio Mário da Silva. *Instituições de Direito Civil*. v. 2. São Paulo: Editora Forense, 1999. p. 5.

Interpretação distinta é realizada por José Souto Maior Borges,[286] Misabel Derzi[287] e Regina Helena Costa,[288] percebendo a obrigação não como uma categoria lógico-jurídica, mas jurídico-positiva, na qual cabe ao legislador – no caso, por lei complementar – definir os requisitos de conformação dos deveres jurídicos tributários à classe das obrigações. Aqui a patrimonialidade não é critério distintivo da classe "obrigações tributárias". A patrimonialidade é critério que delimita uma nova classe ou subclasse dentro daquela, a das obrigações principais, composta pelos tributos e penalidades pecuniárias. Nesse sentido, o texto expresso do Código Tributário Nacional usa o conceito de obrigação tributária sem o requisito da patrimonialidade presente na definição civilista: obrigação tributária é gênero de duas espécies, (i) a obrigação que tem por objeto o pagamento de tributos ou penalidade pecuniária, "obrigação principal", conforme o §1º do art. 113, e (ii) a obrigação que tem por objeto a prestação de caráter não pecuniário, "obrigação acessória", conforme o §2º do art. 113.

A doutrina pondera que a penalidade pecuniária "cuja imposição é legitimada à vista do não pagamento de tributo ou do não atendimento de obrigação acessória – não pode constituir objeto da obrigação principal, pois representaria contradição ao disposto no art. 3º, que ao definir o conceito de tributo, destaca que este não se confunde com multa";[289] porém, tal contradição fica afastada diante desse segundo ponto de vista, pois o "caráter pecuniário do objeto da relação jurídica é, singelamente, a nota necessária à configuração da obrigação como principal",[290] submetido, portanto,

---

[286] BORGES, José Souto Maior. *Obrigação Tributária (uma introdução metodológica)*. São Paulo: Malheiros, 1999. p. 38-41.
[287] DERZI, Misabel de Abreu Machado; BALEEIRO, Aliomar. *Direito tributário brasileiro, op. cit.*, p. 698-702.
[288] COSTA, Regina Helena. *Curso de direito tributário, op. cit.*, p. 200 e ss.
[289] COSTA, Regina Helena. *Curso de direito tributário, op. cit.*, p. 200.
[290] É o que conclui Regina Helena Costa, argumentando que tal concepção "também afasta a impugnação à expressão *obrigação acessória* para designar o liame mediante o qual o Fisco pode exigir do sujeito passivo a prática de condutas estabelecidas em lei no interesse da arrecadação tributária". Destaca que "Geraldo Ataliba foi grande crítico dessa denominação, demonstrando sua impropriedade, ao sustentar que, no caso, não se trata de obrigação, nem é ela acessória (...) uma vez que seu objeto não é revestido de caráter econômico, não sendo possível quantificar o valor de condutas do sujeito passivo, tais como as de expedir notas fiscais, tolerar a fiscalização em seu estabelecimento etc.". Para ela, "partindo-se da noção de que a obrigação é uma categoria jurídico-positiva, o emprego do adjetivo 'acessória', no âmbito do Direito Tributário, não traduz o conceito afeto à disciplina das obrigações na

o pagamento do tributo e da penalidade pecuniária a um regime jurídico único.[291]

O debate, então, alcança o *princípio da personalidade ou responsabilidade pessoal do infrator*, que está disposto na Constituição da República, em seu art. 5º, inciso XLV, segundo o qual *nenhuma pena passará da pessoa do condenado*.

O direito tributário sancionador admite, por opção expressa do legislador, um regime único de cobrança do crédito decorrente do ato lícito, bem como daquele que decorra do ilícito. É norma do art. 113 do Código Tributário Nacional, ainda, em seu §3º que a obrigação acessória, pelo simples fato da sua inobservância, *converte-se em obrigação principal relativamente à penalidade pecuniária*. Forçoso concluir com Paulo de Barros Carvalho que "devido a título de tributo, multa e juros não podem ser considerados débitos diversos. Estes são, na realidade, componentes de um único débito".[292]

Dessa forma, a *responsabilização em sentido estrito* pelo *crédito tributário* (em decorrência da *obrigação principal*, incluídos o tributo e a penalidade pecuniária)[293] autoriza que o valor da *multa* possa compor norma de responsabilidade por *sujeição passiva indireta*.

Nesse tema, Luís Eduardo Schoueri argumenta: "O legislador complementar quis assegurar-se de que a instituição e cobrança de multas estaria sujeita à mesma rigidez dos tributos. Assim, ao incluir a penalidade pecuniária na obrigação tributária, nada mais houve que remissão da disciplina jurídica da obrigação tributária

---

esfera cível, segundo o qual 'o acessório segue o principal'. Deveras, a obrigação tributária acessória tem existência *autônoma*, subsistindo ainda que ausente a obrigação principal, como nas hipóteses de imunidade e isenção. A *acessoriedade* dessa obrigação, nos termos do Código, exsurge do fato de que o liame assim qualificado é estatuído para propiciar as efetivas fiscalização e arrecadação do *tributo*, objeto da obrigação principal, ainda que a situação fática específica não revele a exitência daquele. Portanto, a mera possibilidade de existência da obrigação principal legitima a imposição de obrigações acessórias, sendo esse o sentido da acessoriedade no contexto dos vínculos obrigacionais tributários" (COSTA, Regina Helena. *Curso de direito tributário, op. cit.*, p. 202-203).

[291] "Por outro lado, se o objeto da relação jurídica sancionatória consistir em penalidade de natureza não pecuniária – tal como a interdição de estabelecimento, por exemplo –, o respectivo liame não se enquadrará no conceito de obrigação tributária, mas traduzirá simples imposição administrativa" (COSTA, Regina Helena. *Curso de direito tributário, op. cit.*, p. 204). Veja-se: a obrigação não necessariamente reveste-se do caráter patrimonial (por esse segunda perspectiva), mas a sanção somente será objeto da obrigação se configurar-se em pecúnia.

[292] CARVALHO, Paulo de Barros. *Curso de direito tributário, op. cit.*, p. 516.

[293] "Art. 139. O crédito tributário decorre da obrigação principal e tem a mesma natureza desta" (Código Tributário Nacional).

às penalidades pecuniárias. Igual efeito teria alcançado o legislador complementar se determinasse: 'a instituição e cobrança de multas pecuniárias reger-se-á segundo regime jurídico idêntico ao aplicável aos tributos'. Vê-se daí que a inclusão das penalidades pecuniárias na 'obrigação tributária' em nada compromete o conceito de tributo, revelando-se mera opção de técnica legislativa".[294]

Técnica legislativa semelhante está no direito penal. A *multa criminal* é considerada dívida de valor executável em consonância com a legislação relativa à dívida ativa da Fazenda Pública. No art. 51 do Código Penal,[295] lê-se que, transitada em julgado a sentença condenatória, *a multa será considerada dívida de valor, aplicando-se-lhes as normas da legislação relativa à dívida ativa da Fazenda Pública,* inclusive no que concerne às causas interruptivas e suspensivas da prescrição.

Ressaltamos, entretanto, que, no criminal, o princípio da personalidade impede que a multa alcance qualquer outro sujeito, inclusive os herdeiros do condenado[296] – ao passo que a multa fiscal pode ser, por exemplo, objeto de sucessão.

A distinção entre os regimes *penal* e *sancionatório* é coerente com as peculiaridades que caraterizam esse último.

Lembremos: a potestade sancionatória está contida na função tributária, o bem jurídico tutelado é a própria gestão pública fiscal. Assim, por opção expressa do legislador, *o princípio da pessoalidade da pena fica relativizado no direito tributário sancionador.*

Então (aqui): "La autoría o imputación de la infracción exige culpabilidad, pero no así la imputación de responsabilidad realizada *ex lege*",[297] conclui (com coerência) Alejandro Nieto.

---

[294] SCHOUERI, Luís Eduardo. *Direito Tributário, op. cit.*, p. 501 e 843.

[295] "Art. 51 – Transitada em julgado a sentença condenatória, a multa será considerada dívida de valor, aplicando-se-lhes as normas da legislação relativa à dívida ativa da Fazenda Pública, inclusive no que concerne às causas interruptivas e suspensivas da prescrição" (Código Penal).

[296] Art. 5º, "XLV – nenhuma pena passará da pessoa do condenado, podendo a obrigação de reparar o dano e a decretação do perdimento de bens ser, nos termos da lei, estendidas aos sucessores e contra eles executadas, até o limite do valor do patrimônio transferido" (Constituição Federal). Nesse sentido, também a doutrina de Guilherme de Souza Nucci (NUCCI, Guilherme de Souza. *Curso de direito penal*: parte geral: arts 1º a 120 do Código Penal, *op. cit.*, p. 76 e ss).

[297] NIETO, Alejandro. *Direito Administrativo Sancionador, op. cit.*, p. 419.

O direito sancionador se aproxima (novamente) do direito civil na transmissão de dívida em razão de fato ilícito. Explica Pontes de Miranda: "A dívida divide-se pelos herdeiros; melhor: é dívida do monte partível. Os sucessores a título particular não respondem, mas também hão de atender às forças da herança. Se pessoa jurídica se dissolve, os associados e beneficiários só respondem segundo as regras ordinárias: *intra vires*". E continua: "O que não se transmite é o aspecto passivo da pena criminal: a pena (criminal), essa, não passa da pessoa do delinquente".[298]

O Superior Tribunal de Justiça fixou a seguinte interpretação na Súmula nº 554 de sua jurisprudência – enunciada pela Primeira Seção, em julgamento de 09.12.2015: "Na hipótese de sucessão empresarial, a responsabilidade da sucessora abrange não apenas os tributos devidos pela sucedida, mas também as multas moratórias ou punitivas referentes a fatos geradores ocorridos até a data da sucessão".[299] [300]

A Súmula nº 554 teve origem no Tema nº 382 da jurisprudência do Superior Tribunal de Justiça: "Questão referente à possibilidade ou não de extensão da responsabilidade tributária da empresa

---

[298] MIRANDA, Pontes de. *Tratado das ações*: ações condenatórias: tomo V. 1 ed. atual. por Nelson Nery Junior; Georges Abboud. São Paulo: Revista dos Tribunais, 2016. p. 167.
[299] Súmula nº 554, 1ª Seção, julgado em 09.12.2015, DJe 15.12.2015.
[300] Quanto ao aspecto temporal, registramos o argumento de Luís Eduardo Schoueri, no seguinte sentido: "No que se refere a multas não lançadas até o momento do ato sucessório, importa separar as de caráter moratório das de índole punitiva. Multas moratórias, como os juros moratórios são devidas pelo simples fato do atraso no cumprimento da obrigação tributária. Assim, parece razoável afirmar que mesmo que não constasse da contabilidade da empresa (ou mesmo que fossem desconhecidas), ou mesmo que não fossem inicialmente arroladas no inventário, ainda assim, já integravam o patrimônio transferido. Ou seja: pela mera mora, já é devida a multa moratória, juntamente com os juros (artigo 161 do Código Tributário Nacional). Se há transferência do patrimônio, a multa moratória haverá de acompanhá-lo, do mesmo modo com os juros. Não é o caso da multa punitiva: ela não é devida, senão a partir de um lançamento de ofício, que constata uma infração e lança a multa. Sem o auto de infração não há multa de ofício. Comprova esta afirmação o fato de que na ausência do auto de infração, o contribuinte que recolhe o tributo o faz apenas com os acréscimos moratórios (juros e multa moratória). Assim, se até o momento do ato que deu origem à sucessão empresarial, ou até o momento da sucessão da pessoa física, não havia lançamento, tampouco se poderia dizer que o patrimônio transferido já estava afetado por aquela penalidade. Nesse caso, já não há, como na penalidade de caráter moratório, o argumento de que o patrimônio transferido estava diminuído pela penalidade. O patrimônio foi transferido sem a penalidade e assim foi recebido pelos sucessores. Diante da falta de lei que determine a responsabilidade do sucessor pelas multas punitivas e por não estarem elas compreendidas no patrimônio transferido, não há que se falar em sucessão" (SCHOUERI, Luís Eduardo. *Direito tributário, op. cit.*, p. 594).

sucessora às multas, moratórias ou de outra espécie, aplicadas à empresa sucedida, e não apenas aos tributos por esta devidos".

Assim, eis a *tese firmada no Tema nº 382*: "A responsabilidade tributária do sucessor abrange, além dos tributos devidos pelo sucedido, as multas moratórias ou punitivas, que, por representarem dívida de valor, acompanham o passivo do patrimônio adquirido pelo sucessor, desde que seu fato gerador tenha ocorrido até a data da sucessão", sendo o precedente o Recurso Especial nº 923.012/MG, decidido sob o rito dos recursos repetitivos.[301][302]

Pois bem, essas eram as considerações sobre *culpabilidade e responsabilidade*, como ainda o caminho para as conclusões que vamos expor no capítulo seguinte. Ficaram divididas (lembrando) em: *"Responsabilidade tributária", Culpabilidade, Paralelos dogmáticos e Imputação de responsabilidade realizada* ex lege.

Eram já aplicações dos fundamentos que identificamos na primeira parte da pesquisa, com o registro de algumas das peculiaridades da potestade sancionatória na função administrativa tributária – mas tudo quanto ao princípio da *culpabilidade*. Então, o

---

[301] Resp nº 923.012/MG, rel. min. Luiz Fux, 1ª Seção, j. em 09.06.2010, *DJe* 24.06.2010.

[302] Dissemos na Coleção Teses Jurídicas dos Tribunais Superiores, sobre o regime de recursos repetitivos. em comentário à tese no Juperior Tribunal de Justiça, com a seguinte redação: "A pessoa jurídica não tem legitimidade para interpor agravo de instrumento no interesse dos sócios contra decisão que determinou o redirecionamento de execução fiscal". "À guisa de introdução, nesta tese que inaugura os temas sobre processo tributário do Jurisprudência em Teses do Superior Tribunal de Justiça, Edição n. 52, dedicada à Execução Fiscal, lembramos que as matérias aqui examinadas estão expressas, em geral, em decisões submetidas a julgamento no regime de recursos repetitivos, antes previsto pelo art. 543-C, do Código de Processo Civil de 1973 e hoje regulado pelo art. 1.036 do Código de Processo Civil de 2015. Neste lê-se que sempre que houver multiplicidade de recursos extraordinários ou especiais com fundamento em idêntica questão de direito, haverá afetação para julgamento, observado o disposto no Regimento Interno do Supremo Tribunal Federal e no do Superior Tribunal de Justiça. A norma do art. 1.036 do Código de Processo Civil de 2015 deve ser lida em conjunto com o art. 927, do mesmo diploma, na qual consta o que a doutrina convencionou chamar de rol de precedentes obrigatórios, entre os quais, no inciso III, estão "os acórdãos em incidente de assunção de competência ou de resolução de demandas repetitivas e em julgamento de recursos extraordinário e especial repetitivos". Os procedimentos do art. 927 do Código de Processo Civil de 2015 expressam um microssistema de formação concentrada de precedentes obrigatórios, composto, entre outras normas, por algumas das teses sobre as quais nos debruçamos nestas breves pesquisas. Eis a conformação dos temas que pretendemos aqui melhor compreender: os precedentes judiciais na atual ordem jurídica brasileira" (XAVIER, Marília Barros. *Teses jurídicas dos tribunais superiores*: direito tributário II. *In*: CARVALHO, Paulo de Barros Carvalho (Coord.). São Paulo: Revista dos Tribunais, 2017. p. 517).

mesmo temos de fazer no debate sobre os *efeitos do ato ilícito* (com a promessa de uma exposição mais breve).

4.5 Efeitos do ato ilícito

É na Constituição que deve ter início a sistematização do direito sancionador, como dissemos;[303] eis, sobretudo, na Carta Magna, a persperctiva unitária desse direito enquanto sistema jurídico. E a sistematização do direito sancionador enquanto unidade permite construir uma racionalidade quanto aos regimes jurídicos presentes nos variados ramos em que se manifesta – dentre eles no direito tributário –, promovendo, a partir da Constituição Federal, a conformação e o controle quanto aos limites de cada uma das potestades sancionatórias.

É que a imposição de sanções sobre os administrados é daquelas atividades públicas em que "o direito depende apenas, para o seu exercício, de abstenções do Poder Executivo", explica Miguel Seabra Fagundes. É quando "êste o pode violar por atos e fatos administrativos, cuja *prática importe exorbitância dos limites legalmente assinados à sua atividade*".[304]

Por outro lado, na interpretação das normas e garantias constitucionais há que se levar em conta a realidade e o tempo em que vivemos, hoje um cenário de intensificação de intervenções e regulação pelo Estado sobre uma sociedade massificada, sendo esse um aspecto muito caro ao tema do direito público punitivo.

Aliás, esse é, atualmente, o dado mais comum a todo *ius publicum puniendi*, tendo o regime jurídico (administrativo) sancionador um importantíssimo *conceito distintivo*: o da existência de uma *sociedade de riscos*.

Devemos fixar que a ideia que conduz a essa compreensão e que justifica em parte a racionalidade (única) de todo o direito

---

[303] No item 2.2, *Unidade do direito sancionador*, da primeira parte do estudo, quanto à importância da sistematização do direito sancionador na construção de uma racionalidade comum aos regimes jurídicos presentes nos variados ramos em que se manifesta.

[304] FAGUNDES, Miguel Seabra. *O Contrôle dos Atos Administrativos pelo Poder Judiciário*, op. cit., p. 176 (grifo nosso).

sancionador (seja em que ramo for) é que vivemos hoje em uma sociedade de riscos.

O impacto do tema em nossa matéria de estudo pode ser assim descrito: "La situación ha llegado a un punto crítico que ya no permite que el Estado –y el Derecho– entren en acción únicamente para regular e imponer indemnizaciones por los daños –ni tampouco siquiera para su prevención–, sino que les obliga a intervir antes de que al daño se haya producido. De lo que se trata ahora fundamentalmente es de prevenir los daños mediante la eliminación, o al menos reducción, de los riesgos; a cuyo efecto se ha puesto en marcha una política pública preventivo-represiva, que se desarrolla en varias fases. La primera consiste en una regulación poco menos que global de las actividades de los particulares, que se complementa con inspecciones permanentes y culmina en unas sanciones cuando se constata la infracción de lo regulado. El Derecho Administrativo Sancionador es, por tanto, un elemento en la realización de tal política. De esta manera hemos llegado a un punto en el que el Estado ha asumido el papel de garante de un funcionamiento social inocuo y el Derecho –y en particular al Administrativo Sancionador– se ha convertido en un instrumento de prevención de riesgos. *Una sociedad de riesgos exige la presencia de un Estado gestor del riesgo y, eventualmente, de un Derecho redutor del mismo*".[305]

Dito isso, passemos ao tema que propriamente nos interessa neste ponto.

Sobre os *efeitos do ato ilícito* no direito tributário sancionador, o artigo 136 do Código Tributário Nacional expressa que *a responsabilidade por infrações da legislação tributária independe da efetividade, natureza e extensão dos efeitos do ato*.

Tratamos já (no ponto 4.3, parte II, *Ainda alguns conceitos: infração, conduta, culpa e dolo*) da *culpa* em seu critério *previsibilidade do resultado lesivo*[306] e dissemos que, na técnica penal, *resultado*

---

[305] NIETO, Alejandro. *Derecho Administrativo Sancionador*, op. cit., p. 149.
[306] Lembramos que são critérios para a configuração da culpa: (i) a *conduta voluntária* do agente, sendo que, na culpa para o direito penal, a análise do comportamento tem maior relevância que a análise do resultado; (ii) a *ausência do dever de cuidado objetivo* (corolário do princípio da confiança), o agente deve ter deixado de seguir regras básicas de atenção e cautela inerentes àquela determinada circunstância; (iii) a *previsibilidade do resultado*

pode ser material ou formal – é uma discussão que agora terá lugar prático.

O resultado material do ilícito é o *naturalístico* e ocorre quando há modificação sensível no mundo exterior. É o caso da falta de pagamento do tributo que implica na diminuição da arrecadação fiscal, pois há uma realidade contábil que acusa a violação ao bem tutelado. É o caso da não prestação *pagamento*, consubstanciada no Código Tributário Nacional, como visto, com natureza de *obrigação tributária principal*, nos termos do art. 113, §1º, desse diploma.[307]

Já o resultado formal ou *normativo* é aquele que representa modificação no mundo jurídico, ferindo interesse protegido pelo ordenamento jurídico, seja como dano efetivo ou como dano potencial. Sob esse ponto de vista: "Toda conduta que fere um interesse juridicamente protegido causa um resultado".[308] [309]

Este é o caso do não cumprimento de deveres tributários formais ou instrumentais, como prevê o art. 113, §2º, do Código Tributário Nacional,[310] que assim define a finalidade da chamada *obrigação acessória* aquela que "tem por objeto as prestações, positivas

---

lesivo. Como o nome já diz, a previsibilidade é a possibilidade de prever o resultado lesivo (não a previsão concreta) por um homem apto à realização de determinada atividade; se presente a previsão concreta quanto ao resultado, a conduta será em dolosa. Na culpa, a previsibilidade é o que representa o nexo causal entre a conduta e o resultado, exatamente porque o agente não prevê e não deseja o dano.

[307] "Art. 113. A obrigação tributária é principal ou acessória. §1º A obrigação principal surge com a ocorrência do fato gerador, tem por objeto o pagamento de tributo ou penalidade pecuniária e extingue-se juntamente com o crédito dela decorrente" (Código Tributário Nacional).

[308] Conclui Guilherme de Souza Nucci, porque, na técnica penal, "o critério jurídico foi adotado pelo legislador, bastando analisar o disposto na Exposição de Motivos do Código Penal de 1940, que a Reforma Penal de 1984 manteve, mencionando que 'não há crime sem resultado'. Aliás interessante crítica foi feita por Manoel Pedro Pimentel, dizendo que a expressão 'não há crime sem resultado' equivale a dizer o óbvio: 'não há crime sem crime'" (NUCCI Guilherme de Souza. *Curso de direito penal*: parte geral: arts 1º a 120 do Código Penal, op. cit., p. 369-370).

[309] Isso vê-se mesmo nos delitos de risco (como veremos): "Porque hay que preguntarse por el sentido de un mandato o de una prohibición que no pretendan evitar una lesión o un riesgo, ya que, si esto fuera así, nos encontraríamos con un Legislador arbitrario que ordena por capricho, como el governador de Guillermo Tell, que imponía a los vecinos la obligación de salutar a un sombrero colgado de un poste" (NIETO, Alejandro. *Direito Administrativo Sancionador*, op. cit., p. 344).

[310] "Art. 113. A obrigação tributária é principal ou acessória. (...) §2º A obrigação acessória decorre da legislação tributária e tem por objeto as prestações, positivas ou negativas, nela previstas no interesse da arrecadação ou da fiscalização dos tributos" (Código Tributário Nacional).

ou negativas, nela previstas *no interesse da arrecadação ou da fiscalização dos tributos*" (grifo nosso).[311][312]

---

[311] Paulo de Barros Carvalho exemplifica: "A divisão que cogita das infrações à obrigação tributária e daquelas que violam simples deveres instrumentais ou formais. Exemplo da primeira: um comerciante dever pagar o ICMS por haver realizado o fato jurídico daquele tributo. Nos prazos estabelecidos na legislação estadual, deixa de promover o regular recolhimento da importância correspondentes. Tal comportamento se caracteriza como infração à obrigação tributária do ICMS. Exemplo da segunda: pessoa física, contribuinte do IR, não oferece, em tempo oportuno, sua declaração de rendimentos e de bens, fazendo-o quinze dias após o termo final do prazo estabelecido. Descumpriu, por isso, dever instrumental ou formal do IR (pessoa física)" (CARVALHO, Paulo de Barros. *Curso de direito tributário, op. cit.*, p. 504).

[312] Atentemos que a jurisprudência do Superior Tribunal de Justiça denomina de "obrigações acessórias autônomas" aquelas em que se trate de "ato puramente formal, sem qualquer vínculo com o fato gerador do tributo". Nesse sentido, a discussão sobre a denúncia espontânea.
É a redação da Súmula nº 49 do Conselho Administrativo de Recursos Fiscais: "Súmula CARF nº 49: A denúncia espontânea (art. 138 do Código Tributário Nacional) não alcança a penalidade decorrente do atraso na entrega de declaração".
No Superior Tribunal de Justiça:
"TRIBUTÁRIO. MULTA MORATÓRIA. ART. 138 DO CTN. ATRASO NA ENTREGA DA DECLARAÇÃO DE RENDIMENTOS. 1. O STJ possui entendimento de que a denúncia espontânea não tem o condão de afastar a multa decorrente do atraso na entrega da declaração de rendimentos, pois os efeitos do art. 138 do CTN não se estendem às *obrigações acessórias autônomas*. 2. Agravo Regimental não provido. (AgRg nos EDcl no Agravo no Recurso Especial n. 209.663/BA. Rel. Ministro Herman Benjamin. Segunda Turma, acordão em 4 de abril de 2013)" (grifo nosso).
"PROCESSUAL CIVIL. TRIBUTÁRIO. ATRASO NA ENTREGA DA DECLARAÇÃO DE OPERAÇÕES IMOBILIÁRIAS. MULTA MORATÓRIA. CABIMENTO. DENÚNCIA ESPONTÂNEA NÃO CONFIGURADA. 1 – A entrega das declarações de operações imobiliárias fora do prazo previsto em lei constitui *infração formal*, não podendo ser considerada como infração de natureza tributária, apta a atrair o instituto da denúncia espontânea previsto no art. 138 do Código Tributário Nacional. Do contrário, estar-se-ia admitindo e incentivando o não-pagamento de tributos no prazo determinado, já que ausente qualquer punição pecuniária para o contribuinte faltoso. 2 – A entrega extemporânea das referidas declarações é *ato puramente formal, sem qualquer vínculo com o fato gerador do tributo e, como obrigação acessória autônoma*, não é alcançada pelo art. 138 do CTN, estando o contribuinte sujeito ao pagamento da multa moratória devida. 3 – Precedentes: AgRg no REsp 669851/RJ, Rel. Ministro FRANCISCO FALCÃO, PRIMEIRA TURMA, julgado em 22.02.2005, DJ 21.03.2005; REsp 331.849/MG, Rel. Ministro JOÃO OTÁVIO DE NORONHA, SEGUNDA TURMA, julgado em 09.11.2004, DJ 21.03.2005; REsp 504967/PR, Rel. Ministro FRANCISCO PEÇANHA MARTINS, SEGUNDA TURMA, julgado em 24.08.2004, DJ 08.11.2004; REsp 504967/PR, Rel. Ministro FRANCISCO PEÇANHA MARTINS, SEGUNDA TURMA, julgado em 24.08.2004, DJ 08.11.2004; EREsp nº 246.295-RS, Relator Ministro JOSÉ DELGADO, DJ de 20.08.2001; EREsp nº 246.295-RS, Relator Ministro JOSÉ DELGADO, DJ de 20.08.2001; RESP 250.637, Relator Ministro Milton Luiz Pereira, DJ 13/02/02. 4 – Agravo regimental desprovido. (AgRg no REsp 884.939/MG, Rel. Ministro LUIZ FUX, PRIMEIRA TURMA, julgado em 05/02/2009, DJe 19/02/2009)" (grifo nosso).

Nelson Hungria[313] explica que o ilícito administrativo, "à semelhança do ilícito penal, *é lesão efetiva ou potencial de um bem jurídico*, pois, de outro modo, não se compreenderia a existência de um direito penal administrativo" (grifo nosso) – este que aqui chamamos direito sancionador.

E continua dizendo que: "A punição de certos ilícitos na esfera do direito administrativo, ao invés de o ser na órbita do direito penal comum, não obedece, como já frisamos, senão a razões de conveniência política: para o direito penal comum é transportado apenas o ilícito administrativo de maior gravidade objetiva ou que afeta mais direta e intensamente o interesse público ou social, passando, assim, a ilícito penal. O ilícito administrativo de menor intensidade não reclama a severidade da pena criminal".[314]

Os efeitos do ato ilícito nas sanções administrativas tributárias tanto têm importância que o Código Tributário Nacional se refere expressamente a eles como aspectos que devem ser objeto de análise quando da incidência de tais normas – é o que percebe também Luciano Amaro.[315]

O artigo 112, inciso II, do Código Tributário Nacional[316] dispõe que a lei que define infrações ou comina penalidades interpreta-se da maneira mais favorável ao acusado, em caso de dúvida quanto

---

[313] HUNGRIA, Nelson. *Comentarios ao Código Penal Decreto-Lei n. 2848, de 7 de dezembro de 1940.* v. I. Tomo II. Rio de Janeiro: Forense, 1980. p. 38.

[314] HUNGRIA, Nelson. *Comentarios ao Código Penal Decreto-Lei n. 2848, de 7 de dezembro de 1940.* v. I. Tomo II. Rio de Janeiro: Forense, 1980. p. 38.

[315] "Ademais, o dano traduzido na falta ou insuficiência de recolhimento de tributo é passível de reparação específica, pois a aplicação de penalidade não elide o pagamento do tributo (art. 157). As multas cabíveis nas situações em que tenha ocorrido falta ou insuficiência de pagamento de tributo são, geralmente, proporcionais ao valor do tributo que deixou de ser recolhido, o que implica considerar o *efeito* do ato praticado, e a sua *extensão*, para fins de aplicação ou graduação da penalidade, em sentido oposto, portanto, ao proclamado no art. 136. (...) a propósito dos objetivos das sanções, a multa é justa se graduada de acordo com a gravidade da infração" (AMARO, Luciano. *Direito tributário brasileiro, op. cit.,* p. 477). Registramos apenas que a reparação, a que se refere o autor, quando da falta ou insuficiência de recolhimento de tributo, não tem a natureza *punitiva*, que aqui investigamos. Trata-se, como ele mesmo ressalva, de consequência jurídica reparatória.

[316] "Art. 112. A lei tributária que define infrações, ou lhe comina penalidades, interpreta-se da maneira mais favorável ao acusado, em caso de dúvida quanto: (...) II – à natureza ou às circunstâncias materiais do fato, ou à natureza ou extensão dos seus efeitos" (Código Tributário Nacional).

à natureza ou às circunstâncias materiais do fato, ou *à natureza ou extensão dos seus efeitos*.[317]

Antes de seguirmos, recordemos: nas normas que estabelecem *penas administrativas*, o bem jurídico protegido, como temos dito, coincide com o mesmo interesse público que persegue toda a atuação da administração na matéria (tributária), porque a potestade punitiva pertence à função pública tributária, como complemento das faculdades materiais de gestão.[318]

Ora, toda norma punitiva "tem, por definição, um objeto de tutela".[319] Não há dúvida do caráter tutelar das sanções administrativas fiscais.[320] Neste caso, o caráter tutelar está em razão da

---

[317] Paulo Roberto Coimbra Silva fala ainda da incidência do *princípio da insignificância* no direito tributário sancionador. Na eventual aplicação de penalidade pela prática de infração tributária formal *que não gere prejuízo aos cofres públicos*, fala de fins didáticos e defende, "*primus*, as sanções devem ser afastadas ou, *secundus*, significativamente reduzidas, delas expurgando-se quaisquer pretensões punitivas" (SILVA, Paulo Roberto Coimbra. *Direito Tributário Sancionador*, op. cit., p. 303).
No mesmo sentido: "A aplicação do princípio da insignificância no âmbito das sanções tributárias encontra relevante campo principalmente em se tratando de infrações formais em que o descumprimento das obrigações acessórias não acarrete em prejuízos à arrecadação de tributos. (...) Ressalta-se ainda a possibilidade de identificar hipóteses em que o princípio da insignificância é adotado com o objetivo de afastar sanção decorrente de infração material. Embora o âmbito de atuação do princípio quando se trata de infrações que decorrem do não recolhimento da obrigação tributária principal seja mais reduzido, é possível vislumbrar sua utilização quando a inadimplência nã representa prejuízos ao Estado, como ocorre nas hipóteses em que, em função de fato posterior, verifica-se o afastamento da obrigação anteriormente devida" (CHAGAS, Maurício Saraiva de Abreu. A aplicação do princípio da insignificância no direito tributário. *In*: SILVA, Paulo Roberto Coimbra (Coord.). *Grandes temas do direito tributário sancionador*. São Paulo: Quartier Latin, 2010. p. 393-394).

[318] Em feliz síntese (e em testemunho da unidade do Direito Sancionador): "En las normas que establecen infracciones administrativas el bien jurídico protegido coincide con el mismo interés público que persigue toda la actuación de la Administración en la materia [...] De aquí se deduce *la necesidad de contemplar la potestad sancionatoria, no aisladamente sino en el marco de la concreta actuación administrativa en que se desenvuelve afectada por los principios de ésta, como una potestad que tiene la misma finalidad y los mismos límites que toda la acción en la materia y que impregna los principios penales que han de presidirla, como poder represivo que es, con los caracteres del sector de intervención pública en el que se integra*" (PUIG, Manuel Rebollo. *Potestad sancionadora, alimentación y salud pública*, 1989, p. 443-444 apud NIETO, Alejandro. *Direito Administrativo Sancionador*, op. cit., p. 52-53).

[319] BOTTINI, Pierpaolo Cruz. *Crimes de perigo abstrato*. São Paulo: Revista dos Tribunais, 2013. p. 135.

[320] Afirma Paulo Roberto Coimbra Silva, que pensou em "valores, bens ou interesses juridicamente tutelados" em matéria tributária, entendendo que infrações: (i) fiscais não penais materiais tutelam: de forma imediata, a satisfação do crédito tributário, a arrecadação das receitas tributárias e a integridade do erário público; e de forma mediata: a justiça e a solidariedade fiscal; (ii) fiscais não penais formais tutelam: de forma imediata, o cumprimento das obrigações acessórias como instrumento para viabilizar a arrecadação e fiscalização do

"existência de lesão ou ameaça de lesão ao interesse público, que, na província tributária, diz respeito à necessidade da contribuição dos cidadãos para a manutenção das atividades estatais", como ensina Edilson Pereira Nobre Junior.[321]

Ruy Barbosa Nogueira[322] é irretocável em afirmar: "Girando em torno da principal, vamos encontrar uma série de obrigações acessórias, decorrentes de disposições regulamentares, ou seja, medidas de ordem, de procedimento ou de forma, que deverão ser obedecidas pelas partes (tanto fisco como contribuinte), a fim de que a obrigação principal seja cumprida na medida e na forma legais. Daqui temos as duas grandes classes das infrações fiscais: a infração será substancial quando um dos sujeitos desatender elementos da obrigação principal. Exemplos: a omissão da exigência ou excesso de cobrança pelo funcionário ou a falta de pagamento ou pagamento a menos pelo devedor. A infração será formal quando um dos sujeitos agir contra a forma prescrita, isto é, contra os requisitos de procedimentos, as chamadas formalidades regulamentares. Feita esta divisão, podemos verificar ainda que as infrações substanciais vão atingir diretamente o *poder de tributar*, enquanto as infrações formais vão atingir diretamente o *poder de regular* e de regulamentar".

Infrações fiscais substanciais e formais tutelam a *gestão pública tributária* realizada no *poder de tributar* e no *poder de regular* – em complemento deles está o *poder de sancionar*.

São as potestades administrativas concretas em matéria tributária, como ensina José Luis Perez de Ayala:[323] "Há uma função tributária que contém ou implica a titularidade e o exercício de uma pluralidade, potestade positiva com distintos conteúdos".

---

recolhimento de tributos, não prescindindo da transparência, honestidade, verdade fiscal e boa-fé; e de forma mediata, a eficácia das normas tributárias impositivas, a arrecadação de tributos, a integridade do erário público, a justiça e a solidariedade fiscal; (iii) fiscais delituosas tutelam: de forma imediata, a transparência, a honestidade, a verdade fiscal e a boa-fé; e de forma mediata, a eficácia das normas tributárias impositivas, a arrecadação de tributos, a integridade do erário público, a justiça e a solidariedade fiscal (SILVA, Paulo Roberto Coimbra. *Direito Tributário Sancionador, op. cit.*, p. 111 e ss).

[321] NOBRE JUNIOR, Edilson Pereira. *As sanções tributárias numa perspectiva jurisprudencial, op. cit.*, 2013, p. 43.

[322] NOGUEIRA, Ruy Barbosa. *Curso de direito tributário, op. cit.*, p. 194-195.

[323] AYALA, José Luis Peres de. *Poder, potestade e função tributária, op. cit.*, p. 167.

Eis as infrações formais na função tributária: exercício da potestade sancionatória complemento do *"poder de regular* e de regulamentar" – partindo da nomenclatura de Ruy Barbosa Nogueira, mas como José Luis Perez de Ayala, chamaríamos da *potestade regulamentar*.

Percebendo essa distinção, é possível falar no direito sancionador, como destaca Alejandro Nieto,[324] em *infrações que decorrem de mero descumprimento formal de um mandado ou proibição*.

Como falamos em *unidade do direito sancionador*: "Actualmente vivimos en lo que se ha llamado una sociedad de riesgo en la que el Estado ha asumido el papel de garante de que no se produzca o, mejor dicho, de reducir al mínimo su aparición. (...) En la mayor parte de los casos (...) *la infracción más generalizada no consiste en la producción de un daño (supuesto ordinario en el Derecho Penal) ni en la producción un riesgo concreto (también admisible en este Derecho) sino en la de un peligro abstrato*. Así es como se explica entonces que las infracciones administrativas sean consecuencia de una inobservancia: el simple incumplimiento de un mandato o de una prohibición de crear riesgos, *habida cuenta de que tal inobservancia basta para producir el peligro abstrato*".[325][326]

Guardemos isso: a discussão das *infrações que decorrem de mero descumprimento formal de um mandado ou proibição e que têm por resultado um perigo abstrato* está intimamente ligada ao aspecto da *culpabilidade*.

---

[324] NIETO, Alejandro. *Direito Administrativo Sancionador*, op. cit., p. 325.

[325] "Se entiende que existe peligro abstrato cuando así lo califica, sin más, una norma, es decir, con independencia de que efectivamente la conducta así calificada haya creado realmente un peligro" (NIETO, Alejandro. *Direito Administrativo Sancionador*, op. cit., p. 325-343).

[326] Lembramos, quanto aos delitos de *risco*, a explicação de Misabel Derzi de que, diferente do ocorre no direito tributário sancionador, no direito penal tributário brasileiro: "Ao contrário de algumas ordens jurídicas que preveem delitos de risco, com a prática de atos que dificultem a fiscalização, mesmo inexistindo tributo a pagar (como a Lei n.º 23.771/1990 da Argentina), segundo a lei brasileira, o erro ou/e a omissão na escrita ou nas informações do contribuinte, isoladamente, não preenchem os pressupostos legais, ou as notas características do conceito legal delituoso. Na verdade, não há dolo, pois nenhuma intenção de reduzir ou suprimir imposto se configura na espécie, uma vez que não há tributo a pagar. A hipótese do art. 2.º, I, da Lei n.º 8.137/1990, que disciplina os crimes contra a ordem tributária, não penaliza simples descumprimento de obrigação acessória, mas tão somente 'fazer declaração falsa ou omitir declaração sobre rendas, bens ou fatos, ou empregar outra fraude, para eximir-se, total ou parcialmente, de pagamento do tributo'. O mesmo acontece se o agente retém ou recebe importância de terceiro a título de tributo (mas que não é devido à Fazenda Pública), sem repassá-la ao Fisco. Pode haver até um delito de outra natureza se existiu dolo, mas jamais um crime contra a ordem tributária" (DERZI, Misabel de Abreu Machado; BALEEIRO, Aliomar. *Direito tributário brasileiro*, op. cit., p. 1.164).

Concluimos, por ora, que a responsabilidade no art. 136 do Código Tributário Nacional, *independentemente da efetividade, natureza e extensão dos efeitos do ato*, representa esse *sentido amplo de tutela na função tributária*.

À guisa de conclusão também no direito sancionador, há a presença de infrações que independem da produção de um resultado naturalístico e representam um *perigo abstrato*[327] – "prescrição normativa cuja completude se restringe à conduta, ao comportamento descrito no tipo, sem nenhuma referência aos efeitos exteriores do ato", como explica Pierpaolo Cruz Bottini.[328]

Existem: *independentemente da efetiva ocorrência de dano, natureza e extensão deste* (na prescrição do artigo 136 do Código Tributário Nacional).

É possível como resultado: *lesão* ou *perigo de lesão*.

Ainda: veremos mais à frente – em A *culpabilidade na responsabilidade tributária sancionatória* – uma nuance da conformação do perigo abstrato no direito tributário.

De toda maneira, registramos aqui que, *a contrario sensu*, no caso concreto, se ausente *lesão* ou *perigo de lesão*, ainda que *abstrato*, não há (ou não deve haver) a incidência de sanção.

Por ilustração do debate, a interpretação enunciada como vinculante pelo Conselho Administrativo de Recursos Fiscais na Súmula CARF nº 93,[329] segundo a qual a falta de transcrição dos

---

[327] "El riesgo abstrato es el riesgo potencial produzido por una acción u omisión independentemente de que se realice, o no, en el momento de la comisión. El no respetar un semáforo produce un riesgo abstrato aunque en unas circunstancias determinadas (por ejemplo, en un día y hora en que no hay tráfico y además la visibilidad es perfecta) no se produzca riesgo alguno concreto o real para las personas ni las cosas (y, por supuesto, aunque tampouco se produzca daño alguno). Esto no tiene, sin embargo, relevancia porque lo que el legislador desvalora es la producción de riesgo potencial" (NIETO, Alejandro. *Direito Administrativo Sancionador*, op. cit., p. 149).

[328] Ilustrando ainda: "Ao contrário do que ocorre com os delitos de lesão ou de perigo concreto (…) no homicídio, exemplo clássico de crime de lesão (CP, art. 121, *Matar alguém*) o resultado de dano é parte integrante, expressamente indicado no tipo penal. O mesmo ocorre nos delitos de perigo concreto, como o delito de poluição (Lei 9.605/1998, art. 54: *Causar poluição de qualquer natureza em níveis tais que resulte ou possam resultar em danos à saúde humana, ou que provoquem a mortalidade de animais ou a destruição significativa da flora*) ou de incêndio (CP, art. 250, *causar incêndio, expondo a perigo a vida, a integridade física ou o patrimônio de outrem*), nos quais a situação concreta de exposição ou de ameaça de um bem jurídico faz parte da redação do tipo" (BOTTINI, Pierpaolo Cruz. *Crimes de perigo abstrato*, op. cit., p. 87).

[329] "Súmula CARF nº 93. A falta de transcrição dos balanços ou balancetes de suspensão ou redução no Livro Diário não justifica a cobrança da multa isolada prevista no art. 44 da

balanços ou balancetes de suspensão ou redução no Livro Diário não justifica a cobrança da multa isolada, prevista no art. 44 da Lei nº 9.430/96, quando o sujeito passivo apresenta escrituração contábil e fiscal suficiente para comprovar a suspensão ou redução da estimativa.

Lei nº 9.430, de 27 de dezembro de 1996, quando o sujeito passivo apresenta escrituração contábil e fiscal suficiente para comprovar a suspensão ou redução da estimativa. (Vinculante, conforme Portaria MF nº 277, de 07.06.2018, DOU de 08.06.2018)".

CAPÍTULO 5

NOSSAS PROPOSTAS DE INTERPRETAÇÕES

5.1 Tipificação indireta

Sobre a *tipificação indireta* – de que falamos antes –, a nossa promessa – feita ainda em momento ainterior (*legalidade e tipicidade*) –, além de demonstrar o esforço interpretativo característico do direito sancionador em comparação com as normas de direito penal, era propor um possível raciocínio de assimilação da tipicidade nas sanções administrativas do direito tributário. Cumprimos (esperamos) agora.

Retomando a ideia: falamos da lição de Misabel Derzi de que as sanções tributárias não sofrem uma exata classificação, à moda do direito penal, mas são, em geral, inespecíficas, reportando-se a descumprimentos de *deveres* que, esses sim, *obedecem a uma classificação legal rígida*. E dissemos que, sendo a hipótese normativa da sanção a não prestação (não-p), a obrigação tributária ou o dever instrumental (prestações), constituem o que adotamos como *pré-tipos* na *tipificação indireta*.

Nossas conclusões:
- *Tipificação indireta* existe na seguinte remissão de normas: desde que descumprida a obrigação tributária ou o dever instrumental, *pré-tipo*, o fato descumprimento do que fora *ali tipificado* (por isso: tipificação indireta), integra o antecedente normativo da norma sancionatória, *tipo sancionador*. Ainda: *pré-tipo* (como usamos) é a norma que conceitua obrigação ou dever.
- Observemos: se é assim, temos que concluir ser possível que, para um só tipo sancionador, haja tantos *pré-tipos* quanto sejam as normas que conceituem determinada obrigação

ou dever. Ou melhor, se uma única conduta pode estar conceituada em mais de uma norma jurídica – uma norma geral, possivelmente disposta no Código Tributário Nacional, depois, "n" normas que possam ingressar no ordenamento jurídico em favor da tipificação daquela conduta –, significa que, quando isso acontecer, haverá mais de um *pré-tipo* para uma mesma infração.

Lembrando (em referência à conclusão acima): a conduta (pré-tipo) pode estar regulada em lei em sentido estrito ou em sentido amplo, como na definição de "legislação tributária", nos termos do art. 96 do Código Tributário Nacional. Guardemos esse esclarecimento para o ponto *A culpabilidade na responsabilidade tributária sancionatória*, a seguir, quando do estudo do *princípio da legalidade nas infrações formais*.

- Pois bem, no sistema tributário brasileiro, pensamos ser possível identificar na Lei nº 9.430/1996, artigos 44 e 61, uma ilustração do que aqui expomos, com remissões ao Código Tributário Nacional, no artigo 149, que trata do chamado lançamento tributário[330] *de ofício*.[331] Formam:

---

[330] Ruy Barbosa Nogueira explica: "O lançamento tributário é, pois, a mecânica da investigação e determinação da obrigação tributária, que compreende uma sequência de atos tendentes à individualização da relação de crédito. Tem êle por finalidade verificar a ocorrência da obrigação tributária, determinar a matéria tributável, calcular o montante do tributo e identificar o contribuinte" (NOGUEIRA, Ruy Barbosa. *Teoria do lançamento tributário*. São Paulo: Resenha Tributaria, 1973. p. 32).
Também Paulo de Barros Carvalho: "Mas é preciso dizer que por 'auto de infração' se entende também um ato administrativo que consubstancia a aplicação de uma providência sancionatória a quem tendo violado preceito de conduta obrigatória, realizou evento inscrito na lei como ilícito tributário. Trata-se, igualmente, de u'a norma individual e concreta em que o antecedente constitui o fato de uma infração, pelo relato do evento em que certa conduta, exigida pelo sujeito pretensor, não foi satisfeita segundo as expectativas normativas. Por força da eficácia jurídica, que é propriedade de fatos, o consequente dessa norma, que poderemos nominar de 'sancionatória', estabelecerá uma relação jurídica em que o sujeito ativo é a entidade tributante, o sujeito passivo é o autor do ilícito, e a prestação, digamos, o pagamento de uma quantia em dinheiro, a título de penalidade. (...) Tudo seria mais simples, realmente, se o auto de infração apenas conduzisse para o ordenamento a mencionada regra individual e concreta que mencionei. Nem sempre é assim. Que de vezes, sob a epígrafe 'auto de infração', deparamo-nos com dois atos: um de lançamento, exigindo o tributo; outro de aplicação da penalidade, pela circunstância de o sujeito passivo não ter recolhido, em tempo hábil, a quantia pretendida pela Fazenda. Dá-se a conjugação, num único instrumento material, sugerindo até possibilidades híbridas. Mera aparência. Não deixam de ser duas normas jurídicas distintas postas por expedientes que, por motivos de comodidade administrativa, estão reunidos no mesmo suporte físico" (CARVALHO, Paulo de Barros. *Curso de direito tributário, op. cit.*, p. 416-417). Ainda: "Vale dizer que, ao falar em lançamento em matéria de penalidades tributárias, estamos necessariamente no estrito domínio da modalidade *de ofício*, sendo sempre o auto de infração e imposição de multa (AIIM) o veículo competente para introduzir norma de sanção administrativa" (CARVALHO, Paulo de Barros. *Curso de direito tributário, op. cit.*, p. 517).

[331] "O Código Tributário Nacional, adotando o critério de grau de colaboração do contribuinte na apuração e formalização do crédito tributário, classifica o lançamento

pré-tipos (neste diploma) e *tipos sancionadores* (naquela lei).

- O que se pode ver é que (os atos administrativos) *lançamento* e *auto de infração* têm (ou podem ter) fundamento fático idêntico, um mesmo descumprimento de obrigação ou dever: o lançamento faz ingressar no mundo jurídico a *relação*, conforme determina a norma tributária, e o auto de infração *pune* a conduta desconforme.

Por isso, dizemos que as normas referentes ao lançamento no art. 149 do Código Tributário Nacional podem ser percebidas como *pré-tipos*: elas conceituam obrigações e deveres que não foram devidamente observados.

Estando concientes, também para o sistema brasileiro: "La descripción rigurosa y perfecta de la infracción es, salvo excepciones, prácticamente imposible. El detallismo del tipo tiene su límite. Las exigencias maximalistas sólo conducen, por tanto, a la parálisis normativa o a la nulidad de buena parte de las disposiciones sancionadoras existentes o por dictar. De aquí que la doctrina alemana se contente, como ya sabemos, con la simple exigencia de «la mayor precisión posible», que es lo que también los españoles debemos pretender. Aunque, entre nosotros y según acabamos de ver, la fórmula más generalizada es la de la descripción *suficiente*. Con la suficiencia se indica que ya se ha llegado, que el intérprete ya puede darse por satisfecho".[332]

---

em três modalidades: o lançamento *de ofício*, o lançamento *misto* ou *por declaração*, e o lançamento *por homologação*, também chamado de *autolançamento*. (...) Tal classificação não tem resistido às críticas doutrinárias, as quais endossamos. (...) O lançamento *direito* ou *de ofício* vem disciplinado no art. 149: (...) Da leitura do preceito, verifica-se que o *lançamento de ofício* propriamente dito está definido no inciso I como o efetuado pela autoridade administrativa 'quando a lei assim o determine'. Todos os demais incisos desse artigo dizem com a *revisão do lançamento*, também procedida de ofício, abrangendo hipóteses de tributos originalmente sujeitos a outras modalidades de lançamento – por homologação ou misto. Desse modo, pode-se falar em duas modalidades de lançamento de ofício: *originário* e *substitutivo*, respectivamente. (...) Cabe lembrar também que não há que se confundir o *auto de infração* com o *lançamento de ofício*. Constituem atos administrativos diversos com propósitos distintos. O auto de infração indica todos os aspectos da situação fática que configura a obrigação principal ou acessória, aponta a infração supostamente cometida e aplica a sanção correspondente, indicando o fundamento legal.
O lançamento, por sua vez, visa a formação do crédito tributário e pode ser efetuado na mesma oportunidade da lavratura do auto de infração, o que ocorre com frequência. Nesse caso, teremos dois atos administrativos, ainda que expedidos na mesma ocasião, integrantes de uma única manifestação da Administração Pública" (COSTA, Regina Helena. *Curso de direito tributário*, op. cit., p. 251-253).

[332] NIETO, 2012, p. 268.

Eis a representação e o registro, entretanto, de que não pretendemos a sistematização de uma tipologia punitiva precisa no direito tributário sancionador, mas contribuir na *descrição suficiente* da pena administrativa, como ferramenta a favor da segurança jurídica:

Quadro 2

(continua)

Pré-tipos no Código Tributário Nacional	*Tipos sancionadores na Lei nº 9.430/1996*
(Lê-se) deve ser que, se descumprido o *pré-tipo*	Então, aplica-se o *tipo sancionador.*
Código Tributário Nacional	Lei nº 9.430/1996.
Art. 149. O lançamento é efetuado e revisto de ofício pela autoridade administrativa nos seguintes casos:	Art. 44. Nos casos de lançamento de ofício, serão aplicadas as seguintes multas:
I – quando a lei assim o determine;	Aqui não haverá sanção, diante da ausência de ato ilícito, desde que se trate de lançamento originário da autoridade administrativa.
II – quando a declaração não seja prestada, por quem de direito, no prazo e na forma da legislação tributária;	Multa de ofício: (Art. 44) I – de 75% (setenta e cinco por cento) sobre a totalidade ou diferença de imposto ou contribuição nos casos de falta de pagamento ou recolhimento, de falta de declaração e nos de declaração inexata; (Além da multa de mora, do art. 61 da mesma Lei nº 9.430/1996).

(continua)

III – quando a pessoa legalmente obrigada, embora tenha prestado declaração nos termos do inciso anterior, deixe de atender, no prazo e na forma da legislação tributária, a pedido de esclarecimento formulado pela autoridade administrativa, recuse-se a prestá-lo ou não o preste satisfatoriamente, a juízo daquela autoridade;	Multa agravada: (Art. 44) §2º Os percentuais de multa a que se referem o inciso I do *caput* e o §1º deste artigo serão aumentados de metade, nos casos de não atendimento pelo sujeito passivo, no prazo marcado, de intimação para: I – prestar esclarecimentos; II – apresentar os arquivos ou sistemas de que tratam os arts. 11 a 13 da Lei nº 8.218, de 29 de agosto de 1991; III – apresentar a documentação técnica de que trata o art. 38 desta Lei. (Além da multa de mora, do art. 61 da mesma Lei nº 9.430/1996).
À guisa de exemplo, na "legislação tributária" (conforme artigo 96 do CTN):	À guisa de exemplo, na "legislação tributária" (conforme artigo 96 do CTN):
Pré-tipo "dever de prestar esclarecimento"	Sanção de multa fiel à Lei nº 9.430/96
Decreto nº 9.580/2018 Regulamento do Imposto sobre a Renda e Proventos de Qualquer Natureza	Decreto nº 9.580/2018 Regulamento do Imposto sobre a Renda e Proventos de Qualquer Natureza
Pré-tipos: Art. 971. As pessoas físicas ou jurídicas, contribuintes ou não, ficam obrigadas a prestar as informações e os esclarecimentos exigidos pelos Auditores-Fiscais da Secretaria da Receita Federal do Brasil do Ministério da Fazenda no exercício de suas funções, hipótese em que as declarações serão tomadas por termo e assinadas pelo declarante. Art. 972. Nenhuma pessoa física ou jurídica, contribuinte ou não, poderá eximir-se de fornecer, nos prazos marcados, as informações ou os esclarecimentos solicitados pelas unidades da Secretaria da Receita Federal do Brasil do Ministério da Fazenda.	Tipo sancionador. Art. 1.000. Os percentuais de multa a que se referem o inciso I do caput e o §1º do art. 998 serão aumentados de metade, nas hipóteses de não atendimento pelo sujeito passivo, no prazo marcado, de intimação para (Lei nº 9.430, de 1996, art. 44, §2º): I – prestar esclarecimentos; II – apresentar os arquivos ou os sistemas de que tratam os art. 279 e art. 280; e III – apresentar a documentação técnica de que trata o art. 281. Na redação do *Decreto nº 3.000/1999* (revogado): Art. 959. As multas a que se referem os incisos I e II do art. 957 passarão a ser de cento e doze e meio por cento e de duzentos e vinte e cinco por cento, respectivamente, nos casos de não atendimento pelo sujeito passivo, no prazo marcado, de intimação (...).

(continua)

IV – quando se comprove falsidade, erro ou omissão quanto a qualquer elemento definido na legislação tributária como sendo de declaração obrigatória;	Multa de ofício (erro ou omissão culposos): (Art. 44) I – de 75% (setenta e cinco por cento) sobre a totalidade ou diferença de imposto ou contribuição nos casos de falta de pagamento ou recolhimento, de falta de declaração e nos de declaração inexata;
	Multa qualificada (falsidade, erro ou omissão dolosos): (Art. 44) §1º O percentual de multa de que trata o inciso I do *caput* deste artigo será duplicado nos casos previstos nos arts. 71, 72 e 73 da Lei nº 4.502, de 30 de novembro de 1964, independentemente de outras penalidades administrativas ou criminais cabíveis. (Além da multa de mora, do art. 61 da mesma Lei nº 9.430/1996).
V – quando se comprove omissão ou inexatidão por parte da pessoa legalmente obrigada no exercício da atividade a que se refere o artigo seguinte (lançamento por homologação);	Multa de ofício: (Art. 44) I – de 75% (setenta e cinco por cento) sobre a totalidade ou diferença de imposto ou contribuição nos casos de falta de pagamento ou recolhimento, de falta de declaração e nos de declaração inexata; (Além da multa de mora, do art. 61 da mesma Lei nº 9.430/1996).
VI – quando se comprove ação ou omissão do sujeito passivo, ou de terceiro legalmente obrigado, que dê lugar à aplicação de penalidade pecuniária;	Multa isolada: (Art. 44) II – de 50% (cinqüenta por cento), exigida isoladamente, sobre o valor do pagamento mensal: a) na forma do art. 8º da Lei nº 7.713, de 22 de dezembro de 1988, que deixar de ser efetuado, ainda que não tenha sido apurado imposto a pagar na declaração de ajuste, no caso de pessoa física; b) na forma do art. 2º desta Lei, que deixar de ser efetuado, ainda que tenha sido apurado prejuízo fiscal ou base de cálculo negativa para a contribuição social sobre o lucro líquido, no ano-calendário correspondente, no caso de pessoa jurídica.
VII – quando se comprove que o sujeito passivo, ou terceiro em benefício daquele, agiu com dolo, fraude ou simulação;	Multa qualificada: (Art. 44) §1º O percentual de multa de que trata o inciso I do *caput* deste artigo será duplicado nos casos previstos nos arts. 71, 72 e 73 da Lei nº 4.502, de 30 de novembro de 1964, independentemente de outras penalidades administrativas ou criminais cabíveis. (Além da multa de mora, do art. 61 da mesma Lei nº 9.430/1996).

(conclusão)

VIII – quando deva ser apreciado fato não conhecido ou não provado por ocasião do lançamento anterior;	Multa de mora: Art. 61. Os débitos para com a União, decorrentes de tributos e contribuições administrados pela Secretaria da Receita Federal, cujos fatos geradores ocorrerem a partir de 1º de janeiro de 1997, não pagos nos prazos previstos na legislação específica, serão acrescidos de multa de mora, calculada à taxa de trinta e três centésimos por cento, por dia de atraso. §1º A multa de que trata este artigo será calculada a partir do primeiro dia subseqüente ao do vencimento do prazo previsto para o pagamento do tributo ou da contribuição até o dia em que ocorrer o seu pagamento. §2º O percentual de multa a ser aplicado fica limitado a vinte por cento. §3º Sobre os débitos a que se refere este artigo incidirão juros de mora calculados à taxa a que se refere o §3º do art. 5º, a partir do primeiro dia do mês subseqüente ao vencimento do prazo até o mês anterior ao do pagamento e de um por cento no mês de pagamento. (Lei nº 9.430/1996)
IX – quando se comprove que, no lançamento anterior, ocorreu fraude ou falta funcional da autoridade que o efetuou, ou omissão, pela mesma autoridade, de ato ou formalidade especial.	Multa de mora do art. 61 da Lei nº 9.430/1996 (a redação ficou transcrita na referência exatamente acima desta).

Fonte: Elaborado pelo autor em 2018.

5.2 Responsabilidade tributária sancionatória

Das aplicações científicas que realizamos dos fundamentos defendidos em nossa pesquisa nos temas da *culpabilidade* e dos *efeitos do ato ilícito*, propomos agora, no regime da responsabilidade tributária sancionatória, a *reformulação* do quadro que foi antes apresentado – em *Culpabilidade e responsabilidade*, (subitem 4.4.1) *"Responsabilidade tributária"*.

Eis uma comparação não mais entre as regras gerais da responsabilidade no Código Civil e no Código Tributário Nacional, mas entre normas representativas do *regime jurídico da responsabilidade por sujeição passiva indireta* (responsabilidade tributária *em sentido estrito*, dissemos) e do *regime jurídico da responsabilidade tributária sancionatória*.

Aqui já o registro de uma *conclusão*:
- Veja-se que ambos os regimes têm natureza de *normas tributárias*. No primeiro, poderia-se dizer, há *normas*

tributárias em sentido estrito – daquelas potestades que Ruy Barbosa Nogueira[333] chamou de *poder de tributar e poder de regular*. No segundo, há *normas tributárias punitivas* – do *poder de sancionar* (potestade sancionatória complemento da gestão pública material).

Lembramos (para nós): o fundamento do direito tributário sancionador é a função pública tributária. A potestade sancionatória está contida na função tributária. É signo do *ius tributandi*. Dissemos ainda, são *paralelos dogmáticos (de partida) devidos*:

(i) responsabilidade tributária em sentido estrito e direito civil;
(ii) responsabilidade tributária sancionatória e direito penal.

É conclusão que pode ser representada assim:

Quadro 3

Regime jurídico da responsabilidade tributária em sentido estrito	Regime jurídico da responsabilidade tributária sancionatória
Critérios normativos possíveis:	Critérios normativos possíveis:
Fato jurídico tributário Fato da responsabilidade (lícito ou ilícito) Vinculação indireta ao fato jurídico tributário ou direta ou indireta ao sujeito que o praticou	Infração Lesão ou perigo abstrato Nexo causal Culpa ou dolo
Proposição normativa de referência inicial:	Proposição normativa de referência inicial:
Art. 128. Sem prejuízo do disposto neste capítulo, a lei pode atribuir de modo expresso a responsabilidade pelo crédito tributário a terceira pessoa, vinculada ao fato gerador da respectiva obrigação, excluindo a responsabilidade do contribuinte ou atribuindo-a a este em caráter supletivo do cumprimento total ou parcial da referida obrigação. (Código Tributário Nacional)	Art. 136. Salvo disposição de lei em contrário, a responsabilidade por infrações da legislação tributária independe da intenção do agente ou do responsável e da efetividade, natureza e extensão dos efeitos do ato. (Código Tributário Nacional)

Fonte: Elaborado pelo autor.

---

[333] NOGUEIRA, Ruy Barbosa. *Curso de direito tributário*, op. cit., p. 194-195.

Então, *são nossas conclusões:*
- O que fica demonstrado é a clara existência de *dois regimes jurídicos distintos* para cada um dos conceitos de "responsabilidade tributária" versados no capítulo V do livro Segundo do Código Tributário Nacional.
- Sendo que: a responsabilidade tributária por infrações compõe o domínio das *normas punitivas,* que não abriga – como todo *regime jurídico punitivo* – a desconsideração da culpabilidade.

A culpabilidade, entretanto, no *sistema administrativo sancionador* pode comportar-se com matizes.

Se ela se distancia do regime civil (e, vimos, é neste em que há espaço para a responsabilidade objetiva) para se aproximar do penal (sob o mesmo conceito de ordenamento punitivo), também pode, por vezes, se distanciar desse último regime para se aproximar daquele.

Temos falado ao longo da pesquisa: vemo-nos diante da necessidade, ainda, de se construir uma sistematização do direito sancionador – do direito tributário sancionador.

Testando hipóteses (como acreditava Peirce, criador da filosofia pragmática norte-americana) ou pensando entre o "porquê" e o "para quê" (como disse Clarice Lispector sobre o pensamento pragmático),[334] então, dá-se a tarefa: compreender as qualidades e peculiaridades de seus conceitos.

Pois bem, nesse caminho seguiremos até o último ponto, na conclusão, que representamos com o nome de *Giro administrativo da sanção tributária.*

5.2.1 O tema no Superior Tribunal de Justiça

Antes, porém, fixemos como vem sendo firmada a jurisprudência no tema da culpabilidade nas sanções administrativas tributárias.

---

[334] As duas referências remetem ao nosso ponto: *Também sobre a culpabilidade: o que a semiótica e o pragmatismo podem nos dizer sobre interpretação de condutas?*

Não há ainda precedente que tenha por objeto precisamente a responsabilidade por infrações fiscais *nos moldes do artigo 136 do Código Tributário Nacional*.

A mais persuasiva decisão é o Recurso Especial nº 494.080/RJ, de relatoria do ministro Teori Albino Zavascki, julgado na Primeira Turma do Superior Tribunal de Justiça em 19.10.2004 e enunciado sob a ementa: "TRIBUTÁRIO. RESPONSABILIDADE POR INFRAÇÃO. MULTA. ART. 136 DO CTN. RESPONSABILIDADE OBJETIVA, INTERPRETADA À LUZ DAS REGRAS DOS ARTS. 137 E 112 DO MESMO CÓDIGO. IMPOSTO DE IMPORTAÇÃO. ISENÇÃO. BAGAGEM DE RESIDENTE NO EXTERIOR HÁ MAIS DE UM ANO. CONSULTA AO CONSULADO BRASILEIRO. RECONHECIMENTO DE BOA-FÉ PELO TRIBUNAL DE ORIGEM. EXCLUSÃO DA MULTA. RECURSO ESPECIAL A QUE SE NEGA PROVIMENTO".[335]

Eis o voto relator, do ministro Teori Albino Zavascki, no Recurso Especial nº 494.080/RJ (vale a pena transcrever): "1. Em doutrina, considera-se que a responsabilidade por infrações fiscais não tipificadas como delitos (vale dizer, a responsabilidade pelo pagamento de multas) é, nos moldes do art. 136 do CTN, 'objetiva na enunciação, mas comporta temperamentos' (Sacha Calmon Navarro Coêlho, Curso de Direito Tributário Brasileiro, 7. ed., Rio de Janeiro: Forense, 2004, p. 752). Após afirmar a irrelevânci, em princípio, na tipificação do ilícito fiscal não abrangido pelo Direito Penal, da intenção do agente, bem assim do erro de fato ou de direito, conclui esse autor que 'a infração fiscal configura-se pelo simples descumprimento dos deveres tributários de dar, fazer e não-fazer previstos na legislação' (*op. cit.*, p. 754). O abrandamento desse princípio é realizado, segundo o autor, pelo próprio art. 136, ao possibilitar a inclusão do elemento subjetivo na descrição do tipo infracional, e pelos arts. 108, §2º, e 112 do CTN, normas interpretativas que contemplam, respectivamente, a eqüidade e o *in dubio pro contribuinte*: 'O art. 136 do CTN, portanto, recomenda a *consideração objetiva* do ilícito fiscal, mas dá ao legislador federal,

---

[335] Relator min. Teori Albino Zavascki, Primeira Turma, julgamento em 19.10.2004, DJ 16.11.2004.

estadual e municipal competência para fixar hipóteses em que deve ser considerado o fato volitivo (vontade) na configuração do tipo infracional. A segunda disposição, atenuadora, versa sobre princípios de interpretação e aplicação e abre ensanchas à consideração eqüitativa dos conflitos fiscais. Diz o art. 112 do CTN: 'A lei tributária que define infrações, ou lhe comina penalidades, interpreta-se da maneira mais favorável ao acusado, em caso de dúvida quanto: I – à capitulação legal do fato; II – à natureza ou às circunstâncias materiais do fato, ou à natureza ou extensão dos seus efeitos; III – à autoria, imputabilidade, ou punibilidade; IV – à natureza da penalidade aplicável, ou à sua graduação.' Figuremos um exemplo ilustrativo tirado de nossa clínica fiscal. O caso deu-se com um pequeno comerciante. Este deu saída a certa mercadoria sem a vida de acompanhamento da nota (fatura) fiscal, por negligência. Contudo, lançara no livro Registro de Saídas de Mercadorias o valor da operação, e a contabilidade da empresa anotara a movimentação do estoque e o crédito da duplicata contra o comprador. Na barreira (Posto Fiscal), vistoriada a carga, foi cobrado o imposto com multa de 40% sobre o valor das mercadorias, este arbitrado à falta de documentação. Tal multa é prevista na lei para os casos de trânsito de mercadorias sem documentação fiscal (presunção *juris tantum* de venda sem pagamento do imposto). O contribuinte reclamou, alegando boa-fé e não prejuízo ao Erário, pois o imposto foi pago mediante guia conforme os dados do Registro de Saída de Mercadoria. O Conselho, comprovando o pagamento tempestivo, excluiu o ICM cobrado na barreira e reduziu a sanção a 1% do valor da mercadoria, ao argumento de que: a) não houvera intenção fraudulenta; b) não houve prejuízo ao Erário; c) o contribuinte era primário; e d) o estabelecimento era de 'rudimentar organização', consistindo a espécie, se mantida a multa de 40%, uma daquelas contra as quais poderia ser alegado procedentemente o brocardo latino *sumo jus, suma injuria*. A manutenção da multa em 1% – disse o Conselho de Contribuintes – tinha o caráter 'educativo'. O que não se pode, definitivamente, é querer aplicar ao ilícito fiscal o princípio da responsabilidade subjetiva (dolo e culpa) como *regra*, ao invés da responsabilidade objetiva, com atenuações interpretativas. 2. No caso concreto, depreende-se da contestação que a sanção foi imposta com base no art. 28 da IN 23/95 da SRF, que dispõe que "aplicar-se-á multa de cem por cento sobre a totalidade ou diferença dos tributos devidos, ao viajante procedente do exterior que (Lei 8.218, de 29 de agosto de 1991, art. 4º, incuso I): (...) II – importar como bagagem mercadoria que revele finalidade comercial ou industrial". O art. 4º, da Lei 8.218/91, a que se refere a Instrução Normativa, prevê multa de 100% (cem por cento) para os casos de falta de recolhimento ou de falta ou inexatidão de declaração (inciso I), majorada para 300% (trezentos por cento) nos casos de evidente intuito de fraude (inciso II). A ausência de menção ao elemento subjetivo na descrição do inciso I, aliada à expressa previsão de conduta dolosa do inciso II, evidencia não se estar aqui diante de uma das hipóteses em que o legislador atribuiu relevância ao elemento subjetivo. Deve ser confirmado, no entanto, à luz da doutrina antes citada, o julgamento por eqüidade realizado pelo Tribunal de origem, que, analisando as circunstâncias de fato do caso, reconheceu a boa-fé da impetrante, ao formular consulta ao Consulado, mantendo, com isso, a exigência do pagamento do tributo, mas dispensando-a da multa imposta".[336]

O Recurso Especial nº 494.080/RJ vem sendo interpretado como no Recurso Especial nº 1.574.489/SP: "Apesar da norma tributária expressamente revelar ser objetiva a responsabilidade do contribuinte, ao cometer um ilícito fiscal (art. 136 do CTN), sua hermenêutica admite temperamentos, tendo em vista que os arts. 108, inciso IV e 112 do CTN permitem a aplicação da equidade e a interpretação a lei tributária segundo o princípio do *in dubio pro contribuinte* (REsp 494.080-RJ, DJU 16.11.04)".[337]

O Recurso Especial nº 1.574.489/SP, com relatoria do ministro Napoleão Nunes Maia Filho, julgado na Primeira Turma do Superior Tribunal de Justiça em 21.09.2017, por sua vez, sumariza o atual cenário no Superior Tribunal de Justiça, considerando, além da interpretação dada no Recurso Especial nº 494.080/RJ, também a interpretação dada no precedente Recurso Especial nº 1.148.444/MG no seguinte sentido – eis a ementa e

---

[336] Relator min. Teori Albino Zavascki, Primeira Turma, julgado em 19/10/2004, DJ 16/11/2004.
[337] Recurso Especial 1.574.489/SP, rel. ministro Napoleão Nunes Maia Filho, Primeira Turma, julgado em 21.09.2017, DJe 03.10.2017.

o voto relator (no que nos interessa): "PROCESSUAL CIVIL E TRIBUTÁRIO. INOCORRÊNCIA DE OFENSA AO ART. 535 DO CPC/1973. NÃO HÁ RESPONSABILIDADE TRIBUTÁRIA DO VENDEDOR, NA HIPÓTESE DE TRESDESTINAÇÃO DE ÁLCOOL HIDRATADO, SE REGULARMENTE VENDIDO E ENTREGUE AO TRANSPORTADOR PRÉ-CREDENCIADO. ART. 121, I E II DO CTN. RESPONSABILIDADE TRIBUTÁRIA EMERGENTE. EXIGÊNCIA DE ANTERIOR DEMONSTRAÇÃO DE SOLIDARIEDADE (ART. 124, I E II DO CTN) OU CONDUTA INFRACIONAL APTA A GERAR O VÍNCULO JURÍDICO (ART. 135, CAPUT DO CTN). RECURSO ESPECIAL DA COOPERATIVA CONHECIDO E PROVIDO. (...) 4. *No caso de cometimento de infrações, alvitra-se a chamada (e abominável) responsabilidade tributária objetiva, que se ancoraria (no dizer dos que a sustentam) no art. 136 do CTN, mas essa sugestão é absolutamente contrária aos princípios do Direito Público moderno e, em especial, ao sistema do CTN, porquanto esse Código proclama, nos seus arts. 108, IV e 112, que a interpretação da lei tributária se fará com a aplicação da equidade e do princípio in dubio pro contribuinte, conforme já assinalou o preclaro Ministro TEORI ALBINO ZAVASCKI (REsp. 494.080/RJ, DJ 16.11.2004). 5. Insigne Ministro LUIZ FUX, ao analisar esse mesmo tema, sob a sistemática do art. 543-C do CPC (REsp. 1.148.444/MG, DJe 27.04.2010), consignou no seu voto, para asseverar a indispensabilidade do elemento subjetivo na conduta do obrigado tributário".*[338]

Constando do voto relator que: "É bem verdade que, no caso de cometimento de infrações, alvitra-se a chamada (e abominável) responsabilidade tributária objetiva, que se ancoraria (no dizer dos que a sustentam) no art. 136 do CTN, mas essa sugestão é absolutamente contrária aos princípios do Direito Público moderno e, em especial, ao sistema do CTN, porquanto esse Código proclama, nos seus arts. 108, IV e 112, que a interpretação da lei tributária se fará com a aplicação da equidade e do princípio in dubio pro contribuinte, coforme já assinalou o preclaro Ministro TEORI ALBINO ZAVASCKI: Apesar da norma tributária expressamente revelar ser objetiva a responsabilidade do contribuinte, ao cometer

---
[338] Recurso Especial nº 1.574.489/SP, rel. ministro Napoleão Nunes Maia Filho, Primeira Turma, julgado em 21.09.2017, DJe 03.10.2017.

um ilícito fiscal (art. 136 do CTN), sua hermenêutica admite temperamentos, tendo em vista que os arts. 108, inciso IV e 1123 do CTN permitem a aplicação da equidade e a interpretação a lei tributária segundo o princípio do in dubio pro contribuinte (REsp 494.080-RJ, DJU 16.11.04)".[339]

Ao analisar esse mesmo tema, sob a sistemática do art. 543-C do CPC, no Recurso Especial nº 1.148.444/MG, o ministro Luiz Fux consignou no seu voto a indispensabilidade do elemento subjetivo na conduta do obrigado tributário: "A responsabilidade do adquirente de boa-fé reside na exigência, no momento da celebração do negócio jurídico, da documentação pertinente à assunção da regularidade do alienante, cuja verificação de idoneidade incumbe ao Fisco, razão pela qual não incide, à espécie, o artigo 136, do CTN, segundo o qual salvo disposição de lei em contrário, a responsabilidade por infrações da legislação tributária independe da intenção do agente ou do responsável e da efetividade, natureza e extensão dos efeitos do ato. Assim, uma vez caracterizada a boa-fé do adquirente em relação às notas fiscais declaradas inidôneas após a celebração do negócio jurídico (o qual fora efetivamente realizado), revela-se legítimo o aproveitamento dos créditos de ICMS".[340]

Pois bem, o precedente Recurso Especial nº 1.148.444/MG,[341] decidido sob o rito dos recursos repetitivos, com relatoria do ministro Luiz Fux, julgado na Primeira Seção do Superior Tribunal de Justiça em 14.04.2010, destaca a *boa-fé* como razão de decidir.

Desse Recurso Especial nº 1.148.444/MG tiveram origem: (i) a *Súmula nº 509* da jurisprudência do Superior Tribunal de Justiça: "É lícito ao comerciante de boa-fé aproveitar os créditos de ICMS decorrentes de nota fiscal posteriormente declarada inidônea, quando demonstrada a veracidade da compra e venda";[342] e (ii) o *Tema nº 272* da jurisprudência do Superior Tribunal de Justiça, com

---

[339] Recurso Especial nº 1.574.489/SP, rel. ministro Napoleão Nunes Maia Filho, Primeira Turma, julgado em 21.09.2017, DJe 03.10.2017.
[340] Recurso Especial nº 1.148.444/MG, rel. ministro Luiz Fux, Primeira Seção, julgado em 14.04.2010, DJe 27.04.2010.
[341] Idem.
[342] Primeira Seção, julgado em 26.03.2014, DJe 31.03.2014.

tese firmada: "O comerciante de boa-fé que adquire mercadoria, cuja nota fiscal (emitida pela empresa vendedora) posteriormente seja declarada inidônea, pode engendrar o aproveitamento do crédito do ICMS pelo princípio da não-cumulatividade, uma vez demonstrada a veracidade da compra e venda efetuada, porquanto o ato declaratório da inidoneidade somente produz efeitos a partir de sua publicação".

Da consideração da *boa-fé* no precedente Recurso Especial nº 1.148.444/MG de 14.04.2010, vemos, então, influência no tema das *infrações fiscais nos moldes do artigo 136 do Código Tributário Nacional*, com uma mudança na interpretação do Recurso Especial nº 494.080/RJ, de 19.10.2004:

(i) A interpretação que vinha sendo aplicada era: "Objetiva a responsabilidade do contribuinte, ao cometer um ilícito fiscal (art. 136 do CTN)" e "sua hermenêutica admite temperamentos, tendo em vista que os arts. 108, inciso IV e 112 do CTN" – trecho das razões do Recurso Especial nº 1.574.489/SP de 21.09.2017.[343]

(ii) A interpretação final prevalente nesta decisão de 2017 foi: "Alvitra-se a chamada (e abominável) responsabilidade tributária objetiva, que se ancoraria (no dizer dos que a sustentam) no art. 136 do CTN, mas essa sugestão é absolutamente contrária aos princípios do Direito Público moderno e, em especial, ao sistema do CTN, porquanto esse Código proclama, nos seus arts. 108, IV e 112, que a interpretação da lei tributária se fará com a aplicação da equidade e do princípio *in dubio pro contribuinte*" – trecho da Ementa do Recurso Especial nº 1.574.489/SP de 21.09.2017.[344]

Pois bem.

Passemos a seguir à defesa de como percebemos estar presente uma possível flexibilização da culpabilidade – mas não a responsabilidade objetiva – no sistema punitivo de competência da administração pública fiscal no Brasil.

---

[343] Rel. ministro Napoleão Nunes Maia Filho, Primeira Turma, julgado em 21.09.2017, DJe 03.10.2017.
[344] Idem.

5.3 A culpabilidade na responsabilidade tributária sancionatória

Prometemos apresentar uma conexão entre *culpabilidade* e *efeitos do ato ilícito*.

Para isso, partimos agora (em nosso quase desfecho) da contribuição de grande valia do que Alejandro Nieto chama de "giro administrativo da culpabilidade",[345] com a volta ao ponto de partida, no tema da culpabilidade quando haja mera inobservância de um dever jurídico.

Lembremos primeiro a explicação sobre o *perigo abstrato* nas infrações administrativas – já citada em *Efeitos do ato ilícito*, aqui está só repetida: "En la mayor parte dos casos (...) *la infracción más generalizada no consiste en la producción de un daño (supuesto ordinario en el Derecho Penal) ni en la producción de un riesgo concreto (también admisible en este Derecho) sino en la de un peligro abstracto*. Así es como se explica entonces que las infracciones administrativas sean consecuencia de una inobservancia: el simple incumplimiento de un mandato o de una prohibición de crear riesgos, *habida cuenta de que tal inobservancia basta para producir el peligro abstracto*".[346]

Agora onde queremos chegar: "Vistas así las cosas se comprende fácilmente el *descenso de nivel de exigencia de la culpabilidad*. Para condenar penalmente una persona hace falta dolo y raramente bastará la imprudencia; mientras que para sancionar una infracción administrativa basta con un simple incumplimiento formal. (...) Lo que de todas formas parece claro es que a lo largo de este proceso *el elemento subjetivo de la culpabilidad pierde la esencialidad característica del delito porque a efectos de la prevención de peligros abstractos lo que al Estado importa no es la culpabilidad sino el mero incumplimiento. El Estado no busca culpables ni siquiera* (...) *autores sino responsables, hasta tal punto que a la mera inobservancia se corresponde la mera responsabilidad*".[347]

---

[345] NIETO, Alejandro. *Direito Administrativo Sancionador*, op. cit., p. 348 e ss.
[346] NIETO, Alejandro. *Direito Administrativo Sancionador*, op. cit., p. 325.
[347] NIETO, Alejandro. *Direito Administrativo Sancionador*, op. cit.

De pronto, diante das referências acima, expomos como *conclusões*:
- No direito administrativo sancionador, opera o princípio da culpabilidade, mas também operam *infrações formais* ou *por simples inobservância*, em que é possível notar-se uma flexibilização da culpabilidade.

Observemos: *perigo abstrato* é aquele que *a norma assim o classifique*, com independência de que a conduta efetivamente tenha criado realmente um perigo (ou mesmo um risco) *concreto*.

No direito administrativo sancionador, não há tipos de "risco concreto",[348] porque é a norma que determina de antemão se o risco é proibido ou permitido. O risco não é um elemento da própria ação (o que seria verificado no caso concreto), mas, sim, é parte de uma política normativa.

É possível dizer da infração administrativa na presença de um critério de risco: "En líneas generales, *el delito penal está originariamente conectado con la lesión de un bien jurídico (o la producción de un riesgo): el resultado es aquí una lesión, mientras que la infracción administrativa está conectada con un mero incumplimiento, con independencia de la lesión que con él pueda efectivamente producirse y basta por lo común con la producción de un peligro abstracto*".[349]

Ora, regras jurídicas determinadas em razão da gestão pública, se descumpridas recebem uma sanção, ainda que não gerem perda concreta alguma para a sociedade ou para a própria administração pública. O que quer dizer que importa, nesses casos, um descumprimento de uma regra jurídica, e não, necessariamente, o resultado que isso gera; porque, nessas hipóteses, o que se quer é *prevenir danos*, pela atuação de um Estado, nesse sentido, *gestor de riscos*. Exemplo disso, no direito tributário, são os deveres de prestar informações, nos quais se *presume* que a ausência ou incorreção de dados coloca em *risco* a gestão pública fiscal.

Observamos a presença aqui de um binômio entre o *desvalor da conduta* e o *desvalor do resultado*, e daí decorre a conexão entre a *culpabilidade* e os *efeitos do ato ilícito*; critérios normativos, por sua

---

[348] NIETO, Alejandro. *Direito Administrativo Sancionador*, op. cit., p. 344-345.
[349] NIETO, Alejandro. *Direito Administrativo Sancionador*, op. cit., p. 343.

vez, que ficam conjuntamente remodelados quando vistos sob a perpectivas do *risco*.[350]

Assim, no regime administrativo punitivo fiscal, quando se esteja diante de infrações por *mero descumprimento* ou *simples inobservância de deveres legais*, caracterizadas como (desvalor

---

[350] "Os delitos de perigo abstrato representam o limite inicial de atuação do direito penal, o patamar mínimo diante do qual o aparato repressor pode legitimamente atuar. Assim, são caracterizados por ações típicas materializadas pela verificação de uma periculosidade *ex ante* para os bens protegidos. Este primeiro critério de imputação, denominada por RUDOLPHI de imputação objetiva do comportamento antinormativo, é suficiente para construir a materialidade dos delitos de perigo abstrato. O injusto típico nesses crimes, se verifica pelo risco da conduta, ou seja, é necessário que a ação ou omissão crie um perigo potencial para o bem jurídico protegido, que não precisa ser concretizado na ameaça ou lesão de um objeto específico. O que se exige é a comprovação da relevância típica do comportamento, sua periculosidade, a perturbação a que foi exposto o interesse protegido pela norma penal" (BOTTINI, Pierpaolo Cruz. *Crimes de perigo abstrato, op. cit.*, p. 168-169).
Dando um passo atrás na explicação – importa transcrever, mesmo que longa: "A consagração da periculosidade, ou do risco, como critério de materialização do injusto penal decorre de sua incorporação paulatina à dogmática, primeiramente por injustos isolados e, posteriormente, como elemento universal caracterizador da conduta típica. Neste sentido, cabe apontar as propostas de ROXIN como importantes contribuições à utilização do risco como fator de normatização do tipo penal objetivo. Este autor, a exemplo de GALLAS (...) busca construir um sistema dogmático que permita superar a metodologia ontológica do finalismo, retomando as propostas neokantianas de incorporar valor aos elementos do sistema, com o objetivo de afastar o direito penal do hermetismo das estruturas lógico-objetivas de WELZEL e direcioná-lo teleologicamente.
Adotando esta metodologia para estudar o tipo penal objetivo nos delitos de resultado lesivo, ROXIN desenvolveu – com base nas propostas de normatização do nexo de imputação dos neokantistas – o conceito de imputação objetiva, que trabalha com o risco para caracterizar a ligação material entre uma conduta e um resultado. Para este autor, a tipicidade objetiva não decorre da prática de uma conduta contrária à lei, nem da presença de um resultado lesivo, mas do risco inerente ao comportamento que se reflete na lesão não desejada pelo direito. Uma conduta será típica somente se criar um risco não permitido de causar um resultado. A periculosidade, portanto, passa a pertencer ao tipo objetivo – inicialmente apenas nos delitos de resultado – como elemento fundamental para a verificação da imputação da lesão ao ato ilícito.
Com o tempo, percebeu-se que o instituto da imputação objetiva podia ser empregado de maneira mais ampla, isto é, mais abrangente do que para a mera correção ou substituição da causalidade nos delitos de resultado. A alusão à necessidade de criação de um risco relevante e não permitido para bens jurídicos permite a construção de um critério material básico aplicável a todos os tipos penais, e não só aos delitos de dano. Trata-se de um instrumento apto para a constatação da relevância penal de qualquer conduta, um limite objetivo à incidência do *ius puniendi* em diversos aspectos.
O risco, portanto, passa a ser definido como elemento central da conduta típica, em qualquer espécie delitiva. É o elemento que permite superar a dicotomia entre o desvalor da ação e o desvalor do resultado, e define um critério jurídico e normativo de ação penalmente relevante. O risco – que cumpre papel sociológico central na organização social atual e que estrutura o modelo de produção e de distribuição de bens – e o cerne de toda a atuação do direto penal, e direciona a política criminal aplicável pelo gestor nesta área. Para que um comportamento seja penalmente desvalorado, será necessária a presença de um risco relevante para um bem jurídico, mesmo que abstrato ou potencial" (BOTTINI, Pierpaolo Cruz. *Crimes de perigo abstrato, op. cit.*, p. 166-168).

do resultado) ilícitos de perigo abstrato, é possível notar uma flexibilização quanto ao (desvalor da conduta) princípio da culpabilidade.

Paulo de Barros Carvalho, que defende o regime da responsabilidade objetiva como regra geral para as sanções administrativas fiscais, parece, inclusive, intuir como nós quando descreve a conexão entre *duas materialidades*: "Sem a efetiva prova da ligação entre as materialidades, isto é, do *nexus* entre o presumido dolo do sujeito passivo tributário e o *factum* objetivo do dano ao erário não há que se falar em autuação".[351]

Se ausentes as *duas materialidades*, o binômio fica representado (por política normativa) no conceito de *risco*, quer dizer, na atuação do Estado como gestor de riscos ou para *prevenção de danos*, penalizando-se o *mero* descumprimento de deveres.

Tercio Sampaio Ferraz Junior,[352] se bem que se referindo ao direito civil, percebe uma relação que, pensamos, se aproxima, em comparação, aqui, por uma flexibilização do *vínculo subjetivo* e do *resultado*, na presença do *risco*: "Há casos em que ela [responsabilidade] ganha certa independência do sujeito da obrigação no sentido de que o vínculo subjetivo não conta. Isto é, alguém se responsabiliza não porque se vincula por seus atos (responsabilidade subjetiva), mas por um *risco* que emerge de uma situação. É a *responsabilidade objetiva* [no direito civil], caso em que a prestação se exige não porque por sua ação o sujeito se compromete ou porque dela *resultou* um dano, mas porque há um risco potencial na situação".[353]

Defendemos, no direito administrativo sancionador, por se estar diante de um regime jurídico punitivo, a presença de uma *culpa leve ou levíssima* para as infrações administrativas por mero descumprimento. Pensamos que tais hipóteses se distinguem pela possibilidade de uma flexibilização da culpabilidade, sem que se abra mão da presença e incidência desse princípio.

---

[351] CARVALHO, Paulo de Barros. *Curso de direito tributário, op. cit.*, p. 508.
[352] Como já dissemos antes, no ponto *culpabilidade e responsabilidade* (FERRAZ JUNIOR, Tercio Sampaio. *Introdução ao estudo do direito*: técnica, decisão, dominação, *op. cit.*, p. 128).
[353] No contrário, implica que a responsabilidade objetiva fica "contundentemente excluída do direito penal", como afirma o mesmo autor (FERRAZ JUNIOR, Tercio Sampaio. *Introdução ao estudo do direito*: técnica, decisão, dominação, *op. cit.*, p. 128).

Hoje, é na responsabilidade reparatória que se admitem, com tranquilidade, o afastamento da culpabilidade e a presença de uma responsabilidade objetiva, mas desde que, de maneira excepcional. Ou seja, a regra também é a presença da culpabilidade na responsabilização por reparação de danos.

A responsabilidade civil objetiva acontece em razão da presença de um elemento de risco no conceito de responsabilização; são os casos do artigo 927, parágrafo único, do Código Civi, para as atividades de risco e, também, do artigo 37, §6º, da Constituição Federal para a responsabilidade estatal por danos.

O que se vê é a presença comum de um critério normativo de *risco* na responsabilidade reparatória e, nas infrações por mero descumprimento de deveres, da responsabilidade sancionatória. Ainda que, para cada um desses casos, haja uma justificativa distinta.

No direito administrativo sancionador, o risco diz respeito a uma regra de prevenção, pois não há a ocorrência de um resultado concreto, de um *dano*, no mero descumprimento de deveres. Já a reparação, obviamente, somente ocorre na presença de um dano, mas nem sempre exige a presença de um fato ilícito – na reparação, podendo estar justificadas as teorias de riscos de variadas maneiras.

O ponto comum, entretanto, é que tanto a responsabilidade reparatória como a responsabilidade sancionatória podem ganhar contornos próprios justificados por um critério normativo de risco.

O princípio da culpabilidade, portanto, é inafastável às infrações administrativas, e o artigo 136 do Código Tributário Nacional é, como disse o professor Geraldo Ataliba, a "regrinha de fundo" desse regime jurídico, na matéria tributária, de redação: "Salvo disposição de lei em contrário, a responsabilidade por infrações da legislação tributária independe da intenção do agente ou do responsável e da efetividade, natureza e extensão dos efeitos do ato".

Nossa interpretação, assim, é que:
- A responsabilidade tributária sancionatória independe da *intenção* (leia-se: pode ou não haver *dolo*) e independe da *efetividade, natureza e extensão dos efeitos do ato* (leia-se: pode ou não haver *dano*).

Também que:
- Não havendo dano, então haverá, no direito administrativo sancionador, tutela jurídica em razão de um *perigo*

abstrato, pela presença de um critério normativo de *risco* (mesmo que presumido) e, nesses casos, o regime jurídico da responsabilidade sancionatória tributária recebe contornos próprios, caracterizado pelas flexibilizações que veremos a seguir.

Melhor: há, no sistema tributário brasileiro, um regime jurídico próprio para as infrações administrativas que decorrem das "obrigações acessórias", que nada mais são do que o que chamamos de "infrações por mero descumprimento", sendo essa a única hipótese de flexibilização, no âmbito fiscal, dos princípios punitivos da legalidade e da culpabilidade, esta, ainda assim, presente na responsabilidade tributária sancionatória.

5.4 Giro administrativo da sanção tributária

Apresentamos (só agora) nome que representa a tese aqui defendida: *giro administrativo da sanção tributária*. O nome é uma homenagem ao que Alejandro Nieto chama de *giro administrativo da culpabilidade*, com a ressalva de que não aderimos precisamente à defesa do professor espanhol. O nosso nome inclui outros aspectos referentes à legislação tributária brasileira, se bem que, sejam também conceitos defendidos no seu livro *Derecho administrativo sancionador*, que em grande parte inspira este trabalho. Além disso, a nossa tese, apresentada na Pontifícia Universidade Católica de São Paulo, recebeu, agora, uma interpretação que, não se afastando das defesas de Alejandro Nieto, pensamos estar mais amadurecida.

Pois bem, nossa conclusão final compreende para o direito administrativo sancionador tributário a existência de uma *conjugação de flexibilizações de princípios punitivos constitucionais*, em uma precisa hipótese de infrações, as de mera inobservância de deveres, caracterizadas por um regime jurídico próprio e importante (mas pouco observado) para o cenário das sanções administrativas fiscais.

Passemos a ela.

Começando com a seguinte observação de Robson Maia Lins: "O art. 136 [do CTN] prevê que a responsabilidade por infração à *legislação tributária* independe da intenção do agente ou do responsável, ou da efetividade, natureza e extensão dos efeitos do ato, prevê hipótese de configuração de infração decorrente do descumprimento do dever instrumental, visto que somente essas espécies de deveres, podem ser previstos na legislação tributária e não somente em lei".[354] Registremos já que essa primeira conclusão não está correta, ou melhor, está só parcialmente correta, já que a expressão "legislação tributária" inclui a *lei em sentido estrito*, o que demonstra, na verdade, a presença de dois regimes jurídicos no texto do artigo 136 do Código Tributário Nacional, precisamente o que nós vamos mostrar.

Para ele, a expressão "legislação tributária" – do artigo 96 do Código Tributário Nacional,[355] como conceito que "compreende as leis, os tratados e as convenções internacionais, os decretos e as normas complementares que versem, no todo ou em parte, sobre tributos e relações jurídicas a eles pertinentes" – deixa aberta a possibilidade de instituição de infração e sanção tributárias por intermédio de outros instrumentos normativos que não a lei, para concluir: "O que configura, a nosso sentir, verdadeira relativização infraconstitucional do princípio da legalidade".[356]

Nisso estaria certo, porém, desde que dissesse respeito somente às infrações por mero descumprimento de deferes formais, fazendo-se a correção da conclusão anterior, no que diz respeito à expressão "legislação tributária"; e também uma segunda correção, quando diz da possibilidade da instituição de infração e sanção tributárias por intermédio de outros instrumentos normativos, porque o que se pode instituir fora da lei em sentido estrito não é a sanção, mas somemte a infração (na parte do antecedente normativo). E sendo mais preciso, o que se pode institutir por tais instrumentos normativos é o *pré-tipo* da infração (expressão que explicamos acima); além disso, o professor, em sua compreensão, não se posiciona quanto ao princípio da culpabilidade.

---

[354] LINS, Robson Maia. Mora e denúncia espontânea no direito tributário. *Revista de Direito Tributário*, v. 103. São Paulo: Ed. Malheiros, 2008. p. 101.
[355] "Art. 96. A expressão 'legislação tributária' compreende as leis, os tratados e as convenções internacionais, os decretos e as normas complementares que versem, no todo ou em parte, sobre tributos e relações jurídicas a eles pertinentes" (Código Tributário Nacional).
[356] LINS, Robson Maia. Mora e denúncia espontânea no direito tributário. *Revista de Direito Tributário*, v. 103. São Paulo: Ed. Malheiros, 2008. p. 101, grifo nosso.

Pois bem, o artigo 97 do Código Tributário Nacional[357] impõe a *legalidade estrita* na instituição de *tributos* (inciso I), na definição do *fato gerador da obrigação tributária principal* (inciso III), na cominação de *penalidades* para as ações ou omissões contrárias a seus dispositivos ou para outras infrações nela definidas (inciso V) – entre outras circunstâncias.

Contrário sensu, é possível que "legislação tributária" (lei em sentido amplo) disponha sobre *dever instrumental* (pré-tipo) que componha a *infração formal* (tipo sancionador).

Edilson Pereira Nobre Júnior é rigoroso em explicar o tema: "Daí ser preciso desfazer equívoco no qual incidiu parcela da jurisprudência, ao reclamar lei para a instituição de obrigação acessória. Ao reportar-se à obrigação acessória, o art. 113, parágrafo 2º, do Código Tributário Nacional, afirma que aquela decorre da legislação tributária, expressão que, no mencionado diploma (art. 96), tem significado próprio, englobando decretos e normas complementares. A necessidade de lei se dirige unicamente para qualificar como infração a não observância da obrigação acessória, cominando, para tanto, penalidade. Assim bem o esclarece a jurisprudência prevalente no Superior Tribunal de Justiça, demonstrando que a necessidade de lei em sentido estrito se dirige única e exclusivamente para a tipificação de infrações, bem como para a cominação das respectivas sanções, não abrangendo a imposição de deveres instrumentais".[358]

Iluminada na explicação de Edilson Pereira Nobre Júnior, eis a conclusão: nas infrações tributárias decorrentes do descumprimento de *deveres instrumentais* ou *infrações tributárias formais*, está relativizado no direito positivo brasileiro o princípio da *legalidade*.

---

[357] "Art. 97. Somente a lei pode estabelecer: I – a instituição de tributos, ou a sua extinção; II – a majoração de tributos, ou sua redução, ressalvado o disposto nos artigos 21, 26, 39, 57 e 65; III – a definição do fato gerador da obrigação tributária principal, ressalvado o disposto no inciso I do §3º do artigo 52, e do seu sujeito passivo; IV – a fixação de alíquota do tributo e da sua base de cálculo, ressalvado o disposto nos artigos 21, 26, 39, 57 e 65; V – a cominação de penalidades para as ações ou omissões contrárias a seus dispositivos, ou para outras infrações nela definidas; VI – as hipóteses de exclusão, suspensão e extinção de créditos tributários, ou de dispensa ou redução de penalidades" (Código Tributário Nacional).

[358] NOBRE JÚNIOR, Edilson Pereira. *As sanções tributárias numa perspectiva jurisprudencial, op. cit.*, p. 46-47.

Agora, tínhamos concluído nós sobre *a culpabilidade na responsabilidade tributária sancionatória*: no direito tributário sancionador, quando norma punitiva classificar como infração o descumprimento de um *dever formal* (o que implica em uma infração por *perigo abstrato*), estaremos diante de uma flexibilização da culpabilidade, sendo o caso das infrações tributárias decorrentes do descumprimento de "obrigações acessórias", ou deveres formais, deveres instrumentais ou mera inobservância de deveres.

Nossa conclusão agora:
- Nas infrações *administrativas* tributárias decorrentes do descumprimento de deveres ou infrações tributárias formais ou por perigo abstrato, *sofrem flexibilizações*:
  (i) o princípio da *legalidade*; e
  (ii) o princípio da *culpabilidade*.
- Eis o que chamamos de *giro administrativo da sanção tributária*.

É nome (ou signo ou símbolo) que representa a *potestade sancionatória da administração pública na gestão fiscal*. Nele (*giro administrativo da sanção*), os princípios da legalidade e da culpabilidade ganham os contornos *relativos à tutela jurídica que lhe é própria na função pública administrativa*.

Essa flexibilização (lembremos) está comparada ao direito penal (nosso paralelo dogmático de partida) por comporem, ambos, um *regime jurídico punitivo*, como defendido pelo professor Geraldo Ataliba na Pontifícia Universidade Católica de São Paulo, construção científica assumida neste trabalho, com identidade a do poder punitivo único do Estado.

Vê-se, enfim, com clareza a razão dos *princípios que nós destacamos*.

É na força desses dois princípios (legalidade e culpabilidade) que a potestade sancionatória da administração pública forma classe que permite uma conformação de matiz diverso da potestade penal.

A potestade sancionatória da administração pública (já dissemos) compõe (é elemento da classe maior) a gestão pública material. E os critérios que a constituem (enquanto poder de punir) pertencem antes ao conceito: função administrativa.

Por isso, o giro *administrativo* da sanção.

Nossa conclusão, nos contornos das *infrações tributárias formais ou por perigo abstrato*, e sua representação no quadro por nós elaborado ficam assim:
- Percebemos a presença de *dois regimes jurídicos* no dispositivo do artigo 136 do Código Tributário Nacional:
  (i) Um regime jurídico que *exige*:
     (a) *legalidade em sentido estrito*; e
     (b) *culpabilidade*.
- É o *regime jurídico das infrações tributárias materiais*;
  (ii) Outro regime jurídico que *admite*:
     (a) intermédio de *lei em sentido amplo*; e
     (b) *responsabilidade por culpa leve ou levíssima*.
- É o *regime das infrações tributárias formais*.
- São os *dois regimes jurídicos* presentes no artigo 136 do Código Tributário Nacional:
  (i) regime jurídico das *infrações tributárias materiais*; e
  (ii) regime jurídico das *infrações tributárias formais*.

Quadro 4

Regime jurídico das infrações tributárias materiais	Regime jurídico das infrações tributárias formais
Critérios normativos no artigo 136 do Código Tributário Nacional:	Critérios normativos no artigo 136 do Código Tributário Nacional:
Infração material disposta em lei em sentido estrito (artigo 97 do CTN)	Infração formal disposta em lei em sentido estrito (artigo 97 do CTN) ou com possível pré-tipo em "legislação tributária" (artigo 96 do CTN)
Lesão Nexo causal Culpa (como regra) ou dolo	Perigo abstrato Nexo causal Culpa leve ou levíssima

Explicamos nossa conclusão.
Primeiro, o *regime jurídico das infrações tributárias materiais* (regra geral, pensamos), no qual se exigem a *legalidade em sentido estrito*, do

artigo 97 do Código Tributário Nacional, e a presença de *culpabilidade* para a incidência da pena administrativa (culpa ou dolo).

Depois, o *regime jurídico das infrações tributárias formais*, no qual há *flexibilização dos princípios da legalidade e da culpabilidade*.

Sobre a flexibilização da *legalidade nas infrações tributárias formais*, é possível norma de *dever instrumental* em lei em sentido amplo (como vimos do debate acima sobre o artigo 96 do Código Tributário Nacional).

Assim, por *tipificação indireta*, o *tipo sancionador* pode estar composto por *pré-tipo* (norma de conceituação de dever formal) disposto em instrumento normativo diverso de lei, por exemplo, em um decreto.

Por breve ilustração, em *tipificação indireta* do capítulo *Nossas propostas de interpretações*, incluímos, no nosso quadro 2, exemplo de *pré-tipo de dever instrumental de prestar esclarecimentos*, disposto no Decreto nº 9.580/2018 – Regulamento do Imposto sobre a Renda e Proventos de Qualquer Natureza.

Sobre a flexibilização da *culpabilidade nas infrações tributárias formais*: a infração que independe de lesão, resultado material ou dano *no direito administrativo sancionador*, na qual interessa o *mero descumprimento ou simples inobservância de dever instrumental*, é conceito que implica em uma culpabilidade diminuída, representada pela culpa leve ou, mesmo, pela culpa levíssima.

Ainda, por *conclusão*: se o regime das infrações administrativas tributárias formais acontece em maior volume (e assim o é), ainda que ele predomine (em quantidade) sobre todas as outras formas de infrações tributárias (incluídas as criminais), diante da *generalização do risco*, e estando nele a culpabilidade flexibilizada, não se pode dizer, mesmo assim, ser possível o afastamento do *princípio da culpabilidade*, dada a *natureza punitiva* da sanção. E o mesmo se diga para a *legalidade em sentido estrito*: esta sempre é a regra para a punição.

Portanto:
- O Código Tributário Nacional jamais relativiza a responsabilidade objetiva (como vê-se – espantosamente, diante do atual constitucionalismo – dizer).

Lembremos: a responsabilidade objetiva não é regra nem mesmo nas normas de responsabilidade *por reparação* do Código Civil, tampouco pode ser num regime jurídico *punitivo*.

- No regime punitivo que representamos no *giro administrativo da sanção tributária*, está flexibilizado o princípio da *culpabilidade*, na hipótese da mera inobservância de deveres, somente nela, não afastada, ainda assim, a culpabilidade, que, no império da punição, é sempre a regra (nunca, a exceção).

Essa é a interpretação – a presença da culpabilidade – confirmada no que dispõem as seguintes normas do Código Tributário Nacional: artigo 172 nos incisos II e IV,[359] prevendo o "erro ou ignorância escusáveis" sobre a matéria de fato e "considerações de eqüidade", em relação às características pessoais ou materiais do caso; artigo 108, incisos III e IV,[360] com a aplicação dos "princípios gerais de direito público" (dentre os quais, está a culpabilidade em matéria punitiva) e também a equidade, na ausência de disposição expressa; e artigo 100, parágrafo único,[361] que representa – como em alguma medida todas essas normas o fazem – o princípio da boa-fé no direito tributário sancionador.

Aliás: a boa-fé é sempre a regra quando do injusto no ordenamento jurídico, não a exceção. Ainda mais, a culpabilidade é a regra inafastável na *punição do injusto*.

Sendo essas nossas propostas de interpretações quanto ao direito administrativo sancionador tributário.

5.5 Fecho: a praticabilidade e o conceito de risco em atos perigosos por acumulação

Agora, uma nota ainda que não poderia ficar fora do debate é uma brevíssima consideração sobre o *princípio da praticabilidade* – que vai *ao encontro* deste nosso último ponto, no *Giro administrativo da sanção*.

---

[359] "Art. 172. A lei pode autorizar a autoridade administrativa a conceder, por despacho fundamentado, remissão total ou parcial do crédito tributário, atendendo: (...) II – ao erro ou ignorância excusáveis do sujeito passivo, quanto a matéria de fato; (...) IV – a considerações de eqüidade, em relação com as características pessoais ou materiais do caso" (Código Tributário Nacional).

[360] "Art. 108. Na ausência de disposição expressa, a autoridade competente para aplicar a legislação tributária utilizará sucessivamente, na ordem indicada: (...) III – os princípios gerais de direito público; IV – a eqüidade" (Código Tributário Nacional).

[361] "Art. 100. São normas complementares das leis, dos tratados e das convenções internacionais e dos decretos: (...) Parágrafo único. A observância das normas referidas neste artigo exclui a imposição de penalidades, a cobrança de juros de mora e a atualização do valor monetário da base de cálculo do tributo" (Código Tributário Nacional).

Misabel Derzi dedica-se ao princípio da praticabilidade com zelo em seu *Direito tributário, direito penal e tipo*. Ela esclarece o que são tipo[362] e conceito fechado[363] para dizer da *praticabilidade* — em aproximação àquela primeira definição —, que se manifesta pela necessidade de utilização de técnicas simplificadoras da execução das normas jurídicas, explicando-a como técnica que objetiva: (i) evitar a investigação exaustiva do caso isolado, com o que se reduzem os custos na aplicação da lei; (ii) dispensar a colheita de provas difíceis ou impossíveis em cada caso concreto ou aquelas que representem ingerência indevida na esfera privada do cidadão.

São exemplos de realização da praticabilidade as presunções e ficções legais — como ocorre na definição legal do *perigo abstrato*.

É que, se cada fato tributário for esclarecido exaustivamente — com o mesmo cuidado que se requer, por exemplo, no direito penal —, o custo do aparato administrativo necessário poderia chegar a ser superior mesmo à arrecadação; além disso, parte dos casos sujeitos a lançamento ou deveres poderia ficar sem ser atendida. Por outro lado, a praticabilidade abre espaço para a possibilidade de se ferirem o princípio da justiça tributária e a individualidade do tratamento do caso isolado.[364]

Eis o dilema do chamado *estado de necessidade administrativo*, em que estão em oposição a legalidade e a praticabilidade.[365]

---

[362] Misabel Derzi esclarece o sentido de *tipo* como uma ordem rica de notas referenciais ao objeto, porém, renunciáveis, que se articulam em uma estrutura aberta à realidade, flexível, gradual, cujo sentido decorre dessa totalidade. Nele os objetos não se subsumem, mas se ordenam, segundo método comparativo que gradua as formas mistas ou transitivas. O tipo propriamente dito atende mais de perto a princípios jurídicos como a igualdade, a funcionalidade e permeabilidade às mutações sociais e a justiça. Seu uso, entretanto, enfraquece a segurança jurídica, a lealdade como fonte exclusiva de criação jurídica e a uniformidade (DERZI, Misabel de Abreu Machado. *Direito tributário, direito penal e tipo, op. cit.*, p. 84).

[363] Já o *conceito fechado* é aquele que denota o objeto através de notas irrenunciáveis, fixas e rígidas, determinantes de uma forma de pensar seccionadora da realidade, para a qual é básica a relação de exclusão "ou... ou"; através dessa relação, calcada na regra da identidade, empreende-se classificações com separação rigorosa entre as espécies. O conceito determinado e fechado (tipo no sentido impróprio), ao contrário, imprime reforço a princípios como: a segurança jurídica, a primazia da lei, a uniformidade no tratamento dos casos isolados; enfraquecendo a igualdade, a funcionalidade e a adaptação da estrutura normativa às mutações sócio-econômicas (DERZI, Misabel de Abreu Machado. *Direito tributário, direito penal e tipo, op. cit.*, p. 84).

[364] DERZI, Misabel de Abreu Machado. *Direito tributário, direito penal e tipo, op. cit.*, p. 105.

[365] "Configurando-se o estado de necessidade administrativo, admite-se que se dê a execução simplificadora da lei, a qual atende à praticabilidade, como regra implícita superior,

Ela (praticabilidade) também é conceito que representa o fenômeno da *sociedade de risco*. Realiza-se no direito tributário sancionador, em especial, nas infrações de perigo abstrato, sendo justificativa, com as cautelas que o tema impõe, para a (cada vez mais vasta) normatização de deveres formais ou instrumentais pela administração pública e para essas flexibilizações em princípios punitivos, como demonstramos.

Por fim, mas ainda de grande importância – lembrando que a noção de *risco* ficou expressa na responsabilidade reparatória do Código Civil, no parágrafo único do artigo 927, representada na "atividade normalmente desenvolvida pelo autor do dano" –, no direito tributário sancionador, o *risco* está representado nas *relações entre administrados e Fisco*, em razão da *tutela da função tributária*.

Queremos dizer, mais precisamente, que as normas tributárias sancionatórias por perigo abstrato representam o risco em *atos perigosos por acumulação*.

Explica Pierpaolo Cruz Bottini: "Tratam-se de ações que, isoladamente, não representam uma ameaça, em potencial para bens jurídicos tutelados, mas sua reiteração ou multiplicação acaba por consolidar um ambiente de riscos efetivos para estes interesses protegidos. (...) O núcleo do injusto não é a potencialidade lesiva da conduta individual, mas o risco que a repetição destas condutas ocasiona ao bem protegido".[366]

Essa é técnica proposta no direito penal (por Lothar Kühlen) como signo dos *delitos de perigo abstrato por acumulação* (*kumulationstatbeständen*)[367] e (vê-se) que tem precisão ímpar se se olha através dela para as infrações tributárias formais.

Enfim, à guisa de (ainda) *nossa conclusão* para encerramento dessas propostas de interpretação, estamos seguros em afirmar:

Não é devida resistência ao critério do *risco* na sistematização do conceito jurídico da pena administrativa (neste caso) tributária, tampouco aos contornos que expomos acima.

---

inerente à exigência democrática de observância (a mais próxima possível) da lei" (DERZI, Misabel de Abreu Machado. *Direito tributário, direito penal e tipo, op. cit.*, p. 268-269).

[366] BOTTINI, Pierpaolo Cruz. *Crimes de perigo abstrato, op. cit.*, p. 97.
[367] BOTTINI, Pierpaolo Cruz. *Crimes de perigo abstrato, op. cit.*, p. 97.

Ao contrário: o cenário em que atua a responsabilidade por fatos ilícitos é um só, "um cenário de desafios ao Estado Moderno", como colocado por Floriano Peixoto de Azevedo Marques Neto,[368] e que não principiou hoje. Esse professor, por exemplo, toma por referência à sua pesquisa as conclusões de Ataliba Nogueira,[369] quase cinco décadas atrás, acerca da origem do Código Tributário Nacional. Por outro lado, impõe-se que esse cenário seja interpretado à luz do atual constitucionalismo, exigindo-se uma atualização de interpretações, especialmente no que diz respeito à inconcebível e espantosa, diante do atual constitucionalismo, defesa da responsabilidade objetiva como regra regal para o sistema tributário sancionador.

---

[368] MARQUES NETO, Floriano Peixoto de Azevedo. *Regulação estatal e interesses públicos, op. cit.*, p. 100 e ss.
[369] NOGUEIRA, Ataliba. Perecimento do Estado. *RDP*, 14/15 *apud* MARQUES NETO, Floriano Peixoto de Azevedo. *Regulação estatal e interesses públicos, op. cit.*, p. 100 e ss.

6 Conclusões

À guisa de conclusão de nossa pesquisa está a síntese dos conceitos que sugerimos como fundamentos no direito tributário sancionador e a síntese das compreensões a que chegamos a partir da aplicação científica desses conceitos.

O signo *potestade sancionatória* é para nós representação do *ius puniendi* na função administrativa.

Sob o nosso ponto de vista, o signo *potestade sancionatória* expõe o poder estatal representativo do *ius puniendi* na função administrativa.

Em nossa definição: (i) *expressão do poder estatal* simboliza a presença da qualidade *potestade pública*; (ii) *representativo do ius puniendi* simboliza a presença da qualidade *poder punitivo do Estado*; (iii) *na função administrativa* simboliza a *titularidade da administração pública*. É a *faculdade punitiva de titularidade da administração pública*.

O signo *poder punitivo único do Estado* representa o *ius puniendi* superior do Estado, que se manifesta na potestade sancionatória da administração pública e na potestade penal do Poder Judiciário – estes, signos paralelos.

Explicamos: não é o caso de uma subordinação, por natureza, do direito administrativo sancionador ao direito penal. Existe, sim, uma referência *conjuntural* e *técnica*, daquele junto a este.

Também, as funções públicas implicam uma pluralidade de potestades com distintos conteúdos. Assim, a potestade sancionatória é complemento da potestade material de gestão pública, a cujo serviço está para reforçar seu cumprimento eficaz com medidas repressoras em caso de desobediência.

Nossa conclusão: a potestade sancionatória está contida na função tributária, e o fundamento do direito tributário sancionador é o *ius tributandi*.

Na compreensão do nosso objeto de pesquisa, essa é a substancial distinção entre as duas manifestações punitivas: (i) potestade sancionatória da administração pública e (ii) potestade penal do Poder Judiciário.

O direito sancionador somente *toma por empréstimo* o amadurecimento e a superioridade técnica do direito penal – não por ter fundamento neste, mas por abrigarem-se (ambos) sob um mesmo *regime jurídico punitivo*. Toda manifestação punitiva do Estado é signo do *ius puniendi*.

Geraldo Ataliba e Petrônio Maranhão Gomes de Sá já defendiam o mesmo que nós na Pontifícia Universidade Católica de São Paulo.

Noutro giro, falamos do direito enquanto *linguagem*. Na semiótica de Wittgenstein, a linguagem define os limites da construção e da interpretação do direito. Também na semiótica de Peirce, com o alerta do falibilismo humano, os signos são sempre potencialmente enganosos, e seus intérpretes, invencivelmente falíveis, referências que foram aplicadas ao longo do trabalho.

Também, racionalizando, enquanto unidade científica de direito sancionador, defendemos um sistema de princípios, conciliados os fundamentos e limites para aplicação de sanções administrativas e destacamos um aspecto muito caro ao tema, o cenário atual de intensificação de intervenções e regulação pelo Estado sobre a sociedade massificada, a *sociedade de risco*.

Então, isolamos o nosso objeto de pesquisa: *penas administrativas tributárias*.

Sobre o nome da ciência no nosso objeto, importa a ordem da adjetivação ao direito – se se tratasse de direito penal, esta expressão precederia a matéria que delimita seu alcance e o ramo de que trata seria o último adjetivo, por exemplo, direito penal tributário –, aqui a expressão que define materialmente a gestão pública precede as adjetivações punitivas; por isso, a ciência é direito tributário sancionador (ou outro adjetivo – por último no nome – de identidade punitiva: sancionatório ou penal).

Em linha de raciocínio, dada a construção dogmática da norma primária – que estabelece relação jurídica de direito material (substantivo) – e da norma secundária – que estabelece relação jurídica de direito formal (adjetivo ou processual): nosso objeto, a *sanção administrativa punitiva (ao lado de possível sanção administrativa reparadora) é norma tributária primária derivada* – sobreposta à norma tributária primária dispositiva (esta o que chamamos de *pré-tipo* das sanções administrativas).

Aplicamos (cientificamente) assim esses conceitos, propondo nossas conclusões:

Tipificação indireta.
As normas tributárias sancionatórias caracterizam-se pela *tipificação indireta.*

Se a hipótese normativa do tipo sancionador é a não prestação (não-p), então, a obrigação tributária ou o dever instrumental (formas de prestações) são *pré-tipos.*

Se descumprida a obrigação tributária ou o dever instrumental, *pré-tipo*, o fato descumprimento do que fora *ali tipificado* (por isso: tipificação indireta), integra o antecedente normativo da norma sancionatória, *tipo sancionador.*

Pré-tipo é norma que conceitua obrigação ou dever tributários, por critérios precisos.

Por ser *indireto* o mandato de tipificação sancionador, salvo exceções, é praticamente impossível a sua descrição rigorosa e perfeita.

Essa compreensão faz concluir: a *melhor prescrição possível* ou aquela *suficiente* das infrações e penas administrativas é a resposta à segurança jurídica no direito tributário sancionador.

À *guisa de exemplo.*

No sistema tributário brasileiro, pensamos ser possível identificar, na Lei nº 9.430/1996, artigos 44 e 61, uma ilustração do que aqui expomos, com remissões ao Código Tributário Nacional, no artigo 149, que trata do chamado lançamento tributário de ofício.

Formam *pré-tipos* (neste diploma) e *tipos sancionadores* (naquela lei).

O que se pode ver é que (os atos administrativos) *lançamento* e *auto de infração* têm (ou podem ter) fundamento fático idêntico, um mesmo descumprimento de obrigação ou dever: o lançamento faz ingressar no mundo jurídico a *relação* conforme determina a norma tributária, e o auto de infração *pune* a conduta desconforme.

As normas referentes ao lançamento no art. 149 do Código Tributário Nacional podem ser percebidas como *pré-tipos*: elas conceituam obrigações e deveres que não foram devidamente observados.

Propusemos um quadro comparativo nesse sentido, com a ressalva de que não se pretendia a sistematização de uma tipologia punitiva precisa no direito tributário sancionador (porque impossível), mas somente contribuir na prescrição *suficiente* da norma.

Responsabilidade tributária.

Sob o *signo* "responsabilidade tributária", no texto do Código Tributário Nacional, estão representadas uma potestade material de gestão pública fiscal e uma potestade punitiva dessa mesma gestão. Estão representados dois *conceitos* de responsabilidade.

Para percebê-los, são *paralelos dogmáticos* devidos – necessários como partida – na interpretação e sistematização dos regimes jurídicos da *responsabilidade tributária*: (i) *responsabilidade tributária em sentido estrito* e direito civil; (ii) *responsabilidade tributária sancionatória* e direito penal.

Feita essa referência (inicial), das peculiaridades que caraterizam a responsabilidade tributária sancionatória – dentre as que observamos –, concluímos que é opção expressa do legislador a *relativização do princípio da personalidade da pena* quando da imputação da responsabilidade *ex lege*.

Culpabilidade.

Da tese do *ius puniendi* superior do Estado e do comum *regime jurídico punitivo*: a responsabilidade no direito tributário sancionador é *subjetiva, com a culpa, na regra geral do art. 136 do Código Tributário Nacional, e o dolo nos dispositivos que assim disponham expressamente*.

Da *Responsabilidade por Infrações* do Código Tributário Nacional, no texto do artigo 136, "a responsabilidade por infrações da legislação tributária independe da *intenção* do agente ou do responsável", representa a dispensa do *dolo* na conduta.

Efeitos do ato ilícito.

Da potestade sancionatória estar contida na *função tributária*, e o fundamento do direito tributário sancionador ser o *ius tributandi*, a responsabilidade por infrações no Código Tributário Nacional representa um *sentido amplo de tutela da função tributária*.

O artigo 136 do Código Tributário Nacional, no texto "a responsabilidade por infrações da legislação tributária independe (...) da efetividade, natureza e extensão dos efeitos do ato", representa como *resultado* do ato ilícito: *lesão* ou *perigo abstrato*.

É possível a presença de infrações que independem da produção de um resultado naturalístico: representam um *perigo abstrato*.

Perguntas iniciais, quadros comparativos e conclusões finais.

Na introdução de nossa pesquisa, estavam as perguntas: sobre o artigo 136 do Código Tributário Nacional, quais são os contornos daquela norma? Melhor: qual a norma expressa ali? Ou seriam normas, no plural: quais normas estão expressas naquele texto legal?

Nossa ideia foi elaborar quadros comparativos que poderiam ajudar a ler as normas possivelmente presentes lá. Os quadros não vieram transcritos como conclusão, mas a compõem, na explicação, mais precisamente, do que agora expomos.

Responsabilidade tributária sancionatória.

Das aplicações (científicas) que realizamos dos conceitos em nossa pesquisa nos temas da *culpabilidade* e dos *efeitos do ato ilícito*, propusemos uma comparação entre normas representativas do *regime jurídico da responsabilidade em sentido estrito* e do *regime jurídico da responsabilidade tributária sancionatória.*

Ambos os regimes têm natureza de *normas tributárias.*

A responsabilidade tributária por infrações compõe o domínio das *normas punitivas,* que não abriga – como todo *regime jurídico punitivo* – a desconsideração da culpabilidade.

Culpabilidade, entretanto, no *sistema administrativo sancionador,* pode ter matizes próprios – se pensada em relação ao direito penal, nosso paralelo de partida.

Se ela se distancia do regime civil (e é neste onde há espaço para a responsabilidade objetiva) para se aproximar do penal (sob o mesmo conceito de ordenamento punitivo), também pode, por vezes, se distanciar deste último regime para se aproximar daquele.

Eis a necessidade, ainda, de se construir uma sistematização do direito sancionador – do direito tributário sancionador.

A culpabilidade na responsabilidade tributária sancionatória.

Então, eis o *giro administrativo da culpabilidade.*

No direito administrativo sancionador, opera o princípio da culpabilidade em todas as suas variantes, e operam *infrações formais* ou *por simples inobservância,* nas quais se vê uma flexibilização da culpabilidade.

Culpabilidade e efeitos do ato ilícito.

A conclusão está no *binômio desvalor da conduta/desvalor do resultado.*

Nas *infrações formais,* é indiferente que se produza ou não um risco efetivo: o legislador sanciona uma conduta por considerar que ela *provoca* ou *pode produzir um risco.*

Então, nossa *conclusão*: no direito tributário sancionador, quando norma punitiva classifique como infração o descumprimento de um *dever formal*, que implica *perigo abstrato*, estaremos diante de uma culpabilidade leve ou levíssima.

Voltando ao texto do artigo 136 do Código Tributário Nacional.

Nossa interpretação: a responsabilidade tributária sancionatória independe da *intenção* (leia-se: pode ou não haver *dolo*) e independe da *efetividade, natureza e extensão dos efeitos do ato* (leia-se: pode ou não haver *dano*).

Se não há dano, então haverá *perigo abstrato*: nesses casos, a responsabilidade incide diante de uma culpabilidade flexibilizada, de forma leve ou levíssima.

Relativização da legalidade e da culpabilidade.

O artigo 97 do Código Tributário Nacional impõe a *legalidade estrita* na instituição de *tributos* (inciso I), na definição do *fato gerador da obrigação tributária principal* (inciso III), na cominação de *penalidades* para as ações ou omissões contrárias a seus dispositivos ou para outras infrações nela definidas (inciso V) – entre outras circunstâncias.

Contrário sensu, é possível que "legislação tributária" (lei em sentido amplo, no texto do artigo 96 do Código Tributário Nacional) disponha sobre *dever instrumental* (pré-tipo) que componha a *infração formal* (tipo sancionador).

Vê-se a flexibilização do princípio da *legalidade*, como também do princípio da *culpabilidade*, quanto às infrações decorrentes do descumprimento de deveres instrumentais (ou infrações formais).

Eis nossa conclusão, por fim:

Percebemos a presença de *dois regimes jurídicos no dispositivo do artigo 136 do Código Tributário Nacional*:

(i) um exige *legalidade em sentido estrito* e *culpabilidade*: é o *regime jurídico das infrações materiais*;

(ii) outro admite intermédio de *lei em sentido amplo* e *responsabilidade por culpa leve ou levíssima*: é o *regime das infrações formais*.

Observemos: são contornos próprios do direito sancionador, da potestade administrativa punitiva – aqui – na função tributária.

Eis o *giro administrativo da sanção tributária*.

Agora, se o regime das infrações formais acontece em maior volume – ainda que ele predomine (em quantidade) sobre todas as outras formas de infrações tributárias –, diante da generalização do risco e por representar *medida de ordem pública*, isso não afasta *a culpabilidade na natureza punitiva da sanção administrativa tributária*.

O Código Tributário Nacional não relativiza a responsabilidade objetiva (como se tem dito). Ao contrário: flexibiliza, na mera inobservância de deveres, a culpabilidade do sistema punitivo.

Por fim – lembrando que, no direito tributário sancionador, o *risco* está representado nas *relações entre administrados e Fisco*, em razão da *tutela da função tributária* –, as normas tributárias sancionatórias por perigo abstrato representam o risco em *atos perigosos por acumulação*, tais que *reiterados* consolidam um ambiente de risco ao interesse fiscal protegido.

Pensamos: é devida atenção ao *risco* nas sanções administrativas, em geral, e também nas sanções administrativas tributárias.

Impõe-se a atualização de interpretações, à luz do atual constitucionalismo, ao direito tributário sancionador no que diz respeito à inconcebível e espantosa defesa da responsabilidade objetiva como regra geral para esse sistema.

QUADROS COMPARATIVOS

Quadro 1 (página 149)

Responsabilidade reparatória no Código Civil	Responsabilidade punitiva no Código Tributário Nacional
Critérios normativos:	Critérios normativos:
Ato ilícito. Dano. Nexo causal. Dolo, culpa ou (excepcionalmente) ausência de qualquer dos dois, na responsabilidade objetiva.	Ato ilícito.
Proposições normativas de referência:	Proposição normativa de referência:
Art. 927. Aquele que, por ato ilícito (arts. 186 e 187), causar dano a outrem, fica obrigado a repará-lo. Parágrafo único. Haverá obrigação de reparar o dano, independentemente de culpa, nos casos especificados em lei, ou quando a atividade normalmente desenvolvida pelo autor do dano implicar, por sua natureza, risco para os direitos de outrem. Art. 186. Aquele que, por ação ou omissão voluntária, negligência ou imprudência, violar direito e causar dano a outrem, ainda que exclusivamente moral, comete ato ilícito. Art. 187. Também comete ato ilícito o titular de um direito que, ao exercê-lo, excede manifestamente os limites impostos pelo seu fim econômico ou social, pela boa-fé ou pelos bons costumes.	Art. 136. Salvo disposição de lei em contrário, a responsabilidade por infrações da legislação tributária independe da intenção do agente ou do responsável e da efetividade, natureza e extensão dos efeitos do ato.

Quadro 2 (página 174)

(continua)

Pré-tipos no Código Tributário Nacional (Lê-se) deve ser que, se descumprido o *pré-tipo*	Tipos sancionadores na Lei nº 9.430/1996 Então, aplica-se o *tipo sancionador*.
Código Tributário Nacional	Lei nº 9.430/1996.
Art. 149. O lançamento é efetuado e revisto de ofício pela autoridade administrativa nos seguintes casos:	Art. 44. Nos casos de lançamento de ofício, serão aplicadas as seguintes multas:
I – quando a lei assim o determine;	Aqui não haverá sanção, diante da ausência de ato ilícito, desde que se trate de lançamento originário da autoridade administrativa.
II – quando a declaração não seja prestada, por quem de direito, no prazo e na forma da legislação tributária;	Multa de ofício: (Art. 44) I – de 75% (setenta e cinco por cento) sobre a totalidade ou diferença de imposto ou contribuição nos casos de falta de pagamento ou recolhimento, de falta de declaração e nos de declaração inexata; (Além da multa de mora, do art. 61 da mesma Lei nº 9.430/1996).

(continua)

III – quando a pessoa legalmente obrigada, embora tenha prestado declaração nos termos do inciso anterior, deixe de atender, no prazo e na forma da legislação tributária, a pedido de esclarecimento formulado pela autoridade administrativa, recuse-se a prestá-lo ou não o preste satisfatoriamente, a juízo daquela autoridade;	Multa agravada: (Art. 44) §2º Os percentuais de multa a que se referem o inciso I do *caput* e o §1º deste artigo serão aumentados de metade, nos casos de não atendimento pelo sujeito passivo, no prazo marcado, de intimação para: I – prestar esclarecimentos; II – apresentar os arquivos ou sistemas de que tratam os arts. 11 a 13 da Lei nº 8.218, de 29 de agosto de 1991; III – apresentar a documentação técnica de que trata o art. 38 desta Lei. (Além da multa de mora, do art. 61 da mesma Lei nº 9.430/1996).
À guisa de exemplo, na "legislação tributária" (conforme artigo 96 do CTN): *Pré-tipo "dever de prestar esclarecimento"* *Decreto nº 9.580/2018* Regulamento do Imposto sobre a Renda e Proventos de Qualquer Natureza *Pré-tipos:* Art. 971. As pessoas físicas ou jurídicas, contribuintes ou não, ficam obrigadas a prestar as informações e os esclarecimentos exigidos pelos Auditores-Fiscais da Secretaria da Receita Federal do Brasil do Ministério da Fazenda no exercício de suas funções, hipótese em que as declarações serão tomadas por termo e assinadas pelo declarante. Art. 972. Nenhuma pessoa física ou jurídica, contribuinte ou não, poderá eximir-se de fornecer, nos prazos marcados, as informações ou os esclarecimentos solicitados pelas unidades da Secretaria da Receita Federal do Brasil do Ministério da Fazenda.	À guisa de exemplo, na "legislação tributária" (conforme artigo 96 do CTN): *Sanção de multa fiel à Lei nº 9.430/96* *Decreto nº 9.580/2018* Regulamento do Imposto sobre a Renda e Proventos de Qualquer Natureza *Tipo sancionador:* Art. 1.000. Os percentuais de multa a que se referem o inciso I do caput e o §1º do art. 998 serão aumentados de metade, nas hipóteses de não atendimento pelo sujeito passivo, no prazo marcado, de intimação para (Lei nº 9.430, de 1996, art. 44, §2º): I – prestar esclarecimentos; II – apresentar os arquivos ou os sistemas de que tratam os art. 279 e art. 280; e III – apresentar a documentação técnica de que trata o art. 281. Na redação do *Decreto nº 3.000/1999* (revogado): Art. 959. As multas a que se referem os incisos I e II do art. 957 passarão a ser de cento e doze e meio por cento e de duzentos e vinte e cinco por cento, respectivamente, nos casos de não atendimento pelo sujeito passivo, no prazo marcado, de intimação (...).

(continua)

IV – quando se comprove falsidade, erro ou omissão quanto a qualquer elemento definido na legislação tributária como sendo de declaração obrigatória;	Multa de ofício (erro ou omissão culposos): (Art. 44) I – de 75% (setenta e cinco por cento) sobre a totalidade ou diferença de imposto ou contribuição nos casos de falta de pagamento ou recolhimento, de falta de declaração e nos de declaração inexata;
	Multa qualificada (falsidade, erro ou omissão dolosos): (Art. 44) §1º O percentual de multa de que trata o inciso I do *caput* deste artigo será duplicado nos casos previstos nos arts. 71, 72 e 73 da Lei nº 4.502, de 30 de novembro de 1964, independentemente de outras penalidades administrativas ou criminais cabíveis. (Além da multa de mora, do art. 61 da mesma Lei nº 9.430/1996).
V – quando se comprove omissão ou inexatidão por parte da pessoa legalmente obrigada no exercício da atividade a que se refere o artigo seguinte (lançamento por homologação);	Multa de ofício: (Art. 44) I – de 75% (setenta e cinco por cento) sobre a totalidade ou diferença de imposto ou contribuição nos casos de falta de pagamento ou recolhimento, de falta de declaração e nos de declaração inexata; (Além da multa de mora, do art. 61 da mesma Lei nº 9.430/1996).
VI – quando se comprove ação ou omissão do sujeito passivo, ou de terceiro legalmente obrigado, que dê lugar à aplicação de penalidade pecuniária;	Multa isolada: (Art. 44) II – de 50% (cinquenta por cento), exigida isoladamente, sobre o valor do pagamento mensal: a) na forma do art. 8º da Lei nº 7.713, de 22 de dezembro de 1988, que deixar de ser efetuado, ainda que não tenha sido apurado imposto a pagar na declaração de ajuste, no caso de pessoa física; b) na forma do art. 2º desta Lei, que deixar de ser efetuado, ainda que tenha sido apurado prejuízo fiscal ou base de cálculo negativa para a contribuição social sobre o lucro líquido, no ano-calendário correspondente, no caso de pessoa jurídica.
VII – quando se comprove que o sujeito passivo, ou terceiro em benefício daquele, agiu com dolo, fraude ou simulação;	Multa qualificada: (Art. 44) §1º O percentual de multa de que trata o inciso I do *caput* deste artigo será duplicado nos casos previstos nos arts. 71, 72 e 73 da Lei nº 4.502, de 30 de novembro de 1964, independentemente de outras penalidades administrativas ou criminais cabíveis. (Além da multa de mora, do art. 61 da mesma Lei nº 9.430/1996).

(conclusão)

VIII – quando deva ser apreciado fato não conhecido ou não provado por ocasião do lançamento anterior;	Multa de mora: Art. 61. Os débitos para com a União, decorrentes de tributos e contribuições administrados pela Secretaria da Receita Federal, cujos fatos geradores ocorrerem a partir de 1º de janeiro de 1997, não pagos nos prazos previstos na legislação específica, serão acrescidos de multa de mora, calculada à taxa de trinta e três centésimos por cento, por dia de atraso. §1º A multa de que trata este artigo será calculada a partir do primeiro dia subseqüente ao do vencimento do prazo previsto para o pagamento do tributo ou da contribuição até o dia em que ocorrer o seu pagamento. §2º O percentual de multa a ser aplicado fica limitado a vinte por cento. §3º Sobre os débitos a que se refere este artigo incidirão juros de mora calculados à taxa a que se refere o §3º do art. 5º, a partir do primeiro dia do mês subseqüente ao vencimento do prazo até o mês anterior ao do pagamento e de um por cento no mês de pagamento. (Lei nº 9.430/1996)
IX – quando se comprove que, no lançamento anterior, ocorreu fraude ou falta funcional da autoridade que o efetuou, ou omissão, pela mesma autoridade, de ato ou formalidade especial.	Multa de mora do art. 61 da Lei nº 9.430/1996 (a redação ficou transcrita na referência exatamente acima desta).

Quadro 3 (página 178)

Regime jurídico da responsabilidade tributária em sentido estrito	Regime jurídico da responsabilidade tributária sancionatória
Critérios normativos possíveis:	Critérios normativos possíveis:
Fato jurídico tributário Fato da responsabilidade (lícito ou ilícito) Vinculação indireta ao fato jurídico tributário ou direta ou indireta ao sujeito que o praticou	Infração Lesão ou perigo abstrato Nexo causal Culpa ou dolo
Proposição normativa de referência inicial:	Proposição normativa de referência inicial:
Art. 128. Sem prejuízo do disposto neste capítulo, a lei pode atribuir de modo expresso a responsabilidade pelo crédito tributário a terceira pessoa, vinculada ao fato gerador da respectiva obrigação, excluindo a responsabilidade do contribuinte ou atribuindo-a a este em caráter supletivo do cumprimento total ou parcial da referida obrigação. (Código Tributário Nacional)	Art. 136. Salvo disposição de lei em contrário, a responsabilidade por infrações da legislação tributária independe da intenção do agente ou do responsável e da efetividade, natureza e extensão dos efeitos do ato. (Código Tributário Nacional)

Quadro 4 (página 195)

Regime jurídico das infrações tributárias materiais	Regime jurídico das infrações tributárias formais
Critérios normativos no artigo 136 do Código Tributário Nacional:	Critérios normativos no artigo 136 do Código Tributário Nacional:
Infração material disposta em lei em sentido estrito (artigo 97 do CTN)	Infração formal disposta em lei em sentido estrito (artigo 97 do CTN) ou com possível pré-tipo em "legislação tributária" (artigo 96 do CTN)
Lesão Nexo causal Culpa (como regra) ou dolo	*Perigo abstrato* Nexo causal *Culpa leve ou levíssima*

REFERÊNCIAS

ABBAGNANO, Nicola. *Dicionário de Filosofia*. 6. ed. São Paulo: Editora WMF Martins Fontes, 2012.

AGOSTINHO, Santo. Bispo de Hipona. *A Cidade de Deus*: contra os pagões, parte I. 2. ed. São Paulo: Federação Agostiniana Brasileira; Bragança Paulista, SP: Editora Universitária São Francisco, 2014. p. 200.

AGUILLAR, Fernando Herren. *Direito Econômico*: do direito nacional ao direito supranacional. 5. ed. São Paulo: Atlas, 2016.

AMARO, Luciano. *Direito tributário brasileiro*. 21. ed. São Paulo: Saraiva, 2016.

ARAÚJO, Clarice von Oertzen de. *Semiótica do Direito*. São Paulo: Quartier Latin, 2005.

ASSIS, Machado de. *Quincas Borba*. São Paulo: Peguin Classics Companhia das Letras, 2012.

ATALIBA, Geraldo. *Hipótese de incidência tributária*. 6. ed. 15. tiragem. São Paulo: Malheiros Editores, 2014.

ATALIBA, Geraldo; CARVALHO, Paulo de Barros (Coords.). *VI Curso de especialização em direito tributário (aulas e debates)*. v. I. São Paulo: Editora Resenha Tributária, 1978.

ATALIBA, Geraldo. Penalidades Tributárias. *In*: ATALIBA, Geraldo; CARVALHO, Paulo de Barros (Coords.). *VI Curso de especialização em direito tributário (aulas e debates)*. v. II. São Paulo: Editora Resenha Tributária, 1978.

ATALIBA, Geraldo. *Imposto de renda*: multa punitiva. v. 2. São Paulo: Ed. Revista dos Tribunais, 1978. (Estudos e pareceres de direito tributário).

ÁVILA, Humberto. *Teoria dos princípios*: da definição à aplicação dos princípios jurídicos. 17. ed. São Paulo: Malheiros, 2016.

ÁVILA, Humberto. A distinção entre princípios e regras e a redefinição do dever de proporcionalidade. *Revista de Direito Administrativo*. Rio de Janeiro, Renovar, n. 215, p. 151-179, jan./mar. 1999.

AYALA, José Luis Perez de. Poder, Potestade e função tributária. *In*: ATALIBA, Geraldo; CARVALHO, Paulo de Barros (Coords.). *VI Curso de especialização em direito tributário (aulas e debates)*. v. I. São Paulo: Editora Resenha Tributária, 1978.

BALEEIRO, Aliomar. *Direito tributário brasileiro*. Atualizado por DERZI, Misabel de Abreu Machado. 13. ed. Rio de Janeiro: Forense, 2015.

BANDEIRA DE MELLO, Celso Antônio Bandeira de. *Curso de Direito Administrativo*. 33. ed. São Paulo: Malheiros, 2017.

BANDEIRA DE MELLO, Celso Antônio. Ilícito tributário. *Revista de Direito Tributário*. São Paulo: Malheiros, 1993.

BANDEIRA DE MELLO, Oswaldo Aranha Bandeira de. *Princípios Gerais de Direito Administrativo*. 3. ed. v. 1 São Paulo: Editora Malheiros, 2007.

BARBOSA NOGUEIRA, Ruy. *Curso de direito tributário*. 13. ed. São Paulo: Saraiva, 1994.

BARBOSA NOGUEIRA, Ruy. *Teoria do lançamento tributário*. São Paulo: Resenha Tributaria, 1973.

BECKER, Alfredo Augusto. *Carnaval Tributário*. 2. ed. São Paulo: Editora Lejus, 2004.

BECKER, Alfredo Augusto. *Teoria Geral do Direito Tributário*. 5. ed. São Paulo: Noeses, 2010.

BECHO, Renato Lopes. *Sujeição passiva e responsabilidade tributária*. São Paulo: Dialética, 2000.

BOBBIO, Norberto. *Liberalismo e democracia*. São Paulo: Editora Brasiliense, 1993.

BOBBIO, Norberto. *Estado, governo e sociedade*: por uma teoria geral da política. Rio de Janeiro: Paz e Terra, 1987.

BORGES, José Souto Maior. *Obrigação Tributária* (uma introdução metodológica). São Paulo: Malheiros, 1999.

BOTTINI, Pierpaolo Cruz. *Crimes de perigo abstrato*. 3. ed. São Paulo: Editora dos Tribunais, 2013.

BRUNO, Aníbal. *Direito penal*: parte geral. Rio de Janeiro: Forense, 2005.

CARVALHO, Paulo de Barros. *Direito tributário*: linguagem e método. 5. ed. São Paulo: Noeses, 2013.

CARVALHO, Paulo de Barros. *Curso de Direito Tributário*. 29. ed. São Paulo: Saraiva, 2018.

CARVALHO, Paulo de Barros. *Direito Tributário*: Fundamentos jurídicos da incidência. 10. ed. São Paulo: Saraiva, 2015.

CARVALHO, Paulo de Barros. Penalidades Tributárias. *In*: ATALIBA, Geraldo; CARVALHO, Paulo de Barros (Coords.). *VI Curso de especialização em direito tributário (aulas e debates)*. v. II. São Paulo: Editora Resenha Tributária, 1978.

CAVALIERI FILHO, Sérgio. *Programa de Responsabilidade Civil*. 7. ed. São Paulo: Atlas, 2007.

CANOTILHO. *Direito constitucional e teoria da constituição*. 7. ed. Coimbra: Edições Almedina, 2003.

CARRIÓ, Genaro R. *Sobre los límites del lenguaje normativo*. Buenos Aires: Editorial Astrea de Rodolfo Depalma y Hnos, 1973.

CARRAZZA, Roque Antonio. *Curso de direito constitucional tributário*. 30. ed. São Paulo: Malheiros, 2015.

CHAGAS, Maurício Saraiva de Abreu. A aplicação do princípio da insignificância no Direito Tributário. *In*: COIMBRA SILVA, Paulo Roberto (coord.). *Grandes Temas do Direito Tributário Sancionador*. São Paulo: Editora Quartier Latin, 2010.

COÊLHO, Sacha Calmon Navarro. Multas fiscais: o art. 136 do CTN, a responsabilidade objetiva e suas atenuações no sistema tributário pátrio. *Revista Dialética de Direito Tributário*. São Paulo: Dialética, v. 148, 2007.

COLAPIETRO, Vincent. Peirce Semiotic and Legal Practices: Rudimentary and "Rhetorical" Considerations. *International Journal for the Semiotic of Law*. n. 21, p. 223-246, 2008.

COSTA, Regina Helena. *Curso de direito tributário*. 7. ed. São Paulo: Saraiva, 2017.

DERZI, Mizabel de Abreu Machado. *Direito tributário, direito penal e tipo*. v. 14. São Paulo: Editora Revista dos Tribunais, 1988. (Coleção textos de direito tributário).

DI PIETRO, Maria Sylva Zanella. *Direito Administrativo*. 30. ed. Rio de Janeiro: Forense, 2017.

ECHAVE, Delia Teresa; GUIBOURG, Ricardo A.; URQUIJO, María Eugenia. *Lógica, proposición y norma*. Buenos Aires: Editorial Astrea, 2008.

FANUCCHI, Fábio. Penalidades Tributárias. *In*: ATALIBA, Geraldo; CARVALHO, Paulo de Barros (Coords.). *VI Curso de especialização em direito tributário (aulas e debates)*. v. II. São Paulo: Editora Resenha Tributária, 1978.

FERREIRA, Daniel. *Teoria geral da infração administrativa a partir da Constituição Federal de 1988*. Belo Horizonte: Fórum, 2009.

FERRAZ JUNIOR, Tercio Sampaio. *Introdução ao estudo do direito*: técnica, decisão, dominação. 8. ed. São Paulo: Atlas, 2015.

GORDILLO, Agustín. *Tratado de Derecho Administrativo*: Parte general. 7. ed. Tomo 1. Belo Horizonte: Del Rey e Fundación de Derecho Administrativo, 2003.

GORDILLO, Agustín. *Tratado de Derecho Administrativo*: La defensa del usuario y del administrado. 5. ed. Tomo 2. Belo Horizonte: Del Rey e Fundación de Derecho Administrativo, 2003.

HUNGRIA, Nelson. *Comentarios ao Código Penal Decreto-Lei n. 2848, de 7 de dezembro de 1940*. v. 1. Tomo II. Rio de Janeiro: Forense, 1980.

HUNGRIA, Nelson. Revista de Direito Administrativo. *Revista do Serviço Público*, Rio de Janeiro, v 1., Fasc. I, Seção II, 1945.

KELSEN, Hans. *Teoria Pura do Direito*. 8. ed. São Paulo: Editora WMF Martins Fontes, 2009.

KANT, Immanuel. *Fundamentação da metafísica dos costumes e outros escritos*. São Paulo: Martin Claret, 2002.

LINS, Robson Maia. Mora e denúncia espontânea no direito tributário. *Revista de Direito Tributário*, São Paulo: Ed. Malheiros, v. 103, 2008.

JUSTEN FILHO, Marçal. *Curso de direito administrativo*. 12. ed. São Paulo: Editora Revista dos Tribunais, 2016.

LISPECTOR, Clarice. *Perto do coração selvagem*: romance. Rio de Janeiro: Rocco, 1998.

MACHADO, Hugo de Brito. *Curso de direito tributário*. 26. ed. São Paulo: Malheiros, 2005.

MACHADO, Hugo de Brito. *Sanções administrativas tributárias*. São Paulo: Editora Dialética, 2004.

MARQUES NETO, Floriano Peixoto de Azevedo. *Regulação estatal e interesses públicos*. São Paulo: Malheiros, 2002.

MARTINS, Ives Gandra da Silva. Penalidades Tributárias. *In*: ATALIBA, Geraldo; CARVALHO, Paulo de Barros (Coords.). *VI Curso de especialização em direito tributário (aulas e debates)*. v. II. São Paulo: Editora Resenha Tributária, 1978.

MELLO, Rafael Munhoz de. *Princípios constitucionais de direito administrativo sancionador*: as sanções administrativas à luz da Constituição Federal de 1988. São Paulo: Malheiros, 2007.

MIRANDA, Pontes de. *Tratado das ações*: ações condenatórias: tomo V. 1 São Paulo: Editora Revista dos Tribunais, 2016.

MIRANDA, Pontes de. *Tratado de direito privado*: Direito das obrigações. Tomo LIII. São Paulo: Editora Revista dos Tribunais, 2012.

MORRISON, Wayne. *Filosofia do direito*: dos gregos ao pós-modernismo. 2. ed. São Paulo: Editora WMF Martins Fontes, 2012.

MORÁN, José Maria Tovillas. Error invencible de hecho y de derecho como causas de exclusión de la culpabilidad. *In*: COIMBRA SILVA, Paulo Roberto (Coord.). *Grandes Temas do Direito Tributário Sancionador*. São Paulo: Editora Quartier Latin, 2010.

MOURULLO, Gonzalo Rodríguez. *Presente y futuro del delito fiscal*. Madrid: Ediciones Civitas en Revista de Occidente, 1974.

NIETO, Alejandro. *Derecho Administrativo Sancionador*. Madri: Editorial Tecnos, 2012.

NOBRE JUNIOR, Edilson Pereira. As sanções tributárias numa perspectiva jurisprudencial. *Revista Dialética de Direito Tributário*. São Paulo: Ed. Dialética, 2013.

NUCCI, Guilherme de Souza. *Curso de direito penal*: parte geral: arts 1º a 120 do Código Penal. Rio de Janeiro: Forense, 2017.

OSÓRIO, Fábio Medina. *Direito Administrativo Sancionador*. 7. ed. São Paulo: Thomson Reuters Brasil, 2020.

PALMA, Juliana Bonacorsi de. *Sanção e acordo na administração pública*. São Paulo: Malheiros, 2015.

PEIRCE, Charles Sandres. *How to Make Our Ideas Clear*. Disponível em: http://www.peirce.org/writings/p119.html. Acesso em: 13 fev. 2017.

PEIRCE, Charles Sanders. *Escritos Coligidos*. v. 36. São Paulo: Abril Cultural, 1974.

PEREIRA, Caio Mário da Silva. *Instituições de Direito Civil*. v. II. São Paulo: Editora Forense, 1999.

REALE, Miguel. *Nova fase do direito moderno*. São Paulo: Saraiva, 1990.

SANTAELLA, Lúcia. *O que é semiótica*. São Paulo: Brasiliense, 2012 (Coleção primeiros passos).

SANTAELLA, Maria Lúcia. Chaves do pragmatismo peirciano nas ciências normativas. *Revista de Filosofia*, São Paulo, n. 1, 2000, p. 94-101.

SÁ, Petrônio Maranhão Gomes de. *A potestade administrativa de punir (ius puniendi)*: natureza, limites e controles. 1995. Tese de Doutorado. Pontifícia Universidade Católica de São Paulo, 1995.

SEABRA FAGUNDES, Miguel. *O Contrôle dos Atos Administrativos pelo Poder Judiciário*. 4. ed. Rio de janeiro: Editora Forense, 1967.

SERRANO, Antônio Carlos Alves Pinto. *O Direito Administrativo Sancionador e a individualização da conduta nas decisões dos Tribunais de Contas*. Dissertação (Mestrado em Direito). Faculdade de Direito da Pontifícia Universidade Católica de São Paulo, São Paulo, 2019.

SILVA, Paulo Roberto Coimbra. *Direito Tributário Sancionador*. São Paulo: Quartier Latin, 2007.

SILVA JUNIOR, Walter Nunes. *Curso de Direito Processual Penal*: teoria (constitucional) do processo penal. Rio de Janeiro: Renovar, 2008.

SILVEIRA, Lauro Frederico Barbosa da. *Curso de Semiótica Geral*. São Paulo: Quartier Latin, 2007.

SOUSA, Rubens Gomes de. *Compêndio de Legislação Tributária*. São Paulo: Resenha Tributaria, 1975.

SUNDFELD, Carlos Ari. *Fundamentos de direito público*. 5. ed. São Paulo: Malheiros, 2017.

SUNDFELD, Carlos Ari. *Direito Administrativo para céticos*. São Paulo: Malheiros, 2017.

SHOUERI, Luís Eduardo. *Direito tributário*. 6. ed. São Paulo: Saraiva, 2016.

TESO, Ángeles de Palma del. *El principio de culpabilidad en el derecho administrativo sancionador*. Madrid: Tecnos, 1996.

TIMM, Luciano Benetti. *Os grandes modelos de responsabilidade civil no direito privado*: da culpa ao risco. Doutrinas Essenciais. Responsabilidade civil. v. 1. São Paulo: Editora Revista dos Tribunais, 2010.

TOMÉ, Fabiana Del Padre. *A prova no direito tributário*: de acordo com o código de processo civil de 2015. 4. ed. São Paulo: Noeses, 2016.

VILANOVA, Lourival. *As estruturas lógicas e o sistema do direito positivo*. São Paulo: Noeses, 2010.

VILANOVA, Lourival. *Causalidade e relação no direito*. São Paulo: Noeses, 2015.

VILLEGAS, Hector. Infrações e sanções tributárias. *In*: ATALIBA, Geraldo (Coord.). *Elementos de direito tributário*.. São Paulo: Editora Revista dos Tribunais, 1978.

VILLEGAS, Hector. Penalidades Tributárias. *In*: ATALIBA, Geraldo; CARVALHO, Paulo de Barros (Coords.). *VI Curso de especialização em direito tributário (aulas e debates)*. v. II. São Paulo: Editora Resenha Tributária, 1978.

VITTA, Heraldo Garcia. *Soberania do estado e poder de polícia*. São Paulo: Malheiros, 2011.

WITTGENSTEIN, Ludwig. *Tractatus Logico-Philosophicus*. São Paulo: Editora Universidade de São Paulo, 2017.

XAVIER, Alberto Pinheiro. Penalidades Tributárias. *In*: ATALIBA, Geraldo; CARVALHO, Paulo de Barros (Coords.). *VI Curso de especialização em direito tributário (aulas e debates)*. v. II. São Paulo: Editora Resenha Tributária, 1978.

XAVIER, Marília Barros. *Teses jurídicas dos tribunais superiores*: direito tributário II. São Paulo: Editora Revista dos Tribunais, 2017.

WAMBIER, Teresa Arruda Alvim. *Da jurisdição, Estado-de-direito e função jurisdicional – Doutrinas Essenciais de Processo Civil*. São Paulo: Ed. RT, 2011.

WAMBIER, Teresa Arruda Alvim; MEDINA, José Miguel Garcia. *O dogma da coisa julgada*. São Paulo: RT, 2003.

Esta obra foi composta em fonte Palatino Linotype, corpo 10,5
e impressa em papel Offset 75g (miolo) e Supremo 250g (capa)
pela Gráfica Laser Plus, em Belo Horizonte/MG.